緊急避難の
理論と
アクチュアリティ

FUKAMACHI Shinya

深町晋也

弘文堂

はしがき

　本書は、筆者が研究者としての道を歩み始めてから折に触れて考え、また、その都度部分的ながらまとめてきた緊急避難に関する議論を集成し、改めて基礎的な問題から考え直し、体系的に叙述したものである。本書のタイトルにあるように、筆者は緊急避難を論じるにあたって、その理論的な問題を一方では重視しつつも、他方では、そうした理論は常に現実の問題を解決するためにあるのだということを念頭に置き、そのアクチュアリティに意を払うことに努めてきた。こうした姿勢は当然のことと思われるであろうが、我が国の緊急避難規定をめぐる現状を見る限り、必ずしもそうではないように思われる。むしろ、主として、緊急避難規定の法的性質をめぐる抽象的な議論に知的資源が投入されているように、筆者には見受けられるのである。

　もちろん、緊急避難という、古くて新しい問題領域について、その理論的な基礎づけを提示する作業の重要性は、筆者も疑うものではない。しかし、そうした作業に没頭する余り、緊急避難規定が現実の、我々の社会において有しているアクチュアリティをなおざりにすることがあってはならない。また、我が国における緊急避難規定が、現行刑法が明治40年に制定されて以降、我が国の社会において果たしている役割は、決して小さなものではなく、こうした法的実践の積み重ねの意義を受け止める必要がある。

　こうした観点から、本書は、一方ではドイツ語圏各国の議論を中心に、広く比較法的な考察を行いつつ、他方では、こうした比較法的な分析を元にして我が国の現実に生起する問題に向き合うことに意を払った。もちろん、こうした姿勢は緊急避難の研究において特に必要なものというよりは、広く刑法学の研究において意識的に採るべき態度であろう。筆者は、緊急避難の研究を通じて、こうした姿勢を常に意識するようになったにすぎない。

　筆者が緊急避難というテーマに多少なりとも本格的に取り組んだのは、日本刑法学会第82回大会（2004年）において「主観的正当化要素について―同

意の認識・避難意思を中心に」と題する個別報告を行うために、ドイツにおける緊急避難について研究を進めた時点である。それ以来、本書の一部をなす論文をいくつか執筆・公表したが、我が国における緊急避難制度のあり方についてより深く考えるようになったのは、2010年8月から2年間、現在の勤務先である立教大学でのサバティカル期間中にドイツ・ケルン大学において在外研究を行い、ドイツにおける緊急避難規定について包括的に調査・検討を進めるようになってからである。

　研究を進めていく中で、我が国にとって有益な示唆を得るためには、ドイツのみならず、ドイツ語圏各国における緊急避難規定を調査・検討する必要があることを痛感し、スイスやオーストリアの議論についても分析を進めた。こうした研究成果の一部をまとめて公表したのが、「家庭内暴力に対する反撃としての殺人を巡る刑法上の諸問題—緊急避難論を中心として」（『山口厚先生献呈論文集』〔成文堂・2014年〕所収）である。この論文は、本書の基礎をなす論文ではあるが、家庭内暴力に対する反撃としての殺人、すなわちDV反撃殺人事例に焦点を合わせた論述となっており、緊急避難という制度やそれに関する諸問題を包括的に取り扱ったものではない。そこで、我が国の緊急避難制度の根底をなす基礎理論を模索しつつ、緊急避難論のアクチュアリティを明らかにしたいと思うようになった。

　その後、筆者は、総務省のAIネットワーク推進会議（開発原則分科会）の構成員として、AI・ロボットと刑法、特に自動走行車をめぐる刑法的問題に関して考察する機会に恵まれ、また、日本刑法学会第96回（2018年）の第1ワークショップ「緊急避難論の現代的課題」において、オーガナイザーを務める機会にも恵まれた。こうした様々な機会の中で、筆者は、——基礎理論の重要性はもちろん認識しつつも——緊急避難が決して抽象的な議論の対象に留まるものではなく、むしろ我々の社会においてアクチュアリティを有する重要な法的仕組みであることを、より理解するに至ったのである。

　本書は、こうした筆者の思考の変化あるいは深化を反映したものである。これまでに公表した論文を単に寄せ集めたものではなく、むしろ基礎的な議論から再考し、包括的かつ体系的な叙述に努めた。その過程で、従前の理解

を改め、また補足した点は多岐にわたり、可能な限り、本書全体で一貫した叙述となるように心掛けたつもりである。もちろん、そうした試みが成功しているか否かは、読者の方々による判断に委ねるしかない。

　本書を構成する様々な営為は、決して筆者のみの力によってなされたものではない。もちろん、様々な書物や判例などの背後にいる人々の知的営為によるところが大きいが、それ以外にも、筆者は様々な形で多くの人々からの恩恵を受けている。その名前を全て記すことはできないが、どうしても名前を挙げて謝辞を述べたいのが、筆者が東京大学の研究室に所属を許されて以来、常に学問において指導的な立場にある、元東京大学教授で現在は最高裁判事の山口厚先生である。筆者が研究者を志すきっかけとなったのも山口先生であり、また、研究者としての姿勢を学ぶ上での模範となったのも山口先生である。本書が、山口先生から受けた教えを反映しつつ、さらにその先に歩を進めたものとなっていれば幸いである。

　なお、本書を執筆するにあたっては、東京大学教授の樋口亮介氏から――しばしば筆者の出版意欲を削ぐほどの――有益かつ真摯な助言・コメントを頂いた。また、法政大学准教授の佐藤輝幸氏、最高裁判所司法修習生の池田直人氏、および、日本学術振興会・特別研究員（PD・立教大学）の冨川雅満氏からも、それぞれ貴重なコメントを頂いた。冨川氏には、本書の校正や文献リストの作成に関しても助力を頂いた。併せて心から感謝の意を表する。

　書籍の出版、殊に本書のような研究書に関する出版は、極めて厳しい環境に置かれている。それにもかかわらず、本書の出版を快く引き受けて下さった弘文堂社長の鯉渕友南氏、および、本書の出版に関わる様々な問題を一手に引き受け、一日も早い出版が可能となるように温かく励まして下さった編集者の北川陽子氏にも心よりお礼申し上げる。

　本書が、緊急避難という極めて興味深いテーマをめぐる様々な関心を呼び起こし、緊急避難規定に関する理解が深まることの一助となれば幸いである。

2018年8月　猛暑のケルンにて

深町晋也

目　　次

序　章　緊急避難論が直面する課題……………………………………… *1*

第1章　ドイツ語圏における緊急避難規定………………………………… *7*
　第1節　本章の構成とその意図…………………………………………… *7*
　第2節　ドイツにおける緊急避難規定…………………………………… *9*
　　Ⅰ　緊急避難規定の概観……………………………………………… *9*
　　　　1　条文の内容
　　　　2　条文の構造
　　　　3　緊急避難規定の歴史的経緯
　　　　4　本節の検討対象
　　Ⅱ　緊急避難をめぐるモデルケースの分析………………………… *13*
　　　　1　BGHSt 48,255における事案の分析・検討
　　　　2　検討課題の抽出
　　Ⅲ　各緊急避難に共通する要件の検討……………………………… *18*
　　　　1　概　　説
　　　　2　危険の現在性
　　　　3　「他に回避し得ない」危険（避難行為の補充性）
　　Ⅳ　各緊急避難に固有の要件の検討………………………………… *35*
　　　　1　概　　説
　　　　2　正当化的緊急避難（ドイツ刑法34条）
　　　　3　免責的緊急避難（ドイツ刑法35条1項）
　　　　4　免責的緊急避難の誤信（ドイツ刑法35条2項）
　　Ⅴ　ドイツ法のまとめ………………………………………………… *62*
　第3節　スイスにおける緊急避難規定…………………………………… *65*
　　Ⅰ　緊急避難規定の概観……………………………………………… *65*
　　　　1　条　　文
　　　　2　緊急避難規定の歴史的経緯
　　Ⅱ　1995年判決の分析・検討………………………………………… *67*
　　　　1　1995年判決の事案および判旨
　　　　2　1995年判決の分析
　　　　3　検討課題

目　次　v

Ⅲ　正当化的緊急避難の構造 ……………………………………… *72*
  1　概　　説
  2　利益衡量要件の意義
  3　小　　括
Ⅳ　免責的緊急避難の構造 …………………………………………… *76*
  1　正当化的緊急避難と免責的緊急避難との関係
  2　免責的緊急避難の認められる人的範囲
  3　侵害利益と保全利益との同価値性
  4　小　　括
Ⅴ　スイス法のまとめ ………………………………………………… *82*

第4節　オーストリアにおける緊急避難規定 …………………………… *84*
Ⅰ　緊急避難規定の概観 ……………………………………………… *84*
  1　条　　文
  2　本節の検討対象
Ⅱ　オーストリア刑法典の基礎にある免責の基本的理解 ………… *86*
  1　議論の前提
  2　規範的責任論
  3　小　　括
Ⅲ　免責的緊急避難（オーストリア刑法10条）の要件解釈 ……… *90*
  1　概　　説
  2　緊急避難状況
  3　避難行為
  4　期待不可能性
  5　不均衡条項
Ⅳ　オーストリア法のまとめ ………………………………………… *108*

第5節　小　　括 ………………………………………………………… *109*
Ⅰ　二元的構成の採用とその意義 …………………………………… *109*
Ⅱ　免責的緊急避難をめぐる議論 …………………………………… *110*
Ⅲ　緊急避難の成立要件に関する議論 ……………………………… *111*

第2章　我が国における解釈論的展開 ………………………………… *113*
第1節　本章の構成 ……………………………………………………… *113*
第2節　刑法37条の基本構造 …………………………………………… *115*
Ⅰ　比較法から得られた解釈論的視座 ……………………………… *115*
Ⅱ　刑法37条1項本文の法的性質 …………………………………… *116*
  1　従来の見解の検討

vi　目　次

```
　　　　2　違法阻却事由説の正当化根拠
　　　　3　緊急避難の成立に関する規範的な制約
　Ⅲ　刑法37条1項本文とただし書との関係 ……………………………… 124
```

第3節　緊急避難規定の要件解釈 ……………………………………… 128

```
　Ⅰ　概　　説 …………………………………………………………… 128
　　　　1　緊急避難規定の条文構造
　　　　2　本節での検討対象
　Ⅱ　現在の危難 ………………………………………………………… 130
　　　　1　保全利益
　　　　2　危難の意義
　　　　3　危難の現在性
　　　　4　強要緊急避難
　Ⅲ　「やむを得ずにした」要件について ……………………………… 149
　　　　1　判例・裁判例の分析・検討
　　　　2　学説の分析・検討
　　　　3　小　　括
　Ⅳ　避難意思 …………………………………………………………… 156
　　　　1　判例・裁判例の概観
　　　　2　学説の分析・検討
　　　　3　判例・裁判例の分析・検討
　Ⅴ　害の衡量（法益権衡） …………………………………………… 159
　　　　1　概　　説
　　　　2　衡量の基準
　　　　3　衡量の際に問題となる利益の範囲
```

第4節　過剰避難規定の要件解釈 ………………………………………… 164

```
　Ⅰ　概　　説 …………………………………………………………… 164
　Ⅱ　刑の減免根拠とその解釈論的帰結 ……………………………… 165
　　　　1　従来の見解
　　　　2　本書の見解
　Ⅲ　情状に関連する諸問題 …………………………………………… 168
　　　　1　不均衡事例の解決
　　　　2　過剰避難における避難意思
　Ⅳ　補充性要件を充足しない場合 …………………………………… 170
　　　　1　判例・裁判例の概観
　　　　2　違法・責任減少説からの帰結
　Ⅴ　誤想過剰避難 ……………………………………………………… 175
　　　　1　問題の所在
　　　　2　誤想過剰避難の処理
```

目　次　vii

　　第5節　小　　　括 ･･ *177*
　　　Ⅰ　二元的構成の採用とその意義 ･･････････････････････････････････ *177*
　　　Ⅱ　違法阻却事由としての緊急避難の要件と解釈 ･･････････････････ *178*
　　　　　1　緊急避難状況を規律する要件
　　　　　2　害の最小化を規律する要件
　　　Ⅲ　責任減少事由としての緊急避難（過剰避難）の要件と解釈 ･････ *179*
　　　　　1　刑の減免根拠と「情状」の意義
　　　　　2　害の衡量以外に問題となる要素

　第3章　緊急避難規定のアクチュアリティ ････････････････････････････ *181*
　　第1節　DV 反撃殺人事例 ･･ *181*
　　　Ⅰ　DV と DV 反撃殺人事例 ･･････････････････････････････････････ *181*
　　　Ⅱ　ドイツにおける議論状況の分析 ･･････････････････････････････ *186*
　　　　　1　議論の前提
　　　　　2　緊急避難による解決
　　　Ⅲ　スイスにおける議論状況の分析 ･･････････････････････････････ *193*
　　　　　1　議論の前提
　　　　　2　スイス刑法113条と DV 反撃殺人事例
　　　　　3　判例の分析・検討
　　　　　4　継続的侵害という構成の可否
　　　Ⅳ　アメリカにおける議論状況の分析 ････････････････････････････ *203*
　　　　　1　DV 反撃殺人事例と自己防衛の成否
　　　　　2　判例の概観
　　　　　3　学説の概観
　　　　　4　検　　　討
　　　Ⅴ　我が国における DV 反撃殺人事例の解決 ･･････････････････････ *207*
　　　　　1　比較法的考察で得られる解釈論的視座
　　　　　2　具体的な判断枠組み
　　　　　3　DV 加害者以外の者が攻撃される場合
　　　Ⅵ　具体的事例への適用 ･･ *216*
　　　　　1　アクチュアルな問題としての DV 反撃殺人事例
　　　　　2　裁判例の紹介
　　　　　3　緊急避難・過剰避難規定の適用可能性
　　第2節　拷問による救助事例 ･･････････････････････････････････････ *222*
　　　Ⅰ　概　　　説 ･･ *222*
　　　Ⅱ　判例・裁判例の検討 ･･ *224*
　　　　　1　事案および判旨
　　　　　2　判例・裁判例の分析

viii　目　次

　　Ⅲ　学説の検討‥‥‥‥‥‥‥‥‥‥‥‥‥‥‥‥‥‥‥‥‥‥‥‥‥‥‥ *232*
　　　　1　学説の概観
　　　　2　否定説
　　　　3　肯定説
　　Ⅳ　拷問による救助事例の解決の指針‥‥‥‥‥‥‥‥‥‥‥‥‥‥ *241*
第3節　自動走行車と生命法益のディレンマ事例‥‥‥‥‥‥‥‥‥ *243*
　　Ⅰ　問題の所在‥‥‥‥‥‥‥‥‥‥‥‥‥‥‥‥‥‥‥‥‥‥‥‥‥‥ *243*
　　　　1　自動走行車とは
　　　　2　問題となる事例
　　　　3　検討課題
　　Ⅱ　ドイツにおける議論状況の分析・検討‥‥‥‥‥‥‥‥‥‥‥ *246*
　　　　1　生命法益のディレンマ状況と正当化的緊急避難
　　　　2　生命法益のディレンマ状況と免責的緊急避難
　　　　3　自動走行車のプログラミングの法的規律
　　　　4　自動走行車内部に存在する人間を有利に扱うことの可否
　　Ⅲ　我が国における解決‥‥‥‥‥‥‥‥‥‥‥‥‥‥‥‥‥‥‥‥ *251*
　　　　1　生命法益のディレンマ状況と緊急避難
　　　　2　自動走行車のプログラミングの法的規律
　　　　3　具体的帰結
第4節　特別な立法の要否──緊急避難の制度化‥‥‥‥‥‥‥‥ *256*
　　Ⅰ　問題の所在‥‥‥‥‥‥‥‥‥‥‥‥‥‥‥‥‥‥‥‥‥‥‥‥‥ *256*
　　Ⅱ　海賊版サイトのブロッキングと緊急避難‥‥‥‥‥‥‥‥‥ *256*
　　Ⅲ　行動準則を明確化するための特別立法‥‥‥‥‥‥‥‥‥‥ *258*

終　章　緊急避難をめぐる議論のこれからのために‥‥‥‥‥‥‥ *261*

　　参考文献一覧‥‥‥‥‥‥‥‥‥‥‥‥‥‥‥‥‥‥‥‥‥‥‥‥‥‥ *263*
　　判例一覧‥‥‥‥‥‥‥‥‥‥‥‥‥‥‥‥‥‥‥‥‥‥‥‥‥‥‥‥ *270*

序　章

緊急避難論が直面する課題

　我が国の刑法37条は１項本文で、自己または他人の生命、身体、自由または財産に対する現在の危難を避けるためにやむを得ずにした行為については、害の衡量を充たす限り処罰しない旨定め、同項ただし書で、過剰避難の場合には情状により刑が任意的に減免される旨定めている。また、２項で、業務上の特別義務者に関する特別規定を設けている。刑法36条の規定する正当防衛が違法阻却事由であることにはほぼ争いがないのに対し、本条が規定する緊急避難については、その法的性格をめぐって激しい対立がある。すなわち、正当防衛については、正対不正の対立構造において「正は不正に譲歩せず」との理解が共有され、防衛行為の権利性が肯定されているのに対して、緊急避難については、いずれの当事者も正であるという正対正の対立構造において、侵害者（避難行為者）と被侵害者とのいずれを有利に扱うかという観点から、その法的性格が問題とされている。

　このような緊急避難の法的性格をめぐっては、古くから様々な見解が唱えられており、現在では、違法阻却事由説、責任阻却事由説、および二分説がそれぞれ唱えられている。

　まず、責任阻却事由説は、より大きな利益を保全するためであっても、無関係の第三者のより小さな利益を侵害する権利を認めること（すなわち、無関係の第三者に侵害受忍義務を負わせること）は正当化し得ないが、緊急状態にある侵害者に他の方法を採ることを期待し得ないために責任が阻却される

1）　ただし、判例が正当防衛を責任阻却事由と捉えているとするものとして、大越義久『刑法解釈の展開』（信山社・1992年）６頁以下参照。
2）　西田典之『刑法総論［第２版］』（弘文堂・2010年）153頁。
3）　責任無能力説、一身的刑罰阻却事由説、事実的刑罰阻却事由説、放任行為説などがある（瀧川幸辰『犯罪論序説［改訂］』〔有斐閣・1947年〕148頁以下参照）。

とする。この見解からは、避難行為は違法であるため、それに対して正当防衛で対抗することが可能となる。

次に、違法阻却事由説は、①本条が害の衡量を定めているのは違法阻却の一般原理である優越的利益原則の表れであること、および②本条が他人のための緊急避難を無限定に認めていることを挙げ、現行法の解釈としては、責任阻却事由説を採用することはできず、違法阻却を認めたものと解する。この見解からは、避難行為は違法ではないため、それに対して正当防衛では対抗し得ず、ただ緊急避難でのみ対抗することが可能となる（ただし、後述の可罰的違法阻却事由説を参照）。

さらに、二分説としては、（Ａ）違法阻却事由説を原則としつつ、優越的利益原則との関係で、法益同価値の場合には優越的利益を認めることができないために責任阻却事由説が妥当するとする見解、（Ｂ）違法阻却事由説を原則としつつ、被侵害者の法益が生命（・身体）の場合には、生命（・身体）が人格の根本的要素であり、その自己目的性ゆえに他者のための手段とされることはないために、その侵害については責任が阻却されるにすぎないとする見解、（Ｃ）責任阻却事由説を原則としつつ、保全法益が侵害法益に著しく優越する場合には違法阻却を認める見解など、多岐にわたって主張されている。

4）　瀧川・前掲注3）159頁、植松正『刑法概論Ⅰ〔再訂版〕』（勁草書房・1974年）208頁、高橋敏雄『違法性の研究』（有斐閣・1963年）123頁。

5）　団藤重光『刑法綱要総論 第3版』（創文社・1990年）246頁、大塚仁『刑法概論（総論）〔第4版〕』（有斐閣・2008年）401頁、平野龍一『刑法総論Ⅱ』（有斐閣・1975年）228頁、福田平『全訂刑法総論〔第5版〕』（有斐閣・2011年）165頁、川端博『刑法総論講義〔第3版〕』（成文堂・2013年）384頁、西田・前掲注2）139頁以下、前田雅英『刑法総論講義〔第6版〕』（東京大学出版会・2015年）284頁、高橋則夫『刑法総論〔第3版〕』（成文堂・2016年）309頁。

6）　佐伯千仞『刑法講義総論〔4訂版〕』（有斐閣・1981年）205頁以下、内藤謙『刑法講義総論（中）』（有斐閣・1986年）419頁以下。なお、山中敬一『刑法総論〔第2版〕』（成文堂・2008年）518頁以下も参照。

7）　木村亀二『刑法総論〔増補版〕』（有斐閣・1978年）270頁、阿部純二「緊急避難」『刑法基本講座第3巻違法論、責任論』（法学書院・1994年）96頁以下。なお、山口厚『刑法総論〔第3版〕』（有斐閣・2016年）148頁以下は、本条の解釈としては違法阻却事由説を採りつつ、生命および生命に準じる身体の重要部分に関しては、超法規的に責任が阻却されるとする。

8）　森下忠『緊急避難の研究』（有斐閣・1960年）241頁。ただし、この見解は、本条の解釈としては責任阻却事由説を採りつつ、超法規的違法阻却を認めるものである。なお、井田良『講義刑法学・総論』（有斐閣・2008年）182頁以下も参照。

また、近時は、責任阻却事由説を否定しつつ、緊急避難行為に対して正当
防衛による対抗を否定するのは不当であるとの観点から、可罰的違法阻却事
由説が有力に主張されている。この見解は、緊急避難においては行為の有す
る社会侵害性が欠けることから可罰的違法性が否定されるとしつつ、なお一
般的違法性は否定されないため、被侵害者は正当防衛による対抗ができると
する[9]。

　以上に概観したように、従来、我が国における緊急避難規定をめぐっては、
主としてその法的性質、すなわち緊急避難が違法阻却事由か責任阻却事由か
といった点に議論が集中していた。その中でも特に見解が激しく対立してい
たのは、違法阻却事由としての緊急避難（あるいは正当化的緊急避難）がどの
範囲で肯定されるかという点である。前述のように、例えば侵害法益が生命
や重大な身体である場合や、侵害法益と保全法益とが同価値である場合に違
法阻却が肯定されるか、といった形で、我が国における緊急避難論は長らく
展開されていたのである。

　以上のような議論状況に対しては、２つの問題点を指摘することができる。
第１点は、緊急避難の法的性質をめぐる議論の「華やかさ」とは対照的に、
具体的な要件解釈論はさほど深化していないという点である。緊急避難と対
比されることが多い正当防衛においては、その理論的な基礎づけもさること
ながら、その具体的な要件解釈をめぐって判例や学説が進展していることを
考え併せると、その実務的な意義に大きく差があることを認めたとしても[10]、
緊急避難論のあり方としては決して望ましいものではない。

　第２点は、我が国の緊急避難論が、正当化的緊急避難の成立範囲をめぐっ
て主として議論を展開した結果、そこから除外された領域、すなわち違法性
が阻却されない事例についての議論が深化していないという点である。特に、
責任阻却事由としての緊急避難（あるいは免責的緊急避難）を肯定する立場か

---

9)　生田勝義『行為原理と刑事違法論』（信山社・2002年）283頁以下、林幹人『刑法総論［第2
　版］』（東京大学出版会・2008年）207頁、松宮孝明『刑法総論講義〔第5版〕』（成文堂・2017年）
　158頁。
10)　例えば、司法研修所編『難解な法律概念と裁判員裁判』（法曹会・2009年）においても、緊急
　避難とは異なり、正当防衛は独立の章で採り上げられている。

らも、いかなる要件の下、いかなる範囲で免責が肯定されるのかという点について、必ずしも十分に議論がなされなかったのは、緊急避難論のあり方としては望ましいものとはいえない。

避難行為に対する正当防衛の可否という点が実務上およそ問題となっていないこともあり、そもそも判例・裁判例においては、緊急避難の法的性質につきいかなる見解を採用するものかは必ずしも明らかではない[11]。それにもかかわらず、判例・裁判例においては、具体的な事例について、緊急避難の要件を解釈した上で一定の帰結を導き出している。こうした実務に対して学説に求められていることは、緊急避難の法的性質をめぐる抽象度の高い議論に終始することではなく、むしろ、その法的性質に関する分析を通じて、緊急避難の具体的かつ体系的な要件解釈を明確化することである。

また、緊急避難論を取り巻く状況からしても、緊急避難の法的性質をめぐる抽象論に終始することはもはや許されない。例えば、緊急避難論は、家庭内における暴力（以下、DV）の1つの極端な結末である、DVの被害者がDVの加害者を殺害する、いわゆるDV反撃殺人事例においても重要な意義を有することは近時認識されつつあるといえる。また、国家権力が対象者から自白を得るために拷問を行うことが緊急避難として許容されるかをめぐっては、誘拐された被害者の居場所を突き止めるための拷問の可否という形で、ドイツでは現実の事件に発展し、極めて深刻な議論の対立を生じさせている。さらに、いわゆる「トロッコ問題」の現実化として、自動走行車におけるプログラミングの問題、すなわち、自動走行車のAIの設計者が、想定される交通事故に際して、被害を最小化させるプログラムを組んだことで、多数の者は救われるが少数の者が犠牲になる場合をどのように解決するかという問題（いわゆる生命法益をめぐるディレンマ状況）もまた、アクチュアリティを持ちつつある。これに加えて、近時、著作権侵害サイト（いわゆる「海賊版

---

11) 判例・裁判例においては、緊急避難を違法阻却事由としているものが散見される（大判昭和12・11・6裁判例11巻刑87頁、大判昭和16・3・15刑集20巻263頁、京都地判昭和31・7・19資料123号1184頁、長崎家佐世保支決昭和49・4・11家月27巻1号165頁参照）。判例は違法阻却事由説のうちでも放任行為説に近い立場であるとするものとして、安平政吉＝藤木英雄『総合判例研究叢書 刑法(8)』（有斐閣・1957年）14頁〔安平政吉〕。なお、大判大正3・10・2刑録20輯1764頁も参照。

サイト」）に対する ISP（インターネットサービスプロバイダー）によるブロッキングについて、緊急避難を理由として、通信の秘密侵害罪（電気通信事業法４条・179条）の違法性が阻却されるかが大きな議論対象とされている。

以上のように、緊急避難規定の要件解釈を明確化しつつ、その適用範囲を的確に確定することは、緊急避難のアクチュアリティという点からも極めて重要な課題である。本書は、こうした諸問題を解決することを志向するものである。

そこで、こうした本書の目的を達成するために、以下ではまず、緊急避難をめぐる比較法的な考察を行うことにする（第１章）。我が国においては、こうした比較法的検討の対象として専らドイツが選択されることが多い。もちろん、ドイツ刑法学における議論の蓄積は、我が国における問題を解決する上で参照可能なものが多いことは否定できない。しかし、後に詳細に検討するように、ドイツ刑法における緊急避難規定の具体的なあり方は、我が国の刑法37条とは相当に異なる。こうした状況に鑑みれば、むしろドイツのみならず、広くドイツ語圏各国に目を向けることには大きな意義が認められよ
う。また、我が国におけるドイツ語圏各国の議論の紹介は、従来、正当化的緊急避難に関するものが多く、免責的緊急避難についての紹介は不足している。そこで、本書では、第１章において、ドイツのみならず、スイスおよびオーストリアについても、正当化的緊急避難に偏るのではなく、むしろ免責的緊急避難の議論をも渉猟した上で、それぞれの緊急避難規定および判例・学説の状況について紹介・分析を加えることによって、我が国における議論のための示唆を得ることとする。

---

12) もちろん、ドイツ語圏各国以外の緊急避難や強制に関する議論も極めて重要であるが、詳細な検討は別の機会を俟たなければならない。近時の文献として、例えば、フランス法については、井上宜裕『緊急行為論』（成文堂・2007年）を、イギリス法については、遠藤聡太「緊急避難論の再検討(7)」法学協会雑誌133巻５号（2016年）570頁以下を、カナダ法については、上野芳久「カナダ刑法における『強制による行為』」関東学院法学24巻２号（2014年）１頁以下をそれぞれ参照。

13) 資料的な価値という観点から、なるべく広汎にドイツ語圏各国における議論を渉猟しているため、取り敢えず第１章第５節の小括を読んだ上で、必要に応じて第２章（第３章）から先に読むといった読み方も十分に可能であろう。

次に、こうした比較法的考察を踏まえた上で、第2章において、我が国の緊急避難規定の要件解釈を明確化することにする。ドイツ語圏各国における緊急避難の法的性質や緊急避難規定の解釈のあり方を踏まえた上で、我が国の緊急避難規定をどのようにして合理的に解釈することが可能かを示す。そして、我が国の緊急避難に関する基底的な原理を踏まえた解釈論的基礎を元にして、我が国の刑法37条1項につき、具体的な要件解釈を展開することにする。

さらに、第3章では、いわば「緊急避難論の各論編」として、アクチュアリティを有する緊急避難論の諸問題について、第2章までで得られた帰結を元にしつつ、個別に検討を行うことにする。緊急避難は様々な現実的問題と密接に関連しているが、その中でも特に検討の必要があるのは、DV反撃殺人事例についてである。DVの被害者が、DV加害者から継続的に肉体的・精神的に虐待を受けて追い詰められた結果として、DV加害者に反撃し、殺害するという事例は、洋の東西を問わず、極めて普遍的なものである。こうした事例については、人の殺害という極めて重大な結果が生じたにもかかわらず、その経過を観察すると、必ずしも行為者であるDV被害者に重罰を科すのが適切ではない場合もある。このような事例を緊急避難の枠組みによって解決し得ないかが問題となる。また、誘拐された被害者の居場所を聞き出す目的や設置された爆弾の場所を聞き出す目的でなされた拷問について、一定の場合には緊急避難として不可罰になるのではないかもまた、極めて重要な問題領域といえる。さらに、既に述べた通り、いわゆる生命法益をめぐるディレンマ状況という古典的な問題が、近時、自動走行車のプログラミングをめぐる議論の中で大きな争点とされている。ここでは、自動走行車のメーカーに対する行為準則を提示するような理論枠組みの構築が急務といえよう。第3章では、これらの問題について、比較法的な知見を元に、本書の提示する要件解釈からの帰結を示すことにしたい。[14]

---

14) 海賊版サイトのブロッキングが緊急避難によって正当化されるかという問題については、第3章第4節で併せて検討する。

第1章

ドイツ語圏における緊急避難規定

第1節　本章の構成とその意図

　本章ではまず、第2節でドイツ刑法における緊急避難規定、特にその個々の要件解釈について詳細に検討・分析を加える。それを踏まえた上で、第3節では、ドイツ刑法との異同という観点から、スイス刑法における緊急避難規定につき、その特徴を明らかにした上で検討を行う。他方、第4節では、オーストリア刑法における免責の本質という点に焦点を合わせつつ、刑法典に規定された免責的緊急避難について検討を加える。

　本章がこのような構成を採用していることには理由がある。まず、ドイツ語圏各国における緊急避難の理解には、大きな共通性がある。それは、正当化的緊急避難と免責的緊急避難とに大別する二分説（二元的構成）が定説と化しており、判例においても二分説が受け容れられている点である。こうした議論を積極的に推し進めてきたのがドイツの刑法学であることは間違いなく、その意味で、ドイツ刑法における緊急避難をめぐる解釈論の展開をみることは極めて重要である。

　しかし、二分説を採用するからといって、正当化的緊急避難・免責的緊急避難の個々の成立要件をどのように定めるかが直ちに決まるわけではない。二分説を成文化したドイツとスイスを比較しても、正当化的緊急避難と免責的緊急避難の関係や、それぞれの緊急避難の成立要件は必ずしも同一ではなく、むしろ様々な点において異なる。したがって、二分説を採用するドイツにおける議論を検討するのみでは十分とはいえず、同様に二分説を採用しつ

つも、ドイツとは異なった特徴を有するスイスにおける議論をも検討することで、正当化的緊急避難・免責的緊急避難に関する理解がより深まるものと思われる。特に、スイス刑法における緊急避難の規定は、条文の簡素さという点でも我が国と比較しやすい点があるのに対して、ドイツ刑法における緊急避難の規定は、ドイツの立法過程における様々な事情を反映して、極めて複雑なものとなっており、当該規定をめぐる解釈論も、我が国に直接的には参照しにくい部分もある。こうした点をも考慮すると、スイス刑法における議論を参照する価値は十分にあるといえる。

　他方、本章においてオーストリア刑法を検討対象とする理由は、ドイツ・スイスと同様に二分説が定説化し、判例も採用しているにもかかわらず、成文化されたのは専ら免責的緊急避難だけであるというオーストリア刑法の事情によるものである。ドイツやスイスにおいては、二分説が形成・発展する過程で、正当化的緊急避難をめぐる議論は極めて活発に展開されたが、免責的緊急避難に関する議論はさほど深化したとはいえない。これに対して、オーストリアでは、免責的緊急避難を成文化する過程で、その具体的な成立要件との関係で免責に関する議論、すなわち規範的責任論に関する議論が活発に行われており、こうした議論は我が国にとっても参照に値するものと思われる。こうした観点から、本章では、オーストリア刑法について、特に免責との関係で検討を加えることにする。

第2節　ドイツにおける緊急避難規定

Ⅰ　緊急避難規定の概観

1　条文の内容

現行のドイツ刑法においては、違法性を阻却する正当化的緊急避難（ドイツ刑法34条）と責任を阻却する免責的緊急避難（ドイツ刑法35条）とが区別されて規定されている（二元的構成）。各条文は、以下の通りである[1]。

> **34条**　生命、身体、自由、名誉、財産又はその他の法益に対する現在の、他に回避し得ない危険において、自己又は他人の当該危険を回避するために行為を行った者は、対立する諸利益、特に問題となる法益や、法益に対する危険の程度を衡量して、保全利益が侵害利益に著しく優越する場合には、違法に行為したものではない。但し、このことは、当該行為が当該危険を回避するために相当な手段である場合に限り、妥当する。
>
> **35条1項**　生命、身体又は自由に対する現在の、他に回避し得ない危険において、自己、親族又はその他の自己と密接な関係にある者の当該危険を回避するために違法な行為を行った者は、責任なく行為したものである。諸事情に基づき、特に行為者が当該危険を自ら惹起したために、又は行為者が特別な法的関係に立つために、当該危険を甘受することが期待された限りにおいて、このことは妥当しない。但し、特別な法的関係の考慮によらないで、行為者が当該危険を甘受しなければならなかったときは、49条1項により、その刑は減軽され得る。
> 　**2項**　行為者が、当該行為を行う際に、1項によれば行為者を免責するよう

---

1)　現行ドイツ刑法の各条文の訳については、法務省大臣官房司法法制部編『ドイツ刑法典』法務資料第461号（2007年）を参考にしたが、完全に同一ではない。

10　第1章　ドイツ語圏における緊急避難規定

な事情が存在すると誤信したときは、当該誤信が回避し得る場合にのみ、行為者は処罰される。刑は49条1項により、減軽するものとする。

2　条文の構造[2)]

(1)　**ドイツ刑法34条の構造**

①緊急避難状況

　a)自己または他人の法益に対する危険

　b)危険の現在性

②避難行為

　避難行為の必要性（＝補充性）

③利益衡量

　保全利益が侵害利益に著しく優越していること

④手段の相当性（34条2文）

⑤避難意思

(2)　**ドイツ刑法35条の構造**

①緊急避難状況

　a)自己、親族またはその他の密接な関係にある者の生命、身体または自由に対する危険

　b)危険の現在性

②避難行為

　避難行為の必要性（＝補充性）

③避難意思

④危険甘受の期待可能性（35条1項2文）

　a)危険を自ら惹起していること

　b)特別な法的関係の存在

　c)その他の場合

---

2)　条文構造の模式化については、Rengier, Strafrecht Allgemeiner Teil 8. Aufl. (2016), § 19 Rn. 6 および § 26 Rn. 4を参考にした。

3　緊急避難規定の歴史的経緯

　現行のドイツ刑法34条および35条が規定されるまでの歴史をごくかいつまんでみると、1871年ライヒ刑法典においては、強要による緊急避難を規定する旧52条[3]および、それ以外の場合を広く規定する旧54条[4]が存在していたが、いずれについても、「可罰的行為は存在しない」とする規定であったため、その法的性質が問題となった。この点に関して、ライヒ裁判所（以下、RGと略）は、旧54条の緊急避難を免責事由であると判断したが、同時に、超法規的な正当化的緊急避難の存在を肯定するに至った[5]。

　この時期には、第三者（特に医師）が妊婦に対して堕胎手術を行った事例が相次いで起こったが、旧52条・54条においては、不可罰の範囲が「自己又は親族」に限定されていたため、第三者である医師が不可罰となるためには、更なるロジックが必要であった[6]。このような状況下で、RGは、超法規的正当化的緊急避難の存在を認めることで、被告人たる医師の行為につき、正当化を肯定したのである。

　その後、ドイツで進展した刑法改正の過程においては、旧52条・54条が免責事由であることを前提に両者を一本化して免責的緊急避難の規定（ドイツ刑法35条）としつつ[7]、新たに正当化的緊急避難を導入することが決定され、その結果、ドイツ刑法34条が新設されるに至った[8]。このように、ドイツにお

3）　52条1項　行為者が、抵抗し得ない暴力又は、自己又は親族の生命、身体に対する現在の、他の方法では回避し得ない危険と結びついた脅迫により、当該行為を強要された場合には、可罰的行為は存在しない。

4）　54条　正当防衛の事例以外で、自己の責によらない、他の方法では除去し得ない緊急状態において、行為者又は親族の身体又は生命に対する現在の危険から救助するために、当該行為がなされた場合には、可罰的行為は存在しない。

5）　RGSt 61, 242. 問題となった事案は以下の通りである。Aは、ある旅行者と性交した結果妊娠したが、そのことを苦にして「反応性鬱病」に罹患し、現在かつ重大な自殺の危険性が生じたため、神経科医Xは、婦人科医Yに、Aの妊娠中絶を依頼し、Yがこれを実行した。XおよびYが堕胎罪で起訴された。

6）　なお、RGSt 60, 88においては、旧54条は（一身的刑罰阻却事由ではなく）違法阻却事由あるいは責任阻却事由であるとしつつ、正犯たる妊婦が責任なく行為したものである以上、（極端従属性を採用する）当時のドイツ刑法の下では、共犯も不可罰である旨述べられている。

7）　BT-Drucks. Ⅳ 650/161.

8）　以上の経緯につき、内藤謙『刑法改正と犯罪論（上）』（有斐閣・1974年）177頁以下（特に250頁以下）参照。現行規定が制定される経緯が、極めて詳細かつ的確に紹介されている。

いて二元的構成が立法上採用されたのは1974年刑法改正によってであるが、二元的構成自体は比較的早くから判例によっても採用されていた。

4　本節の検討対象

ドイツにおいても、緊急避難論の性質論、その中でも正当化的緊急避難の本質をめぐっては議論が錯綜しており、様々な見解が主張されている。しかし、こうした見解の一部は既に我が国においても紹介されているところでもあり、重複して詳細に紹介する価値はさほど高くない。また、何らの指針もなく、各緊急避難の個々の要件において展開されている様々な解釈論的問題に関する検討・分析を網羅的・包括的に行うことは、ドイツにおける議論のあり方を却って見通しの悪いものにしてしまう可能性が高い。そこで、本節では、ドイツにおいて正当化的緊急避難と免責的緊急避難との関係がどのように解されているのかという観点から、各緊急避難の要件につき、分析・検討を行うことにしたい。

条文の構造を概観すれば分かるように、ドイツ刑法34条（正当化的緊急避難）と35条（免責的緊急避難）は、「現在の危険」や危険が「他の方法では回避できない」こと（すなわち、避難行為の補充性）といった共通の要件を有する。そして、正当化的緊急避難では、それに加えて害の衡量が規定されており、かつ、手段の相当性が要求されている。

これに対して、免責的緊急避難においては、こうした要件は存在しないものの、保全法益の限定があり、免責が認められるのは一定の人的範囲に限られ、危険甘受の期待可能性に関する規定があり、かつ、誤想避難に関する特別な規定を有するといった点で正当化的緊急避難とは大きな差異がある。

そこで以下では、各緊急避難のうち共通する要件である危険の現在性および避難行為の補充性について検討を加え、その後に、各緊急避難において別個に問題となる要件について検討を加える。こうした検討によって、ドイツにおいても、正当化的緊急避難と免責的緊急避難とが、一定程度連動した制度として想定されていることが理解できるであろう。

ただし、ドイツにおいて、どのような事例が問題とされ、どのように緊急避難の各要件の成否が検討されているかにつき、ある程度具体的なイメージ

を予め持っておくことは、ドイツにおける緊急避難を理解する上で一助となろう。そこで、まずは、本書において特に重要な検討対象となる DV 反撃殺人事例をめぐる、2003年3月25日のドイツ連邦通常裁判所（以下、BGH と略）判決をみることにしたい。

　本判決においては、緊急避難の各要件のうち、危険の現在性、避難行為の補充性、（正当化的緊急避難における）害の衡量、（免責的緊急避難における）危険甘受の期待可能性、および免責的緊急避難の誤信の成否などが問題となり、正当化的緊急避難・免責的緊急避難のほとんどの要件について検討する必要があるため、ドイツにおける両緊急避難の要件についてのイメージを持つには格好の素材ともいえる。また、本判決では、正当化的緊急避難の検討に引き続いて免責的緊急避難が検討されており、前述したように、両緊急避難が連動する制度であるということを理解する上でも極めて意義深いものである。このように、緊急避難というひとまとまりの制度全体を概観する上で格好の素材といえる本判決を分析することにより、緊急避難という制度において問題となる点を抽出することにする。

II　緊急避難をめぐるモデルケースの分析

1　BGHSt 48, 255における事案の分析・検討

(1)　事案

　被告人 X は、夫 A からの、長年にわたる日増しに増大する暴力および侮辱により重大な侵害を被っていた。ある日、X は、自らおよび 2 人の娘を更なる A の行為から守るためには他に手段がないと考えて、寝ている A をピストルで射殺した。原審は、X の行為は謀殺罪（ドイツ刑法211条）に該当し、かつ正当防衛（ドイツ刑法32条）には該当しないとしつつ、他の正当化事由および免責事由については検討しなかった。

---

9)　BGHSt 48, 255 (Urteil vom 25.03.2003).
10)　事案の詳細な紹介は、BGH NJW 2003, 2464を参照。

14　第1章　ドイツ語圏における緊急避難規定

(2)　判旨

　BGH は、原判決を破棄して差し戻した。BGH の判断を正確に理解するために、正当化的緊急避難・免責的緊急避難の成否に関してなされている検討につき、以下では詳細に紹介する。

　(a)　**正当化的緊急避難（ドイツ刑法34条）の成否について**　「正当化的緊急避難を認めるためには、利益衡量が要件となる。そして、保全利益は侵害利益に著しく優越しなければならない（ドイツ刑法34条1文）。本件で問題となっている保全法益は、被告人および2人の娘の身体の完全性であり、避難行為によって侵害される利益である被害者の生命法益に優越しないことは明らかである。被害者の家族（被告人および2人の娘：筆者注）の生命に対する切迫した危険が問題となるような究極の状況であったとしてもなお、衡量結果は、被告人に有利なものとはならない」。

　(b)　**免責的緊急避難（ドイツ刑法35条）の成否について**

【危険の現在性（ドイツ刑法35条1項）について】

　「長く継続する危険状態が、いつでも損害に転化し得る場合、すなわち継続的危険（Dauergefahr）も、ドイツ刑法35条1項の危険に該当する。その限りでは、免責的緊急避難の要件である現在の危険は、正当防衛の要件である現在の侵害とは異なる」。「被告人とその子どもたちは、身体の完全性、あるいはひょっとすると生命に対する、被害者に由来する継続的危険に陥っていた。被害者である夫の被告人に対する暴力行為は15年にわたって続いており、犯行の数ヵ月前には日に日にその勢いは増していき、既に以前から被告人に重大な傷害を負わせるに至っていた。その間に、被害者の暴力は、被告人と被害者との間の2人の娘にも向かった。このように確定された事実からは、確実性に境を接する蓋然性をもって、将来の侵害行為もまたなされたであろうと認定し得る」。「継続的危険においては、損害がいつでも発生し得る場合には、損害発生に一定のタイムラグが見込まれる可能性が残っていたとしてもなお」危険の現在性を認めることができる。

　本件では、かかる基準からすれば、ドイツ刑法35条1項における現在の危険があったと認めることができる。本件で問題となっている危険は、「たとえ被害者が犯行時に睡眠中であったとしても、いつでも現実化し得るもので

あった。被害者は過去に、睡眠から目覚めて、何の具体的なきっかけもなく被告人を虐待したことがあった。更に、被害者が目覚めて間もなく更なる虐待を伴う喧嘩となることが予想し得た。それ故、更なる損害発生を回避するためには、原則として直ちに行為に出ることが必要であった」。

【危険甘受の期待可能性（ドイツ刑法35条1項2文）について】

本件においては、「被告人が被害者に由来する危険を例えば『自ら惹起した』であろうということを理由に、あるいは被害者との婚姻関係に基づいて危険の甘受が期待されたであろうということを理由に、免責的緊急避難の成立が否定されることはない」。「被告人は長年にわたり、夫の虐待や侮辱にもかかわらず、なお夫の元にとどまり続けていたからといって、本条にいう『危険の惹起』があったとはいえない」。また、「夫との婚姻関係それ自体は、長きにわたり繰り返された虐待の重大性に鑑みれば、被告人が更なる激しい身体的攻撃を甘受すべきような法的関係であるとはいえない」。

【補充性要件（ドイツ刑法35条1項）について】

当該行為が、「緊急状況に有効に対処するための唯一の適切な手段であった場合」には、補充性は認められる。本件では、他に回避し得る手段として、公的機関あるいは慈善施設による保護を求めることが考えられる。すなわち、被告人は娘たちとともに家から逃げ出して、例えば「女性の家[11]」に居住するとか、警察の避難所を訪れるとかいった手段があり得た。それにもかかわらず、被告人はかかる手段によって緊急状況から逃れることを試みなかった。「こうした事情の下では、個々の事例における具体的な根拠に基づき、かかる代替手段の有効性が十分であるということがはじめから疑わしいという例外的な場合にのみ」被告人の行為について補充性が肯定される。こうした例外的な場合には、かかる代替手段に拠ったとしても危険を単に先延ばしにするにすぎないため、かかる例外的な代替手段は補充性判断にあたって考慮されない。

また、本件のように人間の生命法益が侵害される場合には、特に規範的観

---

11) DVから女性や子供を守るための慈善施設である。ドイツでは、1976年にベルリンやケルンでこうした「女性の家」が創設され、その後多くの都市で同様の施設が創設された。

16　第1章　ドイツ語圏における緊急避難規定

点からすれば、継続的危険を回避するために他に採り得る手段の存在を肯定する際に、高すぎる要求を設定することはできない。すなわち、DV反撃殺人事例で問題となる危険は、「通常は、『暴君』を殺害する以外の手段、特に国家機関など第三者の保護を求めるという手段によって回避可能（ドイツ刑法35条1項）である」。

【免責的緊急避難の誤信と誤信の回避可能性（ドイツ刑法35条2項）について】

　「当該危険が確かに客観的には回避可能であったとしても、被告人が行為時に、免責を基礎づける事情が存在すると誤信し、かつ当該誤信が回避し得なかったような場合には、被告人を処罰することはできないことになる（ドイツ刑法35条2項）」。原審の認定事実によれば、「被告人は、自己の状況が出口のないものであるとの認識を有していた。すなわち、被告人は自分や子どもたちを更なる虐待から守るためには被害者を殺害するよりないと考えていた」。したがって、原審は、「当該誤信が被告人にとって回避可能であったか否かを判断しなければならなかったのである」。

　さらに、差戻審において新たに判決を下すにあたって、上記のような誤信の回避可能性を判断する際には、「被告人があり得る手段を誠実に検討したか否かが問題となる。その際には、こうした検討義務の要求は、具体的な行為事情に基づいて決せられるべきである」とした。そして、問題となる具体的事情として、「特に、行為の重大性、被告人の有していた時間的余裕、被告人に落ち着いた考慮が可能であったか否かといった事情が検討義務の判断に際して意義を有する」とした。また、本件では、殺人という最も重大な個人的法益の侵害が問題となることに鑑みて、「被告人の検討義務についても、厳格な要求がなされるべきである」と判示した。

2　検討課題の抽出

　BGHSt 48, 255は、①侵害法益が生命であるために正当化的緊急避難は成立しないこと、②正当防衛における「現在の侵害」とは異なり、免責的緊急避難における「現在の危険」は、継続的危険が存在する場合には肯定されること、③免責的緊急避難の成立を妨げる例外的事情である危険甘受の期待可能性は本件では存在しないこと、④補充性要件に関して、他に採り得る手段

の存否、特に公的機関に対して保護を求めるという手段の存否に言及し、か
つ、侵害法益が生命である場合には判断が厳格化するために補充性要件が否
定されることを判示し、さらに、⑤免責的緊急避難の誤信に関し、誤信の回
避可能性の判断要素を誠実な検討義務との関係で詳細に検討している。

　また、免責的緊急避難の成否に関し、⑥保全法益については身体の完全性
や生命であること、また、⑦自己および自己の娘を助けるための行為であっ
たことを認定し、いずれについても、ドイツ刑法35条の要件を充たすことを
示している。

　このうち、②および④は、正当化的緊急避難と免責的緊急避難とに共通す
る、危険の現在性および避難行為の補充性の問題である。本判決は、②につ
いて、従来からの一貫した判例に則り、継続的危険という概念に依拠しつつ、
本件のように被害者が睡眠中であり、正当防衛が成立しない場合であっても、
なお免責的緊急避難における「現在の危険」が存在する旨判示している。な
ぜ、正当防衛における「現在の侵害」が存在しない場合であってもなお緊急
避難における「現在の危険」が存在するのか、また、どのような場合に継続
的危険の存在を認めることができるかが問題となる。

　次に、本判決は、④について、被害者を殺害する以外に採り得る手段、特
に公的機関の保護を求めるという手段の存否を検討しつつ、生命法益が侵害
利益となる場合について、補充性判断を厳格に解する立場を示している。し
かし、こうした補充性判断は、従来のDV反撃殺人事例をめぐる判例で、補
充性要件の充足が比較的認められる傾向にあったこととどのような関係にあ
るのかが問題となる。特に、本件で問題となる危険が継続的な危険であるこ
とから、こうした継続的危険を除去するために他に採り得る手段がどの程度
の実効性を有するのか、という点が重要になる。また、近時のBGH判例が[12]
明示するように、公的機関による保護を適時に求めることができる場合や、
特別法によって当該コンフリクトに対する解決が予め規定されているような
場合には、緊急避難における補充性要件が否定されるのではないかという点
も併せて問題となる。

---

12)　BGHSt 61, 202 (Beschluss vom 28. 06. 2016).

これに対して、①は正当化的緊急避難に固有の問題である。本判決は、侵害利益が生命法益であるために利益衡量の要件が充足されないとの理由で、正当化的緊急避難の成立を明確に否定し、保全法益が本件のように身体の場合のみならず、いわゆる「生命対生命」の場合にも同様であるとする。この判断においては、後に検討する、いわゆる防御的緊急避難論はおよそ考慮されていないが、本件のような場合には常に利益衡量が否定されるのかが問題となる。

他方、③、⑤ないし⑦は免責的緊急避難に固有の問題である。③について本判決は、免責的緊急避難の成立を妨げる例外的事情である「危険甘受の期待可能性」の有無を、「危険の自招」および「特別な法的関係」の両方に関して検討しつつ、いずれについても否定している。判例においてはいかなる場合に「危険甘受の期待可能性」が肯定されるのかが問題となる。

さらに、⑤について本判決は、補充性要件が否定されたとしても、主観的には補充性が存在すると誤信していた場合には免責的緊急避難の誤信が成立する旨示し、かつ当該誤信が回避不可能であったか否かを検討するための判断枠組みを示している。いかなる観点から行為者の誤信が回避不可能であったと判断されるのか、特に、侵害利益が生命法益である場合には、こうした判断が厳格化するのか、という点が問題となる。

なお、本件では、⑥保全法益は身体の完全性または生命であり、かつ⑦自己および自己の娘を助けるための行為であったため、これらの点については詳細に検討されていない。しかし、免責的緊急避難においては、正当化的緊急避難とは異なり、なぜ保全法益や避難行為の人的範囲につき、一定の制約が設けられているのであろうか。この点は、両緊急避難の関係を理解する上でも、免責的緊急避難の本質を理解する上でも極めて重要な点であり、本書でも一定の検討を行うことにする。

Ⅲ 各緊急避難に共通する要件の検討

1 概 説

正当化的緊急避難（ドイツ刑法34条）および免責的緊急避難（ドイツ刑法35

条1項）においては、「現在の、他に回避し得ない危険」、すなわち①危険の現在性、および②回避手段の補充性が共通して要求されている。したがって、仮に①あるいは②が否定されると、およそ緊急避難の成立の余地がなく、せいぜい免責的緊急避難の誤信（ドイツ刑法35条2項）による免責が問題となるにすぎないという重大な帰結が導かれる。

このように、①および②の要件は、正当化的緊急避難と免責的緊急避難とが連動する制度であることを示す要件であり、緊急避難という制度全体において、極めて重要性を有する要件といえよう。以下では、①および②の要件につき、判例の分析を行った上で、学説の分析・検討を行うことにする。

2 危険の現在性

(1) 判例の分析

判例における危険の現在性の解釈は、「継続的危険」という概念とともに発展してきたといえる。例えば、耐久年限をすぎており、いつ壊れるかもしれない建物については、「今すぐに壊れる」とまでは断言できないものの、「いつ壊れてもおかしくはない」という意味で、建物崩壊の危険が継続していると評価できる。このように、危険が時間的にみて切迫しているとまでは評価しにくいとしても、なお法益侵害の危険が継続している場合（継続的危険がある場合）には、判例は一貫して危険の現在性を認めてきた。

こうした継続的危険という概念は、DV反撃殺人事例のリーディングケースといえるRGSt 60, 318において既に明確化されており、その後、裁判の場で偽証を行わないと殺害する旨の脅迫を受けた行為者が偽証を行った事案に関するBGHSt 5, 371において確立したものといえる。そして、その判断枠組

---

13) なお、正当化的緊急避難を基礎づける事実についての誤信があった場合には、ドイツ刑法16条により故意が阻却される。

14) いつ崩れ落ちるか分からない家屋に住んでいた被告人が、当該家屋に放火した行為につき、ドイツ刑法旧54条の成否が問題とされた事案（RGSt 59, 69）でRGは、当該家屋の崩落の危険が継続している間は、直ちに避難行為を行わない限りもはや遅すぎることになるとの恐れが存在すると判断している（結論として、ドイツ刑法旧54条の成立を認めた原審を維持）。

15) より厳密にいえば、本件ではRGは、専らドイツ刑法旧54条についてのみ継続的危険の概念を認めている（第3章第1節Ⅱ2(1)〔本書190頁〕参照）が、その後に出されたRGSt 66, 98によって、ドイツ刑法旧52条についても継続的危険の概念が認められている。

20　第1章　ドイツ語圏における緊急避難規定

みが、そのまま現行のドイツ刑法35条の解釈に引き継がれ[16)]、さらに、ドイツ刑法34条の解釈においても受け継がれている[17)]。

　こうした判例の判断枠組みを具体的に示すと以下のようになる。すなわち、

(a)正当防衛における侵害の現在性と比べて、緊急避難における危険の現在性は、より時間的に幅があるものとして緩やかに解されている。

(b)継続的危険が極めて切迫しているため、いつでも（即ちまもなくであっても）損害に転化し得る場合には、危険の現在性が肯定される。損害の発生に一定のタイムラグが見込まれる可能性が残る場合でも、なお危険の現在性が肯定され得る。

(c)事態の推移によって見込まれる損害が、確かに直接的に迫っているわけではないものの、直ちにその段階で行為をなさなければ危険を回避し得ない場合についても、危険の現在性が肯定され得る[18)]。

(d)ドイツ刑法34条と35条とでは、危険の現在性につき同様に解されている[19)]。

---

(2)　学説の分析

　学説の大勢は、上記の判例の判断枠組み(a)～(d)の全てを肯定している。その理由づけについてであるが、大まかにいって、①正当防衛については、緊急避難とは異なり、侵害の現在性について緩やかに解することができない理由、②緊急避難については、正当防衛とは異なり、危険の現在性について緩

---

16)　BGH NJW 1979, 2053（いわゆる Spannerfall〔覗き魔事例〕）; BGHSt 48, 255; NStZ-RR 2006, 200.

17)　BGHSt 39, 133; NStZ-RR 2006, 200.

18)　ただし、判例において実際に継続的危険が肯定された事案は、基本的に(b)の場合にあたるとされたものである（vgl. BGHSt 5, 371; BGH NJW1979, 2053; BGHSt 48, 255）。また、(c)の場合を継続的危険のカテゴリーに含むか否かについては、学説上も必ずしも一致していない（vgl. Küper, Notstand und Zeit Die »Dauergefahr« beim rechtfertigenden und entschuldigenden Notstand, in: Festschrift für Hans-Joachim Rudolphi (2004), S. 155 f.）。本書ではドイツの多数説に従い、継続的危険を(b)および(c)を包摂する概念として用いることにする。

19)　なお、BGHSt 39, 133においては、正当防衛における侵害の現在性は存在しないとしつつ、攻撃の準備が「相当程度に進捗していた以上、保全法益に対する現在の危険は既に生じており、ドイツ刑法34条の正当化事由が成立する余地がある」としたものであって、必ずしも継続的危険という概念に言及したものではないが、侵害の現在性に比して、危険の現在性を緩やかに解するという点では、ドイツ刑法35条における解釈と同様であるといえる。また、BGH NStZ-RR 2006, 200においては、「本件において、ドイツ刑法34条、35条で要件とされている現在の危険が存在したことを肯定し得るかは疑わしい」として、両緊急避難における危険の現在性を同一に扱っている。

やかに解することができる理由、および③正当化的緊急避難と免責的緊急避難とで、危険の現在性を同様に解することができる理由に分けて分析することができよう。

①正当防衛について、侵害の現在性が厳格に判断される理由については、予防防衛を肯定することは、苛烈な正当防衛権が予防的目的のために広汎に用いられることになり、社会の平穏が害され、国家の暴力独占に反する結果になりかねないとの指摘がなされている[21]。すなわち、正当防衛権は、（緊急避難とは異なり）侵害から逃げられる場合でも逃げる必要はなく、かつ害の衡量の制約を受けないという意味で「苛烈な」ものであり[22]、したがって、その適用範囲は限定されなければならないというのである。この観点から、予防防衛は否定され、侵害の現在性は限定的に解されなければならないとされる。

②緊急避難について、危険の現在性の判断が緩やかになされる理由については、特に判例の判断枠組み(c)をめぐって議論がなされている。すなわち、(b)のような、危険がいつでも損害に転化し得る場合とは異なり、(c)の場合には、侵害が直接的に迫っているわけではない（将来になって初めて侵害が生じる）ことを正面から認めており、「現在の危険」という文言に抵触するのではないかが問題とされている[23]。これに対しては、緊急避難においては、避難行為を行うか損害を甘受するかという強制状況が現在のものであることこそが本質的であるとして、(c)についてもなお、危険の現在性に含まれるとする見解が主張されている[24]。すなわち、その時点で（対抗行為を含む）避難行為

---

20) 時間的にはなお差し迫っていないが、その時点で防衛手段を講じないと、後には防衛ができなくなるか著しく困難になる場合にも正当防衛を認めることを指す。例えば、人里離れた山奥にある民宿に宿泊しに来た客Ｘが、夜になったら散弾銃でＸを殺害して金品を強取しようとオーナー夫婦であるＡおよびＢが相談しているのを聞き、今防衛しないと間に合わないと考えて、相談が終わったのを見計らって何食わぬ顔をして部屋に入り、ＡおよびＢが料理の準備をしようとキッチンに踵を返した瞬間を狙って、ＡおよびＢの頭部を花瓶で強打して昏倒させた場合である。

21) Roxin, Strafrecht AT Band1, 4. Aufl. (2006), § 15 Rn. 23.

22) Perron, in: Schönke/Schröder Strafgesetzbuch Kommentar 29. Aufl.(2014), § 32 Rn. 1a.

23) Schönke/Schröder/Perron, a. a. O.(Anm. 22), § 32 Rn. 17; Neumann, in: Nomos Kommentar Band 1, 5. Aufl.(2017), § 34 Rn. 57.

24) Schönke/Schröder/Perron, a. a. O.(Anm. 22), § 32 Rn. 17.

を行わない限り、もはや損害は回避できないという意味で、行為者に対する強制状況が現在化していると解されているのである。

　③正当化的緊急避難と免責的緊急避難とで、なぜ危険の現在性が同様に解されるのかについては、学説上は必ずしも自覚的に論じられているわけではなく、せいぜい文言の同一性を根拠に[25]、両者における危険の現在性が同一であるとの理解が広く共有されている[26]。

(3) 危険の現在性が緩和される理由に関する検討

　ドイツにおける通説的見解は、前述のように、正当防衛における侵害の現在性を厳格に解する[27]。こうした理解に対しては、いわゆる「継続的侵害」を肯定する見解も主張されているところであるが、こうした見解については、第3節のスイスにおける学説の箇所で検討することにする。

---

25)　Roxin, a. a. O.(Anm. 21), §16 Rn. 21.

26)　Vgl. Zieschang, in: Leipziger Kommentar Band 2, 12. Aufl. (2006), §34 Rn. 37.

27)　なお、ドイツの通説は、予防防衛や正当防衛類似の状況のように、厳密には侵害の現在性が肯定されないような事例につき、一切の正当化の余地を否定するわけではなく、むしろ、一定の事例については、正当化の余地を認めることで、過度の処罰を回避しようとしている。そこで援用されるのは、いわゆる防御的緊急避難である。防御的緊急避難においては、通常の緊急避難（攻撃的緊急避難）に比して、害の衡量の限定が相当に緩やかになるが、なお緊急避難である以上、危険の現在性の要件は、正当防衛とは異なり緩やかに解することができるため、問題となる事例について、なお正当化が可能であるとするのである。しかし、こうした見解に対しては、防御的緊急避難で認められる（害の衡量が緩やかになるという意味で）強力な侵害権が、なぜ正当防衛の場合とは異なり、厳格な時間的制約に服さないのかが問題となる（Günther, Strafwidrigkeit und Strafunrechtausschluß (1983), S. 340）。すなわち、防御的緊急避難において、かかる厳格な時間的制約に服さないというのは、正当防衛での厳格な制約をいわば潜脱することになるのではないかが問題となる。

　これに対しては、防御的緊急避難が、正当防衛とは異なり、侵害から逃げることが可能である場合には、なお逃げることが義務づけられる点を理由に挙げることができよう（Lenckner, Der rechtfertigende Notstand(1965), S. 103）。すなわち、正当防衛は、侵害から逃げることが可能であってもなお成立するため、厳格な時間的制約を課さない限り、著しく成立範囲が拡張する。例えば、予防防衛の典型例である山奥の民宿事例（前掲注20）を参照）において、客がオーナー夫婦の相談を立ち聞きした時点で民宿から逃げることはなお可能であった（すなわち、逃げることも含めて複数の避難手段が存在した）が、逃げないとすれば、実際に侵害が差し迫った段階ではもはやいかなる手段も存在しないという場合にも、立ち聞きした時点での（必要最小限度の）防衛行為が正当化されることになる。これに対して、防御的緊急避難においては、危険が「他に回避し得ない」、すなわち厳格な補充性を充たす必要があるため、立ち聞きした時点でなお民宿から逃げることが可能であれば、（その時点で存在する複数の避難手段のうち）当該手段を採るべきことになり、防御的緊急避難は成立しない。要するに、このような厳格な補充性の有無こそが、正当防衛と防御的緊急避難とで、厳格な時間的制約に服するか否かの差を基礎づけることになる。

これに対して、危険の現在性が緩和される理由については、より立ち入った検討が必要である。まず、判例の判断枠組み(c)で問題となっている、直ちにその段階で行為をなさなければ危険を回避し得ない場合というのは、その段階においては存在する避難手段が、その後においては実効性を失い、もはや避難手段とはいえなくなる場合を指す。そして、危険が一旦その段階に至ったのであれば、それ以上危険が切迫することをなお行為者に待つことを強いる理由は存在しない[28]。というのは、それ以上待機を強いるということは、行為者に残った避難手段が、更なる時間の経過によってその実効性が失われていくことになり、結局のところ、行為者が損害を甘受せざるを得ないことを意味するからである。

　他方、(c)の場合ほどには学説では疑問視されてはいないものの、(b)においても、正当防衛における侵害の現在性よりも緩やかに危険の現在性が肯定し得る根拠が一応問題となる。学説においては、(b)の場合も、危険がいつでも損害に転化し得るため、直ちに行為をなさなければ損害を回避できないという意味で、危険の現在性が認められるとする見解が有力であり[29]、(c)について行った検討からすれば是認できるものである。この見解によれば、直ちに行為をなさなければ損害を回避し得ないという点が決定的であり、損害が「間もなく」生じるか、「いつでも」生じるか、あるいは「一定の時間が過ぎて初めて」生じるかは重要ではないことになる[30]。

　判例においても、(b)につき、「損害の発生に一定のタイムラグが見込まれる可能性が残る」場合、すなわち厳密な意味で「いつでも損害に転化し得る」とはいえない場合でも継続的危険が肯定されていることからすると、(b)の場合と(c)の場合との差を強調することは、必ずしも妥当ではないように思われる。もちろん、「一定のタイムラグが見込まれる可能性が残る」といっ

28）　Zieschang, a. a. O.(Anm. 26), § 34 Rn. 37; Schönke/Schröder/Perron, a. a. O.(Anm. 22), § 34 Rn. 17; Neumann, a. a. O.(Anm. 23), § 34 Rn. 57; Erb, in: Münchener Kommentar zum Strafgesetzbuch Band 1, 3. Aufl. (2017), § 34 Rn. 78.

29）　Schönke/Schröder/Perron, a. a. O.(Anm. 22), § 34 Rn. 17; Neumann, a. a. O.(Anm. 23), § 34 Rn. 56.

30）　Schönke/Schröder/Perron, a. a. O.(Anm. 22), § 34 Rn. 17; Erb, a. a. O.(Anm. 28), § 34 Rn. 83 f. Siehe auch Lenckner, a. a. O.(Anm. 27), S. 82.

た不確実性自体が危険の継続性を基礎づける方向に働くことは否定できない。しかし、「一定のタイムラグが見込まれる可能性が残る」場合と、「その時点ではなお危険が損害に転化しない」場合との差は、具体的事案においてはさほど大きくはない場合が多いであろう。

それでは、こうした危険の現在性に対する理解は、正当化的緊急避難と免責的緊急避難とで共通するのであろうか。現在では、ドイツ刑法34条および35条の「現在の危険」という文言の同一性を根拠に、判例の判断枠組み(d)と同様に、正当化的緊急避難と免責的緊急避難とで、危険の現在性について同一に解する見解が定説と化している。しかし、かつては、正当化的緊急避難と免責的緊急避難との法的性質の違いを考慮して、後者についてのみ、継続的危険を認めるべきとする見解も主張されていた。以下では、こうした見解についてみていくことにしたい。

この見解は、大要以下のような主張をしている[31]。すなわち、継続的危険が問題となる事案では、行為者が避難行為を行う時点と、危険が損害として実現化する時点との間には大きなタイムスパンがあり、本来ならば、危険の現在性を認めることは不可能であるが、①行為前の事情をも考慮すると、なお確実性に境を接する損害発生の蓋然性があるといえること[32]、および②かかる行為前の事情は、客観的にみて損害発生の蓋然性を高めるのみならず、行為者の心理面においても、危険が間近に迫っている場合と同様の圧迫を生じさせることからすれば、③危険が回避不可能になるか、あるいは著しく均衡を失して大きくなることを避けるためには、直ちに当該危険を回避することが必要である限りにおいて、なお継続的危険として、危険の現在性を肯定できる。しかし、②は、行為者の心理的圧迫が問題となる免責的緊急避難だから

---

31) Keller, Der Dauernotstand im Strafrecht (1934), S. 32 f., S. 50 ff. なお、Keller は、判例の判断枠組みの(b)については、継続的危険ではなく「危険の連鎖」にすぎず、刻一刻と危険が発展しているものであるとして、正当化的緊急避難の場合であっても、そもそも危険の現在性を肯定する（Keller, a. a. O.(Anm. 31), S. 51.）。したがって、通説との差異は、正当化的緊急避難において(c)を認めるか否かにのみ存する。

32) 例えば、BGHSt 48, 255で問題となったような DV 反撃殺人事例においては、被害者は日頃から家族に対して暴行を行っており、行為者が被害者を殺害するのに時間的に先行した時点（例えば、数時間前）にも、被害者による暴行があったことがこれにあたる。この点については第3章第1節Ⅱ1(1)〔本書186頁〕を参照。

こそ考慮可能な事情であり、専ら客観的な事情が問題となるにすぎない正当化的緊急避難においては、もはや継続的危険を問題にすることはできず、したがって、危険の現在性も否定される。

　この見解は、正当化的緊急避難と免責的緊急避難の法的性質の差異から要件解釈の差異を導き出すものであり、その立脚点自体は評価されるべきである。しかし、この見解は、行為者の心理的圧迫のみを免責的緊急避難の根拠とする点で、少なくとも現在のドイツ刑法35条が規定する免責的緊急避難の解釈論としては、支持しがたいものがある。すなわち、ドイツ刑法35条の免責的緊急避難の根拠を二重の責任減少に求める通説的立場からは、責任減少の前提としての違法減少が必要となり、その限りでは正当化的緊急避難と免責的緊急避難は共通の土台を有することになる。こうした共通性を担保する要件が危険の現在性であると解すると、正当化的緊急避難と免責的緊急避難とで、危難の現在性が異なるという主張は必ずしも妥当ではないことになる。

　また、この点を措くとしても、免責的緊急避難の場合にのみ、継続的危険を認めるべきという主張は、必ずしも説得的とはいえないように思われる。後に第4節のオーストリア刑法において検討するように、免責的緊急避難においては、専ら行為者の心理的圧迫が免責根拠であるとするのであれば、客観的に危険が間近に押し迫った場合にのみ、その点を認識することで心理的圧迫が生じるのだとして、むしろ継続的危険を否定するという理解も十分にあり得るところである。もちろん、①の行為前の事情を考慮することで、行為者の心理面に圧迫が生じることは考えられるが、いかなる場合にこうした圧迫が、客観的に危険が間近に押し迫った場合に匹敵するような圧迫と評価できるのかは、必ずしも明らかとはいえない。

　むしろ、③のような場合に継続的危険として危険の現在性を肯定できる根拠としては、既に論じたように、客観的にみて、危険が間近に押し迫ったのと同様のコンフリクト状況、すなわち、直ちに避難行為を行わない限り、もはや危険を回避し得ない（損害を甘受せざるを得ない）という状況にある点が決定的であるように思われる。こうした理解からすれば、現在のドイツで定

---

33)　第1章第2節Ⅳ3(1)〔本書50頁〕参照。

34)　第1章第4節Ⅲ2(3)〔本書97頁〕参照。

説化している通り、正当化的緊急避難と免責的緊急避難とでは、危険の現在性について同様に解するべきことになろう。

(4) 小括

以上の検討からは、正当化的緊急避難・免責的緊急避難のいずれにおいても、判例の判断枠組みの(b)および(c)について、継続的危険として危険の現在性を肯定すべきことになる。すなわち、判例の判断枠組み(a)〜(d)については、いずれも十分な理由があることになる。

3 「他に回避し得ない」危険（避難行為の補充性）

(1) 概説

危険が「他に回避し得ない」ものであること、すなわち補充性要件については、正当化的緊急避難（ドイツ刑法34条）、免責的緊急避難（ドイツ刑法35条1項）に共通して規定されている。その限りでは、補充性要件は、緊急避難が正当化事由であるか免責事由であるかといった点とは無関係の要件であるように見える。そして、学説においては、いずれの緊急避難においても、補充性要件とは①避難手段としての適格を有すること、および②最も侵害性の小さい手段であることの2つを含むものと解されている。

しかし、他方で、判例においては、ドイツ刑法旧52条・54条に関して、補充性要件を判断するに際しては、規範的な要素、特に危険の甘受の期待可能性を考慮して、補充性判断を厳格に行うことが正面から肯定されており、そうした判断は、後述するように、ドイツ刑法35条に関してもなお受け継がれている。このような期待可能性の考慮が、ドイツ刑法34条の補充性判断においてはなされないとすると、その限りでは、両者には差異があることになる。この問題は、ドイツ刑法35条1項2文の規定する危険甘受の期待可能性を考慮しないで決することができないため、免責的緊急避難の項で併せて検討する。

次に、補充性要件は、危険の現在性要件とも深く関連している[35]。危険の現在性は、その時点において、その場から逃げるという手段や被害者の法益を

---

35) Vgl. Lenckner, a. a. O.(Anm. 27), S. 78 f.

侵害するという手段など、危険回避に資する様々な手段のうち、何らかの手段を講じない限り、もはや損害を甘受せざるを得なくなる場合に肯定される。すなわち、損害を甘受しないためには、その時点で何らかの行為を行わざるを得ないという意味での強制状態に陥っている場合に、危険の現在性が肯定される。他方、補充性要件は、こうした危険の現在性が認められた後に、危険回避に資する何らかの行為のうち、最も侵害性の少ない行為を行わなければならないという要請であるから、厳密にいえば危険の現在性とは異なる。しかし、緊急避難の本質である、保全利益と侵害利益との二律背反状況を構成するものとして、両者は密接に関連するものといえる。

　そして、いかなる避難手段があり得るのかは、いかなる危険が問題となっているのかと無縁には決せられず、むしろ、問題となる危険に応じて、採るべき避難手段が決まる。この視点が特に明確化するのは、DV 反撃殺人事例で問題となるような継続的危険の場合であり、継続的危険との関係で、いかなる避難手段が問題となるのかを考察する必要がある。また、問題となる危険（保全利益と侵害利益とのコンフリクト状況）が、既に特別法の規定において想定されているような場合には[36)]、そうした危険を回避する手段として、特別法が想定する手段ではなく、敢えて緊急避難行為に出ることについて補充性が肯定されるのかが問題となる。この点は、特に麻薬の自己使用をめぐって問題となるため、こうした事案についても検討する必要がある。

　そこで、以下では、判例における補充性要件の判断につき、①継続的危険との関係という視点、および②特別法が想定している危険か否かという視点から分析を加える。そして、そこで得られた分析を元に、学説における議論を参照しつつ、補充性判断について検討することにする。

(2) 判例の分析

　(a) **継続的危険との関係**　　DV 反撃殺人事例のリーディングケースといえる RGSt 60, 318 は、被告人 X の母親である B の生命・身体に対する継続的危険を肯定した上で、被害者 A による継続的な危険から B を「継続的に保護」することは、（何度も試みられたものの結局は効果がなかった）警察への通

---

36)　第 3 章第 2 節で詳細に扱う拷問による救助事例も、こうした規範的制約に服するか否かが問題となる事例である。

28　第1章　ドイツ語圏における緊急避難規定

報や、（成し遂げることができなかった）家族共同体からの離脱といった手段によっては果たせなかった旨判示している。こうした、「継続的危険からの継続的保護[37]」を果たすための有効な手段が他に存在したか否かという判断枠組みは、その後の判例においても、DV反撃殺人事例に限らず、様々な事案において一貫してみられるものである。

　例えば、被告人Xが犯人Aのために偽証をしなければ、Aの属する組織から報復を受けるという状況下で、Xが偽証を行った事案に関するRGSt 66, 222において、RGは、Aの属する組織による継続的危険を肯定した上で、「裁判所や警察の保護をXは要請し得たかもしれないが、それは一時的なものに過ぎず、危険の現在性を排除するものではない」と判示している[38]。また、同様に偽証が問題となったBGHSt 5, 371においても、BGHは、継続的危険を認めつつ、「当該危険を完全に回避するために必要なあらゆる措置」が免責の対象となる旨判示している。さらに、BGH GA 1967, 113においても[39]、BGHは、警察による保護の効果が持続的なものかが明らかではない旨判示している。

　これに対して、近時はむしろ、同様の判断枠組みを採用しつつも、警察当局に代表される行政当局などの助力・介入の信頼性・実効性を前提とした判例が主流といえる。その筆頭が前出のBGHSt 48, 255であり、危険を単に先延ばしにするような手段については補充性の判断から除外しつつも、警察や「女性の家」の助力・介入といった手段が危険を先延ばしにするにすぎないとして補充性の判断から排除されるのは、例外的な場合にすぎない旨の判断が示されている[40]。それ以外にも、自店舗を襲撃しようとした若者グループに

---

37)　Pfeifenberger, JW 1930, 2959.

38)　しかし、本件では、証言・宣誓拒否という、偽証に比してより侵害性の小さい手段によって危険を回避し得た以上、補充性は認められないとされた。なお、証言・宣誓拒否によって、ドイツ刑事訴訟法70条が規定する不利益を課されることになり得るが、そうした不利益は、生命・身体に対する危険ではなく、かかる不利益を免れるために偽証をすることは、正当化も免責もされ得ない旨の判断が示されている。

39)　本件では、被告人Xは、その夫Aから暴行を伴う脅迫を受け、当時12、3歳であった自分の息子と性的関係を持つことを強制された。BGHは、ドイツ刑法旧52条の成立につき、危険の現在性および補充性を否定した原審を破棄している。

40)　特に、被害者を殺害する以外の手段がなかったかを判断するにあたっては、BGHSt 48, 255は

対して先制攻撃を仕掛けた被告人らの罪責が問題となった BGHSt 39, 133において、「警察機関による助力を適切な時点で求めることが可能な場合」にあたるとして補充性が否定されている。

　以上をまとめると、判例においては、継続的危険は通常の危険（瞬間的な危険）とは異なり、一定期間継続するものである以上、当該危険を回避する手段についても、結果発生を先延ばしにする、あるいは危険の一時凌ぎをする手段が他に存在すれば直ちに補充性が否定されるというわけではなく、継続的危険自体を完全に排除するような手段、すなわち「継続的危険からの継続的保護」を果たすような手段が補充性ある手段として肯定されるという判断枠組みが一貫して採用されているものと評価し得る。そして、かつての判例と近時の判例とで、補充性に関して正反対の結論が導き出されているのは、DV の被害者への支援に関する法整備が進み、[41]また、警察当局を始めとする行政当局の介入等の実効性が向上している点を反映しているものと解することができる。

　(b)　**特別法における規定との関係**　多発性硬化症などの難治性疾患においては、耐えがたい肉体的・精神的苦痛が生じることは極めて頻繁に生じる事象である。では、こうした苦痛から逃れるために、自ら麻薬を入手し、自己使用することは許容されるのであろうか。こうした事例は、ドイツでは繰り返し問題となっており、複数の判例・裁判例が存在する。

　まず、Karlsruhe 上級地方裁判所2004年6月24日判決の事案においては、[42]多発性硬化症に罹患した被告人が、失調（Ataxie）の症状緩和のために大麻を使用していた。かつて被告人はいわゆる医療用大麻を処方されたこともあるが、医療用大麻は公的保険の対象外であり、必要量を医師から自弁で購入することは経済的に不可能であった。こうした状況下で、被告人は複数回にわたって許可なく大麻を所持していたとして起訴されたところ、原審の

　極めて厳格な態度を示している。このように、殺害が手段となる場合の問題については、ドイツ刑法35条における補充性と危険甘受の期待可能性の項（第1章第2節Ⅳ3(3)〔本書53頁以下〕参照）において検討する。
41)　特に、BGHSt 48, 255はこの点を強調している。
42)　OLG Karlsruhe NJW 2004, 3645 (Urteil vom 24.06.2004).

30 第1章 ドイツ語圏における緊急避難規定

Mannheim 区裁判所では、麻薬法（BtMG）29条1項3号[43]および同29条a1項
2号[44]の構成要件該当性は肯定されたものの、正当化的緊急避難が成立すると
して無罪とされた。これに対して検察官が控訴し、破棄差戻しとされた。

　本判決は、被告人の身体の完全性に対する現在の危険の存在や、病状緩和
のために大麻を使用することが適格性を有する手段であったことを肯定しつ
つ、原審の認定した事実からは、補充性の要件が充足されるとは判断できな
いとした。すなわち、被告人が所持していた大麻（全体で381.99グラム）から
すると、病状緩和に必要な量にとどまっていたかどうか判断できないとされ
た。

　次に、Berlin 帝室裁判所2007年5月25日判決[45]においては、C型肝炎に罹患
した被告人が、病気の苦痛を緩和するために大麻を所持したとして、麻薬法
29条a1項2号の構成要件該当性を肯定しつつ正当化的緊急避難の成立を認
めた原審につき、破棄差戻しとされた。本判決は、一般論としては上述の
Karlsruhe 上級地方裁判所判決が述べるように、病状緩和のために大麻を所
持することが正当化的緊急避難に該当し得ることは肯定したものの、「麻薬
の栽培及び所持を正当化するような緊急避難状況が存在すると認めるために
は極めて高い要件が設定されねばならないため、かかる状況は極めて特別な
例外的場合にしか問題とならない」旨判示した。具体的には、当該大麻の使
用が補充性ある手段か否かを検討するのみならず、「被告人に（中略）差し
迫った危険が極めて過大かつ非典型的なものであるため、麻薬法の特別規定
によっても想定されていない」といえなければならないとした。

　これに対して、BGHSt 61, 202[46]においては、サルコイドーシスに罹患した
被告人が、その苦痛を緩和するために武器を携帯しつつ少量ではない麻薬[47]を

---

43)　書面による許可を有さずに麻薬を所持している場合には、5年以下の自由刑または罰金刑に
　　処せられる。

44)　麻薬法3条1項による許可を経ずに少量ではない麻薬を所持している場合には、1年以上の
　　自由刑に処せられる。

45)　KG Berlin NJW 2007, 2425 (Urteil vom 25.05.2007).

46)　Beschluss vom 28. 06. 2016.

47)　具体的には、ヘロイン約58グラムとコカイン約35グラムであった。

取得したとして、麻薬法30条 a 2 項 2 号[48]の成立が肯定された。原審では正当化的緊急避難・免責的緊急避難の成立が否定されたところ、本決定でもその点が維持された。

　本決定は、サルコイドーシスによる苦痛につき、被告人の健康に対する「現在の危険」であることを肯定した。しかし、当該危険は、「ヘロイン及びコカインの許可されない取得以外の方法でも回避可能であった」として、補充性要件を否定した。その理由は大要以下の通りである。

　まず、本決定は、これまでの判例が、国家機関などの公的機関による保護を適時に求めることができる場合には、補充性要件が欠落するとしていることを確認した。その上で、「（麻薬法の）当該規定において前提とされている保全利益と侵害利益とのコンフリクト状況の解決が、特別な手続又は特別な制度に委ねられている場合もまた、通常はドイツ刑法34条による正当化は否定される」とした。

　これに続いて本決定は、「麻薬法の諸規定は、原則として、いかなる要件の下で医学的な目的でそれ自体としては許されない麻薬の取り扱いが許容され得るかを規定している（中略）。苦痛を訴える患者の健康に対する危険と、麻薬法の諸規定の背後に存在する諸利益との間で生じるコンフリクトは、少なくとも原則的には、麻薬法の法的枠組みの内部において解決を見出すことができる」と論じた。その上で、本決定は、被告人が、コカインやヘロインを使用しなくとも、①被告人が処方箋によって入手可能かつ被告人の経済状況からしても購入可能な、十分に有効な鎮痛剤を使用できたことや、②そうした鎮痛剤を使用できない場合であっても、麻薬法 3 条 2 項に基づく認可手続を利用することが可能であったことを指摘して、補充性要件が欠如する旨[49]

---

48)　武器等を携帯して少量ではない麻薬を取得等する場合には、5 年以上の自由刑に処せられる。

49)　麻薬法 3 条 2 項は、一定の薬物について、学術的またはその他の公益に資する目的のために例外的に医薬品・医療機器連邦研究所（Bundesinstitut für Arzneimittel und Medizinprodukte）による認可が可能な旨を規定する。ドイツ連邦行政裁判所は、多発性硬化症の患者による大麻取得に関する認可申請を却下する判断を是認した行政裁判所の判断は、生命および身体の完全性に対する権利（基本法 2 条 2 項 1 文）や人間の尊厳（同 1 条）に基づく麻薬法 3 条 2 項の解釈を誤ったものであるとし、「その他公益に資する目的」の中には、重病患者の治療目的も含まれるとした（BVerwGE 123, 352 [Urteil vom 19.05.2005]）。本決定は、同判例を援用しつつ、麻薬法 3 条 2 項による認可手続の利用可能性を論じている。

示した。それゆえ、正当化的緊急避難のみならず、免責的緊急避難も成立しないと結論づけた。

　以上の判例・裁判例はいずれも、病気による苦痛といった重大な身体的不利益を回避するための麻薬の自己使用について、緊急避難の成立を否定したものである。その中でも特に注目されるのが、緊急避難状況を否定するか（Berlin 帝室裁判所）、補充性を否定するか（BGH）はともかく、それぞれの事案で問題となっているような被告人の健康に対する不利益が、麻薬法の特別規定により既に考慮されているか否かを正面から問題としている点である。これは、麻薬法という特別法が存在し、かつ、そうした特別法の規定が、問題となるコンフリクト状況を既に想定した上で一定の解決を図っている場合には、緊急避難規定の適用が排除されるという議論枠組みとして理解し得る。すなわち、こうした特別法による包摂が肯定されない極めて例外的・非典型的な事例に限って、緊急避難規定の適用が肯定されているのである。

(3)　**判例・学説の検討**

　判例・学説においては、避難行為のうち、侵害性が最も小さい手段であることが、補充性の内容として要求されている。こうした最小侵害性が、どのようにして判断されるべきかについては、学説においては、主として、①手段の侵害性の大小、および②手段の実効性の大小が考慮されている。自己または第三者の利益を侵害することなく、侵害から逃げることができる場合、あるいは国家機関の助力を要請することができる場合には、①の手段としての侵害性が最小であるため、常にこうした手段を用いることが要求されることになる。また、自己の利益を犠牲にすることで侵害を回避することができる場合には、原則として当該利益を犠牲にすることが、侵害性が最小の手段であるとされる。

---

50)　特に、本決定では、麻薬法 3 条 2 項の手続が存在することにより、「原則としてドイツ刑法34条の適用を排除するような、許容される麻薬の取り扱いに関する完結した評価を麻薬法が行っている」旨指摘することで、それまでの裁判例よりもさらに徹底して、病気による苦痛の緩和のための麻薬の自己使用事例につき、正当化的緊急避難および免責的緊急避難の適用を排除するものと理解できよう（vgl. Schönke/Schröder/Perron, a. a. O.(Anm. 22), § 34 Rn. 41）。

51)　Schönke/Schröder/Perron, a. a. O.(Anm. 22), § 34 Rn. 20 f.; Erb, a. a. O.(Anm. 28), § 34 Rn. 94.

52)　その意味では、ドイツ刑法34条の補充性を判断するにあたっても、規範的な要素が考慮され

また、②の手段の実効性をも考慮すると、(a)侵害性は高いが、実効性も高い手段と、(b)侵害性は低いが、実効性も低い手段とがあった場合に、どちらの手段が補充性を充たす手段として選ばれるべきなのか、という問題が生じる[53]。学説においては、当該手段による利得（保全利益を保全する可能性の大小）と損失（侵害利益を侵害する程度の大小）とを勘案して、当該手段が補充性を有するか否かを判断すべきとの立場によれば、(a)と(b)とでは、いずれも利得と損失の差引きの結果が同じとなるような手段であり、優越的利益原則に基づく正当化的緊急避難においては、いずれの手段であっても補充性を充たすが、免責的緊急避難においては、侵害性が低い手段(b)のみが補充性を充たすとの見解が主張されている[54]。

この見解からすると、(c)侵害性はおよそ存在しないが、実効性も相当に低い手段を想定した場合に、正当化的緊急避難と免責的緊急避難のいずれにおいても、常にこの手段のみが補充性を充たすことになりかねない。というのは、手段(c)は、利得と損失の差引きの結果が手段(a)や(b)よりも大きく、かつ、侵害性が存在しない手段だからである。しかし、こうした理解に立つと、典型的にはDV反撃殺人事例がそうであるように、警察に通報する、あるいは逃げるといった手段は、その実効性は相当に低いものの、およそ絶対に功を奏しないとまではいいきれないことが多いために、常にそうした手段のみが補充性を有することになり、被害者を殺害するという手段は、常に補充性が否定されて、結局は正当化的緊急避難も免責的緊急避難も成立しなくなる。

これに対して、当該手段の実効性の低さ（すなわち、当該手段が失敗する危険性の高さ）というリスクを行為者にどの程度負わせることが妥当かは1個の問題であり[55]、実効性が相当に低い手段が問題となる場合には、いくら侵害性も低いからといって、安易に当該手段のみが補充性ある手段だと解するべ

ているといえる。Vgl. Lenckner, Das Merkmal der „Nicht-anders Abwendbarkeit" der Gefahr in den §§34, 35 StGB, in: Festschrift für Karl Lackner (1987), S. 101 ff. ; Schönke/Schröder/Perron, a. a. O. (Anm. 22), § 34 Rn. 20 f.; Neumann, a. a. O.(Anm. 23), § 34 Rn. 63.

53）Lenckner, a. a. O.(Anm. 52), S. 109 ff.

54）Lenckner, a. a. O.(Anm. 52), S. 111.

55）Vgl. Rengier, Totschlag oder Mord und Freispruch aussichtslos?―Zur Tötung von (schlafenden) Familientyrannen, NStZ 2004, 238.

きではないとの見解も主張されている。このような見解からは、例えば、既に何度も警察当局や司法当局などの国家機関や他人の助力・介入を求めたにもかかわらず、実効的な措置が行われなかったような場合には、こうした助力を再度求めるという手段は、実効性が極めて低いものであって、こうした手段のみが補充性ある手段だとは評価できないということになろう。また、DV反撃殺人事例においては特に顕著であるが、中途半端な介入・助力が、却って相手方による暴力の危険性を高める場合もあり、こうした危険性も、手段の実効性を低める要素として考慮すべきことになろう。

　さらに、学説においては、判例が論じるような特別法の規定による緊急避難の（原則的な）適用排除といった議論は、麻薬の自己使用事例の他、無実の者に対する刑罰の執行に際して、当該受刑者が逃亡のために器物損壊を行う事例や、国家の訴追利益を確保するために、例えば重要な証拠の散逸を防ぐために、私人が勝手に住居侵入を行う事例をも包摂する議論枠組みとして扱われている。ここでは、社会において存在するコンフリクトを解決するための「根本的な秩序原理」といった一定の規範的見地からする緊急避難の限定的視点が問題とされているものといえる。

(4)　小括

　以上の検討から、危険の性質に応じて補充性判断も変わり得ること、特に「継続的危険に対する継続的保護」という観点から、単なる危険の一時凌ぎではない回避手段が必要となる場合があることが示された。また、侵害性の低さのみならず、手段の実効性の低さについても慎重に考慮した上で補充性判断を行う必要があることが示された。

　さらに、国家が特別法により問題となるコンフリクト状況を予め想定している場合には、補充性要件（または緊急避難状況）が欠けることにより、緊

---

56)　Roxin, a. a. O.(Anm. 21), §22 Rn. 18. また、友田博之「DV被害者による『眠っている』加害者に対する反撃について」立正法学46巻1＝2号（2013年）74頁も参照。

57)　Schönke/Schröder/Perron, a. a. O.(Anm. 22), §34 Rn. 41; Erb, a. a. O.(Anm. 28), §34 Rn. 199 ff.

58)　Pawlik, Der rechtfertigende Notstand (2002), S. 218 ff.; Schönke/Schröder/Perron, a. a. O.(Anm. 22), §34 Rn. 41. 前述の通り、第3章第2節で扱う拷問による救助事例も、まさにこうした事例類型に属する。

急避難の成立が原則的に否定されることも併せて示された。

Ⅳ　各緊急避難に固有の要件の検討

1　概　　説

　正当化的緊急避難（ドイツ刑法34条）の各要件のうち、正当化的緊急避難に固有の要件として問題となるのは、利益衡量の要件である。そして、利益衡量要件をめぐる議論の中でも特に重要であるのは、侵害利益が生命である場合に、およそ当該要件が充足されないのではないかという問題である。この点は、いわゆる防御的緊急避難論との関係で、ドイツにおいては激しい論争の対象となっており、正当化的緊急避難の正当化根拠に関わる問題といえる。また、利益衡量要件が充足されたとしても、手段の相当性が充足されるかが、正当化的緊急避難に固有の要件として独自の検討対象となる。

　次に、免責的緊急避難（ドイツ刑法35条1項）の各要件のうち、免責的緊急避難の本質との関係で重要となるのは、危険甘受の期待可能性の要件である。例えば、侵害利益が生命である場合、危険の自招がある場合、および特別な法的関係に立つ場合には、行為者に当該危険を甘受することが期待され、その結果、免責が否定されるか否かが問題となる。また、危険甘受の期待可能性といった規範的考慮を、補充性要件において行うことの当否も問題となる。さらに、免責的緊急避難において、保全される法益や避難行為の人的範囲に一定の限定が課されていることをどのように解すべきかも問題となる。この問題は、第3章第2節で扱う拷問による救助事例のような、避難行為者が保全利益の主体とおよそ無関係の第三者である場合に顕在化する。

　そこで、以下では、まずは正当化的緊急避難における正当化の根拠を明らかにした上で、侵害利益が生命である場合に、利益衡量要件が充足される可能性があるかを検討する。また、侵害利益が生命ではなく、利益衡量要件自体は充足されるとしても、手段の相当性が否定されるか否かについても検討を加える。その後、免責的緊急避難における免責の根拠を明らかにした上で、いかなる場合に危険甘受の期待可能性が肯定されるかを検討することにする。また、保全される法益や避難行為の人的範囲の制限についても多少の検討を

36　第1章　ドイツ語圏における緊急避難規定

加える。

2　正当化的緊急避難（ドイツ刑法34条）

⑴　「著しい優越」要件の意義と正当化根拠

　(a)　功利主義モデルと連帯モデル　　利益衡量要件は、ドイツ刑法34条が規定する正当化的緊急避難の核となる要件であるが、当該要件に関しては、特に保全利益の侵害利益に対する「著しい（wesentlich）優越」が要求されていることをめぐって、ドイツにおいては大きく分けて2つの見解がある。

　第1の見解は、功利主義に基づき、社会全体の見地から利益最大化を実現することが正当化的緊急避難の根拠であり、保全利益が侵害利益に「疑いなく明白に」優越すれば足りるとする見解である（功利主義モデル）。[59]

　これに対して、近時有力な第2の見解は、自律原則を制約する原理としての社会連帯に依拠しつつ論じるものである（連帯モデル）。[60]この見解からは、社会連帯の要請は、保全されるべき利益が侵害される利益に著しく優越する場合に初めて働くものであるとされる。この見解をやや詳細に述べると、大要以下のようになる。すなわち、自己の利益を保全するために他者の権利領域を侵害することは、法的に保障された他者の自由領域への干渉となるがゆえに、自律原則と衝突する。また、このような自律原則に対応する自己答責性原理からすれば、各人は、自然現象や不幸な偶然に由来する危険を自ら負わなければならない。とすると、他者の犠牲において自己の利益を保全することを許容する緊急避難制度は、純粋に個人主義的・自由主義的な法制度として理解することはできない。そこで問題となるのが、社会連帯義務である。すなわち、ドイツ刑法323条cが救助行為の不作為を一般的に処罰していることからも明らかなように、一定の場合には、社会連帯の要請において個人

---

59)　Meißner, Die Interessenabwägungsformel in der Vorschrift über den rechtfertigenden Notstand（§ 34 StGB）(1990), S. 173 ff.; Joerden, Interessenabwägung im rechtfertigenden Notstand bei mehr als einem Eingriffsopfer, GA 1993, S. 247 f.; Schönke/Schröder/Perron, a. a. O.(Anm. 22), § 34 Rn. 45; Roxin, a. a. O.(Anm. 21), § 16 Rn. 89 f.

60)　Neumann, a. a. O.(Anm. 23), § 34 Rn. 9 ff.; Jakobs, Strafrecht AT, 2. Aufl.(1993), 11/3f.; Frister, Strafrecht AT, 8. Aufl.(2018), 17/9; Frisch, Notstandsregelungen als Ausdruck von Rechtsprinzipien, in: Festschrift für Ingeborg Puppe(2011), S. 438 f. Erb, a. a. O.(Anm. 28), § 34 Rn. 7 f.

の自律性が制約されることも許容され得る。ただし、このような社会連帯の要請は、保全されるべき利益が侵害される利益に著しく優越する場合に初めて働くものである。したがって、ドイツ刑法34条は、個人の自律性を制約する社会連帯義務の観点によってのみ説明可能である、とされるのである[61]。

　(b)　**各見解の検討**　まず、第1の見解について検討する。功利主義モデルは、その論者が自認するように[62]、ドイツ刑法34条の解釈として徹底することは必ずしも容易ではない。というのは、功利主義的見地からすれば、保全利益が侵害利益を単純に上回りさえすれば、利益最大化が実現される以上、避難行為を正当化すべきことになるにもかかわらず、ドイツ刑法34条は、単なる利益優越ではなく、「著しい優越」を要求しているからである[63]。ただし、この点に関しては、ドイツ刑法34条は、質的意味での「著しい優越」ではなく、単に「疑いのない、明白な優越」を要求しているにすぎず、保全利益が侵害利益を上回ることが明白でありさえすればよいとする見解も有力に主張されている[64]。しかし、物に対する（攻撃的）緊急避難を規定するドイツ民法904条が、保全利益が侵害利益に対して、「不均衡なほどに大きい」ことを要求していることも考え合わせると[65]、正当化的緊急避難の説明として、保全利益が侵害利益を上回ることが明白であれば足りるというだけではなお不十分であろう。

　そこで、現在のドイツにおいては、功利主義モデルをそのままの形で維持しようとするのではなく、むしろ、その基本思想を支持しつつも、ドイツ刑法34条の規定する利益衡量の枠組みにおいて、被侵害者の自律性侵害をも侵害利益に加算する形で取り込む見解が有力となっている[66]。この見解からは、例えば、物に対する緊急避難を考えてみると、被侵害者は、避難行為によってその所有物を侵害されるにとどまらず、自律性をも侵害されるので、保全利益が侵害利益（所有物）に単純に優越するだけでは、自律性侵害の分を埋

61）　Neumann, a. a. O.(Anm. 23), §34 Rn. 7 ff.; Jakobs, a. a. O.(Anm. 60), 11/3 f.
62）　Joerden, a. a. O.(Anm. 59), S. 247.
63）　Neumann, a. a. O.(Anm. 23), §34 Rn. 10 a.
64）　Schönke/Schröder/Perron, a. a. O.(Anm. 22), §34 Rn. 45; Roxin, a. a. O.(Anm. 21), §16 Rn. 90.
65）　Roxin, a. a. O.(Anm. 21), §16 Rn. 89.
66）　Roxin, a. a. O.(Anm. 21), §16 Rn. 46 f, Rn. 90.

め合わせることができないことになり、「著しく優越」して初めて、自律性侵害の分も埋め合わされることになるとされる。

　次に、第2の見解について検討する。連帯モデルに対しては、なぜ社会連帯の要請は保全利益が侵害利益に著しく優越する場合にのみ働くのか、が問題となる。この点に関して、社会契約説の見地からは、相互に保障された最小限の連帯という一般的な原則の下では、保全利益の主体Aのみならず、侵害利益の主体Bも将来においては受益者たり得るとの理解が示されている[67]。すなわち、将来同様の危険状況に今度はBが陥った際には、Bもまた、（Aを含む）他者に利益侵害の甘受を要求できるという意味で、いわば「お互いさま」原理に基づくという理解である。

　しかし、こうした「お互いさま」原理に基づくとしても、なぜ保全利益の「著しい優越」が要求されるのであろうか。この点を敢えて正当化するとすれば、以下のような理解があり得るであろう。すなわち、Bにとっては、現在危険状況にあるAの利益αのために、現在の自己の利益βの侵害を甘受するが、それは、将来、同様の危険状況が自分に生じた場合を想定してのことであり、そこでは、将来の自己の利益γの保全の可能性が考慮されている。しかし、Bにとっては利益βの侵害可能性は現在化している、すなわち100パーセントであるのに対して、利益γの保全可能性は、当該危険状況が将来同様に生じる可能性から考えると、具体的には算定しがたいものの、さほど高い可能性をもって予想されるものではない。とすれば、合理的な人間であれば、利益γが利益βを多少上回る程度であれば、利益βの侵害の甘受に応じることはないであろう[68]。それに対して、利益γが利益βに著しく優越する場合であれば、いわば将来への保険という意味で、現在の利益βの侵害を甘受することはなお合理的であり、このような意味で「お互いさま」原理を正当化し得る、という理解である（保険モデル）[69]。

---

67)　Reinhard Merkel, Zaungäste? Über die Vernachlässigung philosophischer Argumente in der Strafrechtswissenschaft, in: Vom unmöglichen Zustand des Strafrechts (1995), S. 185.

68)　比喩的にいえば、当選確率が20パーセントのくじの賞金が1万円である場合に、当該くじを9千円で販売しても、およそ購入者を見込むことができないということである。

69)　Vgl. Frisch, a. a. O.(Anm. 60), S. 439.

こうした連帯モデル、あるいは保険モデルからすれば、利益βが生命や身体などの重大な法益である場合には、そうした重大な法益を「保険料として支払うのは割に合わない」以上、その侵害を甘受することはあり得ないため、利益βは中程度以下のものに限られる、といった見解に至ることになろう。[70]

　(c)　**被侵害者の自律性が有する意義**　修正された功利主義モデルも、連帯モデルあるいは保険モデルも、いずれも被侵害者の自律性に言及しているが、その構造は大きく異なる。修正された功利主義モデルにおいては、被侵害者の自律性は、被侵害者の生命・身体・自由・財産などといった法益と並んで、侵害利益の側に算入される具体的な衡量要素である[71]。それに対して、連帯モデルあるいは保険モデルにおいては、被侵害者の自律性は、あくまでも緊急避難の制度設計の段階で考慮されるものであり、「著しい優越」という衡量基準を設定するものである。したがって、後者の見解においては、被侵害者の自律性を、具体的な衡量要素として再度考慮することは否定される[72]。

　そして、このような議論枠組みの差は、いわゆる防御的緊急避難の理解にも反映している[73]。修正された功利主義モデルにおいては、避難行為者の直面する危険が被侵害者に由来する点は、ドイツ刑法34条における利益衡量の一要素とされる。すなわち、被侵害者に由来する危険については、避難行為者が甘受する必要がない以上、避難行為者に有利に斟酌されることになる。それゆえ、それ自体の価値としては被侵害者の法益の方が避難行為者の法益よりも大きいとしても、当該危険が被侵害者に由来することが避難行為者に有

---

70)　Vgl. Pawlik, Der rechtfertigende Defensivnotstand im System der Notrechte (2003), GA 2003, S. 18 f.

71)　Roxin, a. a. O.(Anm. 21), § 16 Rn. 46 ff.; Schönke/Schröder/Perron, a. a. O.(Anm. 22), § 34 Rn. 38; Lenckner, Der Grundsatz der Güterabwägung als Grundlage der Rechtfertigung, GA 1985, S. 312; Hirsch, Leipziger Kommentar 10. Aufl.(1993), § 34 Rn. 68.

72)　Neumann, a. a. O.(Anm. 23), § 34 Rn. 66; Erb, a. a. O.(Anm. 28), § 34 Rn. 109.

73)　防御的緊急避難とは、通常の緊急避難（攻撃的緊急避難）とは異なり、避難行為者が直面する危険が被侵害者に由来するものである。既にドイツ民法228条は、物に由来する危険を避けるために当該物を毀損する場合には、（攻撃的緊急避難を規定する）ドイツ民法904条よりも緩やかな要件で正当化を認めているが、刑法上の緊急避難においても、このような区別を認めようとするのが、ドイツにおける一般的な態度である（vgl. Lenckner/Sternberg-Lieben, in: Schönke/Schröder Strafgesetzbuch Kommentar 29. Aufl.(2014), Vor §§32 Rn. 69）。

利に斟酌される結果、全体としてみれば、保全利益が侵害利益に「著しく優越する」といえることになるとして、ドイツ刑法34条の利益衡量の枠内で処理される。[74]

これに対して、連帯モデルあるいは保険モデルにおいては、避難行為者の直面する危険が被侵害者に由来する場合には、もはやドイツ刑法34条が前提としている社会連帯の観点を援用することはできないとされる。すなわち、被侵害者に由来する危険については、避難行為者が甘受する必要がないのであり、防衛的緊急避難の構造は、通常の正当化的緊急避難とは異質であって、むしろ正当防衛に類似するものである。[75]ただし、正当防衛とは異なり、防御的緊急避難では、侵害利益と保全利益との格差が著しく不均衡な場合にまで、避難行為が正当化されるものではない。その意味で、利益衡量は、防御的緊急避難においては、防御権の上限を画す機能を有するにすぎない、とされる。このように理解された防御的緊急避難は、ドイツ刑法34条で捕捉し得るものではなく、ドイツ民法228条から類推される（超法規的な）正当化的緊急避難ということになる。[76]

(2)　**利益衡量原則との関係で問題となる事例**

(a)　**事例の紹介**　以上のような正当化的緊急避難の正当化根拠に関する議論は、具体的にいかなる形で適用されるであろうか。ここでは、①生命侵害事例、②生命危険共同体事例、③臓器移植事例、④強制献血事例を紹介することにする。

①の生命侵害事例（生命法益をめぐるディレンマ状況）とは、例えば、患者Aを救命するためには、病院に１つしかない人工呼吸器を取り付けるしかなかったので、医師が、その人工呼吸器が取り付けられている患者Bからそれを取り外して、Aに取り付けたところ、Aは助かったがBは死亡したといった事例である。このような場合には、およそ生命対生命の衡量はできないとして、ドイツ刑法34条の正当化的緊急避難の成立を否定するのが、ドイツ

---

74)　Roxin, a. a. O.(Anm. 21), § 16 Rn. 72 ff.; Jescheck/Weigend, Lehrbuch des Strafrechts, Allgemeiner Teil 5. Aufl. (1996), S. 365; Schönke/Schröder/Perron, a. a. O.(Anm. 22), § 34 Rn. 30.

75)　Jakobs, a. a. O.(Anm. 60), 11/3.

76)　Neumann, a. a. O.(Anm. 23), § 34 Rn. 86; Jakobs, a. a. O.(Anm. 60), 13/46.

の圧倒的通説である。そして、1人を殺すことで1人が救われるという場合を超えて、1人（少数人）を殺すことで複数の人間（多数人）が救われるという場合（いわゆるトロッコ事例）でも、基本的には同様に解されている。その理由としては、生命は絶対的な最高価値を有し量的比較の対象にならない、あるいは生命は同価値であって比較し得ないという生命法益自体の特殊性に言及するものが一般的である。

　これに対し、②の生命危険共同体事例とは、複数の人間がともに危険に直面し、1人あるいは少数の人間を殺さない限り、全員が死亡するという事例である。ドイツにおいてよく議論されている事例として、カルネアデスの板事例、船頭事例、あるいは登山家事例などが挙げられる。そして、これらの事例においても、生命法益の衡量不能性を根拠に、基本的に正当化を否定す

77）　Statt vieler, Schönke/Schröder/Perron, a. a. O.(Anm. 22), §34 Rn. 23.

78）　ドイツでは、いわゆるトロッコ事例は、Welzel によって「転轍手事例」として提示されている。本事例は以下の通りである。運転手のいない列車が駅に向かって走り出し、多くの乗客を乗せて駅で止まっている列車に衝突しそうになったところ、転轍手がすんでのところで転轍し、走っている列車の軌道を変えたが、その軌道の先で作業していた3人の鉄道作業員が列車に轢かれて死亡したという事例である（Welzel, Zum Notstandsproblem, ZStW 63 (1951), S. 51）。本事例については、第3章第3節でも検討を加えている。

79）　これに対して、Delonge は、1人の生命を奪うことで複数の生命が救われる場合に生命の衡量を認めているが（Delonge, Die Interessenabwägung nach §34 StGB und ihr Verhältnis zu den übligen strafrechtlichen Rechtfertigungsgründen (1988), S. 118 ff.）、ドイツではほとんど支持者を見出していない。

80）　Schönke/Schröder/Perron, a. a. O.(Anm. 22), §34 Rn. 23. これに対して、生命が常に最高価値であるとのテーゼに否定的な見解も主張されている（vgl. Jakobs, a. a. O.(Anm. 60), 13/21）。

81）　Roxin, a. a. O.(Anm. 21), §16 Rn. 33 ff.

82）　船が難破して、海に投げ出された2人の乗客が、1人しか支えることができない板にそれぞれ掴まろうとしているという事例。

83）　多くの子供を乗せている船が浸水し、このまま全員を乗せていてはいずれ船が沈没し、全員が溺死するという状況下で、船頭が何人かの子どもを川に投げ込んで船の沈没を防いだという事例。

84）　1本のザイルで結ばれている2人の登山家A、BのうちB、が転落してしまい、Aが支えきれない状態となり、このままでは2人とも谷に墜落し死亡してしまうので、Aがザイルを切断してBを谷に墜落させ、Aだけが助かったという事例。この事例では、Bはいずれにしろ死亡することに変わりはない。

85）　なお、前二者の事例と後者の事例とは、危険に晒された者全員に対等な救助可能性があるか、それともそもそも一方しか救助され得ないか、という観点から区別されることもある（vgl. Neumann, a. a. O.(Anm. 23), §34 Rn. 76 ff.）。

る見解が通説といえる[86]。しかし、生命危険共同体事例の一部については、防御的緊急避難の観点から解決を図る見解が有力となっている。例えば、登山家事例では、登山家Bが転落したからこそ、A、Bともに危険な状況に陥ったのであり、当該危険はBに由来する。それゆえ、Aがザイルを切断することも、防御的緊急避難として許容されるとするのである[87]。

　また、③の臓器移植事例とは、例えば、患者Aの命を救うためには、臓器移植をするしか方法がないが、Aに適合する臓器の持ち主がBしかいなかったので、Bが拒否するにもかかわらず、強引にBから臓器を摘出し、Aは助かったという事例である。ここでは、Aの生命法益とBの身体法益とが衡量されるとすれば、明らかに前者が後者より優越するので、ドイツ刑法34条による正当化が認められることになるはずであるが、ドイツにおいては、正当化を否定する見解が圧倒的通説といえる[88]。この点、功利主義的見解からは、被侵害者の身体のみならず、その自律性あるいは人格権に対する重大な侵害の点についても侵害利益に加算されるので、生命が保全利益であったとしても、（著しく）優越するとはいえない、とされる[89]。これに対して、社会連帯に依拠しつつ、被侵害者の自律性を、具体的な衡量要素として考慮することを否定する見解からは、人間の尊厳を侵害するような避難行為については、たとえ侵害利益に対して保全利益が著しく優越するとしても、ドイツ刑法34条第2文にいう手段の相当性を欠くとして、正当化が否定される[90]。

　最後に、④の強制献血事例とは、患者Aの生命を救うためには、輸血するしか方法がないが、Aに適合する血液型の持ち主がBしかいなかったので、Bが拒否するにもかかわらず、強引にBから献血をさせてAに輸血し、Aの生命が救われたという事例である[91]。ここでは、③の事例と同様、通説は正

---

86)　Maurach/Zipf, Strafrecht Allgemeiner Teil, Teilbd 1, 8. Aufl.(1992), §27 Rn. 25 ff.; Schönke/Schröder/Perron, a. a. O.(Anm. 22), §34 Rn. 23; Roxin, a. a. O.(Anm. 21), §16 Rn. 35 ff.

87)　Hirsch, a. a. O.(Anm. 71), §34 Rn. 74.

88)　Statt vieler, Roxin, a. a. O.(Anm. 21), §16 Rn. 46 f.

89)　Schönke/Schröder/Perron, a. a. O.(Anm. 22), §34 Rn. 47.

90)　Neumann, a. a. O.(Anm. 23), §34 Rn. 117 ff.

91)　Gallas の出した事例である。Vgl. Gallas, Pflichtenkollision als Schuldausschließungsgrund, in: Festschrift für Edmund Mezger (1954), S. 325.

当化を否定しているが、一部の学説は、正当化を肯定しており、例えば、ド[93]
イツ刑事訴訟法が、比較的軽微な犯罪の解明のためであっても強制採血を許
容していることとの関係上、生命を救うために強制献血を行うことも許容さ[94]
れると論じられる。これに対しては、強制採血は身体検証目的で技術的理由[95]
からなされるものであるのに対し、強制献血は身体の構成部分を他に利用す
るためになされている（人体を「血液銀行」として利用している）ために許容
されないとの批判が向けられている。[96]

　(b)　**事例の検討**　①の生命侵害事例と②の生命危険共同体事例とは、い
ずれも生命の衡量不能性が問題となる事例である。そして、既にみたように、
②の事例においては、防御的緊急避難に依拠することで生命の衡量不能性と
いう制約をクリアーしようとする見解が有力化している。しかし、こうした
見解は、②の事例に限定されることなく、例えば、いわゆる穿孔事例[97]やDV
反撃殺人事例などをめぐって幅広く主張されているものである。[98]

　この点、連帯モデルあるいは保険モデルからすれば、前述の通り、防御的
緊急避難は正当防衛類似の制度であるから、正当防衛においては防衛のため
に人を殺害することも許容されることと同様に、防御的緊急避難においても
生命法益の衡量不能性をクリアーし得ることは比較的基礎づけやすい。これ
に対して、功利主義的立場からすると、生命法益の衡量不能性をクリアーす
るためには、防御的緊急避難の場合には、侵害される生命が保全される生命
に対して劣後することを正面から認めなければならないように思われる。[99]

---

92)　Statt vieler, Schönke/Schröder/Perron, a. a. O.(Anm. 22), § 34 Rn. 41 e.
93)　Joerden, § 34 Satz2 StGB und das Prinzip der Verallgemeinerung, GA 1991, S. 426.
94)　ドイツ刑事訴訟法81条 a 1 項では被疑者・被告人からの、81条 c 2 項では証人からの強制採血
　がそれぞれ許容されている。
95)　Roxin, a. a. O.(Anm. 21), § 16 Rn. 49.
96)　Neumann, a. a. O.(Anm. 23), § 34 Rn. 118.
97)　母体の生命を救うために、生まれてくる過程にある（刑法上既に「人」となっている）子を
　殺害する事例。
98)　Roxin, Der durch Menschen ausgelöste Defensivnotstand, in: Festschrift für Hans-Heinrich
　Jescheck (1985), S. 457 ff.; ders., a. a. O.(Anm. 21), § 16 Rn. 69 ff.; Hirsch, a. a. O.(Anm. 71), § 34 Rn.
　74; Neumann, a. a. O.(Anm. 23), § 34 Rn. 86 ff.; Jakobs, a. a. O.(Anm. 60), 13/46f. (ただし、穿孔事
　例については適用に疑問を付している)。
99)　それゆえ、生命法益の衡量不能性を徹底する立場からは、防御的緊急避難の場合においても
　同様に正当化が否定される（vgl. Schönke/Schröder/Perron, a. a. O.(Anm. 22), § 34 Rn. 30)。

44 第1章 ドイツ語圏における緊急避難規定

　次に、③の臓器移植事例や④の強制献血事例は、いずれも被侵害者の自律
性が問題となる事例である。ここで、修正された功利主義的立場に立ち、被
侵害者の自律性あるいは人格権を具体的に衡量要素とする見解からは、自律
性侵害の「量的な」差異に言及することが可能になる[100]。したがって、臓器移
植事例に比して、強制献血事例では、そこまで重大な自律性侵害が生じてお
らず、利益衡量の結果に差が生じると理解すること自体は可能である。しか
し、そのように解するのであれば、強制献血事例ではかなりの量の血液を採
らなければならないのに対して、刑事訴訟法上の強制採血では、条文上、
「健康に対して不利益が生じない」限りでの（すなわち少量の）採血のみが許
容されていることからすれば、両者の間にも自律性侵害の程度には差がある
と解すべきである。とすれば、臓器移植事例と強制献血事例、強制献血事例
と刑事訴訟法上の強制採血の間には、それぞれ自律性侵害の程度に差がある
ことになるが、なぜ前者の対ではなく、後者の対が利益衡量において同様に
扱われるべきなのかは、なお明らかではないように思われる[101]。

　これに対して、社会連帯に依拠しつつ、被侵害者の自律性を具体的な衡量
要素として考慮することを否定する連帯モデルあるいは保険モデルからは、
自律性侵害の「量的な」差異に言及することができない以上、（刑事訴訟法上
の強制採血が自律性あるいは人格権を不当に侵害するものであり、憲法違反であ
るとの主張を行わないのであれば）臓器移植事例および強制献血事例と刑事訴
訟法上の強制採血との間にある差異を、「身体利用目的の有無」などに見出
すしかないであろう。しかし、なぜ、かかる目的の差異が、社会連帯の観点
から別異に取り扱われるべきであるのかは、なお明らかではないように思わ
れる。「身体利用のタブー」に言及するとしても、なぜ刑事訴訟法上の強制
採血は「身体利用」にあたらないのに、強制献血は「身体利用」にあたるの
か、を説明することは容易ではないであろう。

───────────────

100）　この点は、第3章第2節で扱う拷問による救助事例で特に問題となる。
101）　逆に、通説に対しても、なぜ前者の対を同様に扱うのか、すなわち、なぜ③の事例と④の事
　　例とで同様に正当化が否定されるべきなのかについてなお理由が不明確であると批判することが
　　できる。

(3) 手段の相当性（ドイツ刑法34条2文）

既にみたように、学説においては、人間の尊厳を侵害するような危険回避手段については、手段の相当性を否定する見解が有力である。また、判例・裁判例においても、こうした人間の尊厳を侵害するような手段の場合には手段の相当性が否定される[102]が、それ以外の場合であっても手段の相当性が問題とされることがある。ここでは、そうした事案として、不法入国に関するNienburg区裁判所2013年5月16日判決を検討する。[103]

(a) **事案の概要** アフガニスタン国籍の被告人は、夫や子どもとともにカブールに在住していたが、夫の仕事が米軍の通訳であったために、反対派から裏切り者とみなされていた。2011年から開始されるNATO軍の撤退に伴い、被告人やその夫は将来の報復を恐れ、自分たちや自分たちの子どもの生命が危険に晒されると考えた。そこで被告人らは、2012年初頭に国外に脱出してドイツに避難することを決めた。被告人は、ブローカーからトルコの偽造パスポートや偽造ビザを入手し、イラン、トルコおよびギリシャを経由して、2012年1月26日にドイツに入国し、入国審査官に当該偽造書類を呈示したところ、審査官は偽造の点に気づき、被告人はその場で逮捕された。

(b) **判旨** Nienburg区裁判所は、本件につき、偽造文書行使罪（ドイツ刑法267条1項）の構成要件を充足するとしつつ、正当化的緊急避難（同34条）には該当しないが免責的緊急避難（同35条）には該当するとして、被告人に無罪を言い渡した。[104]

正当化的緊急避難の成立が否定されたのは、手段の相当性が否定されたためである。というのは、こうした事案が「正当化されるとすれば、他の関与者の可罰性も否定されることになるからである。このような帰結は、文書偽造をはびこらせ、（文書偽造罪の保護法益である：筆者注）法的取引の一般的な安全性・信頼性を著しく揺るがすことになるであろう」とされた。

---

102) 第3章第2節で扱うDaschner事件判決を参照。
103) AG Nienburg, 4 Cs 519 Js 24060/12 (Urteil vom 16.05.2013).
104) したがって、本件では難民の地位に関する条約31条1項の人的処罰阻却事由の有無は検討されていない。なお、免責的緊急避難の成立を否定しつつ、同条約31条1項は不法入国に付随する偽造文書行使の処罰をも阻却するとするものとして、Oehmichen, FD-StrafR 2013, 352023参照。

46 第1章 ドイツ語圏における緊急避難規定

これに続けて、本判決は、免責的緊急避難の各成立要件が充足されること
を示している。まず、危険の現在性については、「被告人およびその親族は
アフガニスタンで直接的な生命の危険に晒されており、当該危険は現在性を
有する。というのは、予想される報復行為は認識できるような中間的なステ
ップを踏むことなく、いつでも実行に移され得るものであったからである」
とした。また、手段の補充性についても、イラン、トルコ、ギリシャといっ
た第三国に避難するのは、ドイツへの避難と同程度に適したものとはいえな
いとし、「最も安全な避難場所を提供し、かつ、避難先での生活状況を考慮
して最もその未来が保障されるような国に避難するように試みることが許容
される」とした。さらに、被告人に、「入国直前に自己の正確な個人情報を
示すことで、ドイツへの避難に失敗するリスクを冒すことを期待することは
できない」として、危険甘受の期待可能性を否定した。最後に、避難意思も
存在すると認定している。

(c) **検討** 本判決は、被告人およびその親族の生命に対する現在の危
険および避難行為の補充性を認めつつ、手段の相当性を否定して、正当化的
緊急避難の成立を否定した。その理由を端的にまとめると、仮に正当化を認
めると、本件偽造文書行使が法秩序の目からみて「許容」されることになり、
ブローカーなどの他の関与者の行為までもが不可罰となることを危惧したか
らである。

これに対して、本判決のように、被告人の行為を免責するにとどめる場合
には、当該行為が違法であるとの評価には影響がなく、これに関与した者の
行為は依然として可罰的であり、本件でいえば、ブローカーの行為が文書偽
造として可罰的であることには変わりないことになる。すなわち、文書の真
正さに対する信頼は損なわれないことになる。本判決は、手段の相当性要件
を活用することで法秩序の安定を維持しつつ、他方で被告人を不可罰とする
という一種の「調整」を行ったものと評価できよう。

(4) **小括**

利益衡量要件および手段の相当性に関する以上の検討は、それぞれ以下の
ようにまとめることができる。

第1に、利益衡量要件についてみると、正当化的緊急避難をめぐるドイツ

の学説においては、少なくとも、無関係の第二者の生命が侵害利益となる場合については一切の衡量を否定し、量的衡量についても否定するという立場が通説的見解である。功利主義モデルに立ちつつ、生命の衡量不能性を唱える場合にはこうした帰結に至るし、連帯モデル（・保険モデル）に立って、侵害利益はそもそも中程度以下のものに限られるという見解に立つ場合にもこうした帰結に至ることになる。

　これに対して、DV反撃殺人事例に代表されるような、被害者に由来する危険を排除するために被害者を殺害する場合には、いわゆる防御的緊急避難論を援用することで、生命法益や重大な身体法益を保全するためになされた生命法益の侵害についても正当化を認める見解も有力である。この見解は、功利主義モデル、連帯モデル（・保険モデル）のいずれの立場からも、主張されているものである。

　防御的緊急避難論に依拠する見解は、いずれのモデルにおいても、ドイツ民法228条の趣旨を援用している。しかし、ドイツ民法228条は、あくまでも物に由来する危険を排除するために、損害が危険に対して不均衡とならない限りにおいて、当該物を破壊することが正当化されるという規定である。とすれば、侵害利益が物（所有権）だからこそこのような広汎な防御が許容されているのであって、人間の生命法益についてまでこの趣旨を妥当させることはできない、とする批判には十分な理由があろう。[105]　そして、このような見地からすれば、判例が、DV反撃殺人事例において、生命の衡量不能性を貫徹して正当化の緊急避難の成立を否定したことにも、十分な理由があること[106]になる。[107]　前述のいずれのモデルを採用したとしても、少なくとも、生命が侵害利益となる場合には、必ずしも防御的緊急避難論に依拠し得るとは限らないといえよう。

---

105)　Günther, a. a. O.(Anm. 27), S. 339 f.; Erb, a. a. O.(Anm. 28), §34 Rn. 159; Bernsmann, »Ent-schuldigung« durch Notstand (1989), S. 60.

106)　防御的緊急避難論の主唱者であるLampeも、穿孔事例などごく限定的な事例にのみ、同理論を適用していた（vgl. Lampe, Defensiver und aggresiver übergesetzlicher Notstand, NJW 1968, S. 88ff.）。

107)　Zieschang, a. a. O.(Anm. 26), §34 Rn. 74 f.; Schönke/Schröder/Perron, a. a. O.(Anm. 22), §34 Rn. 30.

48　第1章　ドイツ語圏における緊急避難規定

　なお、被侵害者の自律性が「量化」可能なものか否かという点も、各モデルとの関係では極めて重要である。修正された功利主義モデルからは、こうした「量化」に馴染みやすいのに対して、連帯モデルあるいは保険モデルからは、「量化」を肯定することは容易ではない。この点は、第3章第2節で扱う拷問による救助事例をめぐって大きな問題となる。

　第2に、手段の相当性要件についてみると、学説においては、人間の尊厳を侵害するような手段が避難手段として用いられる場合が主として論じられているが、本要件は、法秩序の安定と被告人の不可罰との調整という観点からも極めて重要な意義を有する。すなわち、人間の尊厳を侵害するような局面ではなく、かつ、行為者（やその親族など）の生命が危険に晒される場合であってもなお、手段の相当性を否定することで、犯罪構成要件の有する規範としての意義（違法という評価）を維持しつつ、他方で、免責的緊急避難については肯定することで、行為者を処罰から解放するという調整の方法である。こうした調整方法は、本書で再三論じているように、正当化的緊急避難と免責的緊急避難が連動的な制度として把握されていることの表れと評価できよう。

3　免責的緊急避難（ドイツ刑法35条1項）

(1)　免責根拠[108)]

　(a)　心理的圧迫説　　ドイツ刑法35条1項は、条文上、「責任なく行為したものである（handelt ohne Schuld）」と規定されていることからも明らかなように、責任阻却事由として規定されている。[109)] そして、判例および立法者は、

---

108)　学説においては、本文で検討する見解以外にも、予防の必要性欠如説（Roxin, a. a. O. (Anm. 21), §22 Rn. 11 f.)、状況相当性説（Neumann, a. a. O. (Anm. 23), §35 Rn. 6. 同様の見解として、Müssig, in: Münchener Kommentar zum Strafgesetzbuch Band 1, 3. Aufl. (2017), §35 Rn. 1 ff.) あるいは現存利益保持説（Engländer, in: Matt/Renzikowski (Hrsg.), Strafgesetzbuch, Kommentar (2013), Rn. 3〔我が国における紹介として、冨川雅満「アルミン・エングレーダー『自動運転自動車とジレンマ状況の克服』」千葉大学法学論集32巻1＝2号（2017年）175頁参照〕）など、多様な見解が主張されている。

109)　これに対して、通説は、本条を免責事由と捉えている。両者の区別については、責任能力のような、不法認識・行動制御能力が欠ける場合が責任阻却（Schuldausschließung）事由であり、それに対して、行為者が異常なコンフリクト状況に置かれたために、（本来ならばなお責任非難

こうした責任阻却の根拠を行為者の心理的圧迫に求めている（心理的圧迫説）。

　既に、ドイツ刑法旧52条・54条に関して、判例は一貫して心理的圧迫説に立っていた。[110]この点を詳細に述べた RGSt 66, 397は、「特殊な外的状況によって惹起された、自由な意思決定の異常な侵害、即ち異常な心理的圧迫において、行為者の自己保全衝動（あるいは近親者を保全する衝動）を考慮すれば、規範に合致した行為が期待できない」ことを、行為者の責任が阻却される根拠としている。[111]そして、このような立場は、1962年草案においても前提とされ、「心理的圧迫状況」こそが免責的緊急避難の根拠であるとされている。[112]

　これに対して、通説は、心理的圧迫（のみ）によってドイツ刑法35条1項の免責の根拠を基礎づけることはできないとの批判を行っている。その理由は大きく以下の4つに分けられる。[113]すなわち、①行為者が心理的に圧迫されているという点では同じであるにもかかわらず、なぜドイツ刑法35条1項2文においては、免責の例外が認められるのかが説明できない、②生命・身体・自由以外の法益の場合であっても、行為者に心理的圧迫が生じる場合は想定されるのに、ドイツ刑法35条1項では上記の法益のみに限定されている理由が説明できない、③免責的緊急避難を基礎づける事実の錯誤がある場合にも、行為者に心理的圧迫が生じるという点で同じであるにもかかわらず、ドイツ刑法35条2項で特別の規定が設けられている理由が説明できない、④緊急状況において、自己決定能力が自己保全本能の発動によって失われる、あるいは著しく低下することはあり得るが、その場合はドイツ刑法20条・21

が可能であるものの）「法秩序による寛恕」がもたらされる場合を免責（Entschuldigung）事由とする見解が一般的である（vgl. Schönke/Schröder/Lenckner/Sternberg-Lieben, a. a. O.(Anm. 73), Vor §§32 Rn. 108)。

110)　RGSt 66, 98.

111)　Siehe auch RGSt 66, 222.

112)　BT-Drucks. IV 650/161. ただし、その後の刑法改正特別委員会では、禁止の錯誤や責任能力は完全に個人的な「能力」の問題であるのに対して、免責的緊急避難はより規範的・一般的な要素が問題となるとして、本条につき、「責任がない（ohne Schuld)」ではなく、「免責される (ist entschuldigt)」と規定した方がより正確かもしれないが、こうした議論は今後の学説に委ねられる旨、立法趣旨の説明がなされている（vgl. Horstkotte Prot. V S. 1841)。なお、1962年草案をめぐる議論については内藤・前掲注8）212頁以下を、刑法改正特別委員会での議論については内藤・前掲注8）250頁以下をそれぞれ参照。

113)　Roxin, a. a. O.(Anm. 21), §22 Rn. 8.

条の責任能力の問題であって、わざわざドイツ刑法35条1項を援用する必要はないとの批判である。

これらの批判はいずれも、現行法が、心理的圧迫（のみ）を基準としてドイツ刑法35条1項を規定している訳ではないことを説得的に指摘するものであり、少なくともドイツ刑法における免責的緊急避難を根拠づけるためには、心理的圧迫以外の根拠が必要となろう。

(b) **二重の責任減少説**　　現在のドイツにおいて通説的見解とされているのが、二重の責任減少説である。この見解は、緊急避難状況では、1)行為者は心理的圧迫を受けることで責任が減少し、それに加えてさらに、2)利益衝突状況において一方の利益を保全したことにより総体としての不法が減少し、それに伴って間接的に責任も減少するため、両者の責任減少のいわば「併せて一本」の結果、免責されるとする[114]。2)において客観的な不法減少を前提とする以上、実体としては不法・責任減少説と呼ばれるべきものである[115]。

この見解は、心理的圧迫説への各批判に対しても、一定の有効な反論を行っており、ドイツ刑法35条の解釈論として十分に成り立つものであろう[116]。すなわち、批判①に対しては、ドイツ刑法35条1項2文の規定する場合においては、特別な法的関係を有する場合には不法が、危険を自ら惹起した場合には責任が増大し、不法減少や責任減少が埋め合わされる結果、二重の責任減少に言及し得なくなるとする[117]。また、批判②に対しては、確かに生命・身体・自由以外の法益であっても不法減少は生じるが、生命・身体・自由法益は「最も根幹をなす人格的利益」であることから、こうした法益に限定し、例えば財産などは保全利益から排除する理由があるとする[118]。さらに、批判③

---

114) Schönke/Schröder/Perron, a. a. O.(Anm. 22), §35 Rn. 2; Zieschang, a. a. O.(Anm. 26), §35 Rn. 4. なお、刑法改正特別委員会において、立法担当者は、心理的圧迫説に対する批判①を意識しつつ、こうした見解を主張していた（vgl. Horstkotte Prot. V S. 1847）。

115) Vgl. Bernsmann, a. a. O.(Anm. 105), S. 204. ただし本書では、ドイツにおける一般的な呼称に合わせて、二重の責任減少説という表現を用いることにする。

116) もちろん、二重の責任減少説に対しても様々な批判がなされている（vgl. Bernsmann, a. a. O.(Anm. 105), S. 205 ff.）が、本書ではこの点は扱わない。

117) Schönke/Schröder/Perron, a. a. O.(Anm. 22), §35 Rn. 19. ドイツ刑法35条1項2文は、不法減少に基づく責任減少か、あるいは心理的圧迫に基づく責任減少が否定される場合につき、任意的減軽を認める規定だと解することになる。

118) Schönke/Schröder/Perron, a. a. O.(Anm. 22), §35 Rn. 2.

に対しては、免責を基礎づける事実の錯誤のみで十分ではない理由を、不法減少という客観面が必要であることに求めることが可能であるとする。最後に、批判④に対しては、不法減少が要求される点において、責任能力とは適用領域が異なるのだと反論し得よう。

(2) 危険甘受の期待可能性

(a) **立法趣旨** ドイツ刑法35条1項1文の要件が充足されれば、原則として免責的緊急避難が成立するが、例外的に、避難行為者に危険の甘受が期待され得る場合には、35条1項2文によって免責が否定される。しかし、単に危険の甘受が期待されると規定するだけでは、裁判官の自由な裁量によって広汎に免責が否定されかねないことが立法段階で問題となり、どのような場合に行為者に危険の甘受が期待されるのかにつき、例示列挙を行うことで、2文があくまでも例外規定であることを示す必要があるとされた。[120]

以上のような観点から、ドイツ刑法旧54条において規定されていた「自己の責によらない」要件に対応する「危険を自ら惹起した」類型（惹起類型）に加えて、行為者が特別な法的関係を有する類型（特別な法的関係類型）が例示列挙として明示された。[121]また、立法段階においては、侵害利益が大きいにもかかわらず、保全利益がさほど大きくない不均衡類型（軽微な身体・自由法益を保全するために生命法益を侵害する事例）についても、免責を否定すべき場合として想定されていたが、条文上例示されるには至らなかった。

危険甘受の期待可能性が肯定された場合には、免責は否定されるが、特別な法的関係類型にあたらない場合[122]には、なお刑が任意的に減軽される（ドイツ刑法35条1項2文後段）。すなわち、35条1項は、原則（免責）――例外（免

---

119) Zieschang, a. a. O.(Anm. 26), §35 Rn. 4.

120) BT-Drucks. V 4095/16; Horstkotte Prot. V S. 1846.

121) 1957年に制定された軍刑法6条において、兵士が危険を恐れたとしても、それに基づく免責は否定されており、既に1962年草案の段階で、特別な法的関係類型の存在は強く認識されていた（vgl. BT-Drucks. IV 650/161）。

122) 危険に対する恐怖から軍務を果たさない場合に減軽の余地が認められることで、職務への忠実性および兵役義務の履行という軍の原則が揺るがされることになりかねないため、兵士については任意的減軽の対象から外すように軍から要求された。それを受けて、刑法改正特別委員会では、兵士のみを外すのは不均衡であるとして、当該類型一般について、減軽の余地を否定することとなった（vgl. Horstkotte Prot.V S. 2111f.）。

責の否定）——例外の例外（任意的減軽）という構造となっている。

　　(b)　**判例の概観**　　危険甘受の期待可能性をめぐって、判例において特に問題となるのは、惹起類型および不均衡類型である。そこで、以下では、この2つの類型について検討する。

　惹起類型については、例えば、DV 加害者による犯罪行為の強制が問題となった BGH GA 1967, 113において、BGH は、被告人が意識的あるいは意欲的に、可罰的行為を強いられる状況に臨んだような場合でない限り、ドイツ刑法旧52条においては（ドイツ刑法54条とは異なり）、自らの責に帰すべき緊急状況であっても、なお免責の余地がある旨判示している。また、BGHSt 48, 255も、被害者である夫の元にとどまり続けたことをもって、危険を自ら惹起したとはいえないと判示している。

　これらの判例は、「自己の責によらない」危険、あるいは危険を「自ら惹起した」とはどのような場合に肯定されるのかについて、一般的な判断枠組みを定立しているとはいえないが、夫婦の同居といった家庭生活の枠内にとどまる行為については、被告人の責に帰すような判断を回避しているように思われる。BGHSt 48, 255のように、逃げることが可能かつ実効的であってもなお夫の元にとどまり続けた場合であっても、それだけでは危険を「自ら惹起した」とは評価しないという意味では、抑制的な判断を行っているとみることができよう。

　次に、不均衡類型については、例えば、偽証が問題となった RGSt 66, 397においては、危険の重大性と避難行為による法益侵害の重大性とが一定の比例性を持つ必要があることが示されたが、BGH NJW 1964, 730においては、被告人が自己の生命を保全するために多くの被害者を犠牲にする必要があった事案で、なお免責の余地を認めた。これに対して、ベルリンの壁を抜けて逃亡する過程で兵士を殺害した事案につき、BGH NJW 2000, 3079は、被告人が自ら兵士とのコンフリクト状況に臨んだ点に加えて、兵士の生命法益が問題となっている点を指摘して、免責を否定している。

---

123)　本件では、被告人は、その夫から暴行を伴う脅迫を受け、当時12、3歳であった自分の息子と性的関係を持つことを強制された。BGH は、ドイツ刑法旧52条の成立につき、危険の現在性および補充性を否定した原審を破棄している。

これらのうち、最後の判例は、生命侵害を理由とした不均衡とコンフリクト状況の惹起とが合わさって免責が否定された事案といえよう。[124] これに対して、BGHSt 48, 255においては、「家庭内の暴君」たる被害者の生命が侵害された点は、（不均衡類型としての）危険甘受の期待可能性の問題としてではなく、むしろ次に扱う補充性要件における規範的考慮として扱われている。

(c) **学説の検討**　惹起類型について、学説で特に議論の対象とされているのは、有責性の要否についてである。この点は、立法理由書においては、有責な惹起でなくとも足りる趣旨だとされている[125]ものの、単に行為と緊急避難状況との間に因果関係がありさえすればよいとすると、余りに免責が否定される範囲が広くなりすぎるため、学説においては様々な見解が主張されている。その中でも有力なのは、①義務違反的惹起が必要であるとする見解、[127]および②自己の責による惹起が必要であるとする見解[128]である。両者の差は、②の見解においては、客観的な義務違反のみならず、主観的な予見可能性も必要とする点に存する。とはいえ、両者の差がどの程度具体的事案において重要となるのかはなお明確とはいえない。

(3) **避難行為の補充性と規範的考慮**

(a) **判例の概観**　ドイツ刑法旧52条（強要緊急避難）においては、ドイツ刑法旧54条とは異なり、ドイツ刑法35条1項2文で規定されているような、危険甘受の期待可能性に関する規範的要件、すなわち「自らの責によらない（unverschuldet）」要件が規定されていなかった。そのため、判例は、ドイツ刑法旧52条において、補充性を判断する際に、危険甘受の期待可能性をも考慮要素に含めていた。こうした態度は、特にナチ犯罪と緊急避難をめぐる事案において顕著にみられる。[129] 例えば、OGHSt 2, 225は、被告人が上官から被

---

124)　Vgl. Zieschang, a. a. O.(Anm. 26), §35 Rn. 63.

125)　BT-Drucks. V 4095/16.

126)　なお、文言上は「危険の惹起」とされているが、判例・通説は、問題となるのは自己の法益に対する危険の惹起のみならず、緊急避難状況の惹起であると解しており、ドイツ刑法35条においてもその点は変わらないと解されている（vgl. Zieschang, a. a. O.(Anm. 26), §35 Rn. 50）。

127)　Zieschang, a. a. O.(Anm. 26), §35 Rn. 49.

128)　Schönke/Schröder/Perron, a. a. O.(Anm. 22), §35 Rn. 20.

129)　こうした分析については、Horstkotte Prot.V S. 1844参照。また、補充性との関係では、かつては、他の代替手段の存否を誠実に検討する義務が問題とされ、かかる検討義務に反した場合に

害者の謀殺を行うように脅迫を受けて命令された事例について、被告人が
SS（ナチスにおける「親衛隊」）という犯罪的組織になお所属し続けたという
事情を挙げ、被告人の生命・身体に対する「一定の危険が残り続けるような
手段であっても」なお当該手段が被告人には期待されるとして、被害者の殺
害という手段は危険回避手段としては補充性を欠くとした。[130] また、既にみた
ように、BGHSt 48, 255は、侵害利益が生命法益であることを理由に、補充
性判断を厳格化している。

　これらの判例は、他人の生命を侵害することが避難のための手段となる場
合には、補充性判断が厳格になるという判断枠組みを示している。その中で
も、ナチ犯罪に関する判例は、こうした生命法益に対する厳格な態度に加え
て、犯罪的組織になお所属し続けたという点をも考慮した結果、被告人が上
官の追及から逃げ切れないリスクが存在するとしても、そうしたリスクを広
範に被告人に負わせる判断を示していたといえよう。[131] これに対して、DV反
撃殺人事例に関する判例においては、国家や社会の側の支援体制が整備され
てきていることに言及することで、[132] そもそも被告人が家庭内の暴君から逃げ
切れないリスク自体が低下していることを補充性判断において考慮している
ように思われる。

　なお、自分から当該危険な状況に臨んだという点については、確かにドイ
ツ刑法旧52条においては、補充性の判断において考慮されているが、ドイツ
刑法35条に改正された後の判例においては、むしろドイツ刑法35条1項2文
の危険甘受の期待可能性の問題として、別個に取り扱う傾向にある。[133]

　　(b)　**学説の検討**　　学説においては、判例で補充性要件の判断にあたって

　　ドイツ刑法旧52条・54条の成立を否定するのが判例であったが（ナチ犯罪に関して、BGHSt 18,
　　311やBGH NJW 1972, 832を参照）、BGHSt 48, 255は、かかる検討義務について、ドイツ刑法35
　　条2項の錯誤の回避可能性の問題であるとしている（第1章第2節Ⅱ1(2)〔本書16頁〕参照）。
130)　逆に、危険甘受についての期待可能性を、補充性判断を緩和する方向で考慮したものとして、
　　BGH GA 1967, 113参照。
131)　同様の判断を示す判例として、BGH NJW 1972, 832参照。
132)　BGHSt 48, 255は、2001年に制定された暴力保護法についても言及している。また、BGH
　　NStZ-RR 2006, 200でも、暴力保護法による保護を求めないで被告人が夫を殺害した理由が不明確
　　である旨述べられている。
133)　Vgl. BGH JR 2001, 467; BGHSt 48, 255.

問題とされてきた期待可能性の考慮は、ドイツ刑法35条1項2文の要件である危険甘受の期待可能性で行えば足り、もはや補充性要件で考慮する必要はないとの見解[134]が有力である。実際上の帰結としても、かかる期待可能性をドイツ刑法35条1項2文で考慮する場合には、危険甘受の期待可能性が肯定される場合であってもなおドイツ刑法49条による減軽の可能性があり（ドイツ刑法49条1項2文後段）、補充性で考慮する場合に比して、より柔軟な解決を図ることができる点もメリットに挙げられよう。

これに対して、判例と同様に、期待可能性の考慮をなお補充性判断で行うべきとの見解もまた有力に主張されている[135]。しかし、判例で問題となっている事案の中には、規範的考慮の結果というよりは、単に事実的な考慮の結果として、他により侵害的でない手段が存在すると認定されているものが散見される[136]。これらの判例においては、一般論としては規範的な判断に言及されているとしても、なされている判断の実質は事実的な判断に他ならない[137]。そして、補充性判断においては、こうした事実的な判断こそがまずはなされるべきであって、安易に規範的な考慮を行うことは、反対説が述べるように[138]、補充性判断と期待可能性判断の混同に至るであろう。

以上の検討からすれば、危険甘受についての期待可能性といった規範的考慮は、補充性判断では行わないとする見解には十分に理由があろう。このような理解からは、ドイツ刑法35条1項における補充性判断は、ドイツ刑法34

---

134) Zieschang, a. a. O.(Anm. 26), § 35 Rn. 46; Bernsmann, a. a. O.(Anm. 105), S. 73; ähnlich Neumann, a. a. O.(Anm. 23), § 35 Rn. 21.

135) Schönke/Schröder/Perron, a. a. O.(Anm. 22), § 35 Rn. 13a; Roxin, a. a. O.(Anm. 21), § 22 Rn. 19 f. この観点から、例えば、ドイツ刑法35条1項2文でいう「特別な法的関係」に立つ者、例えば警察官においては、一般の市民に比して、無関係の第三者を犠牲にする代わりに、正当防衛によって当該危険を回避することがより強く期待され、こうした考慮は既に補充性判断に影響する（すなわち、警察官に対しては、「正当防衛」という手段こそがより侵害的でない手段として、より期待されることになる）、とされる。

136) 例えば、BGHSt 48, 255や BGH NStZ-RR 2006, 200は、暴力保護法の制定や、「女性の家」といった保護施設の整備といった状況を指摘することで、逃げるという手段の実効性を基礎づけているといえよう。

137) 前掲注135) で挙げられている事例についても、警察官は、一般の市民に比して正当防衛を有効に行う実力を有しているからこそ、そうした「正当防衛」という手段が実効性を有するものとして考慮されるというにすぎず、事実的判断として構成することは可能である。

138) Zieschang, a. a. O.(Anm. 26), § 35 Rn. 46.

条における補充性判断と同様の内容と解されることになる。すなわち、正当化的緊急避難および免責的緊急避難において、「現在の危険」要件のみならず、補充性要件についても共通する要件であるといえる。

(4) **保全法益の限定**

(a) **概説**　ドイツ刑法旧52条・54条においては、生命および身体のみが保全法益として列挙されていたところ、現行のドイツ刑法35条1項においては、生命、身体および自由が保全法益として列挙されている。立法段階での議論[139]によれば、このように自由についても保全法益に含めることとなった理由は、主として理論的見地からのものである。すなわち、生命・身体と並んで、自由についても保全法益に含めることで、我々の自由な秩序において自由の持つ意義の重大さを明示すべきである、というものである。

　実務上は、自由を含める必要性はほぼ存在せず、自由に対する重大な危険（長期間の監禁の危険など）は、通常は身体・健康に対する危険として構成することができるし、逆に、自由を保全法益に含めることで、日常的にありふれた自由侵害につき免責的緊急避難の成立を肯定することになり、法秩序からの著しい逸脱に至り得るとの批判もあった。すなわち、免責的緊急避難は、正当化的緊急避難とは異なり、害の衡量による規制が存在しないため、例えば自由を保全するために第三者を殺害することも免責されかねない、という批判である。

　しかし、自由を保全法益に含めることで生じ得る過度の免責の危険性については、期待可能性を検討することで除去し得るという見解や、本条にいう「自由」とは、単なる意思決定の自由ではなく、身体的な行動の自由であるとの見解が出され、また、生命・身体に並んで自由が列挙されていることからすれば、生命・身体への危険に比するような危険に限定されているとの見解も示された。こうした議論[140]の結果、ドイツ刑法35条の保全利益には、自由も含められることになったのである[141]。

---

139)　以下の議論については、Horstkotte Prot.V S. 1843参照。

140)　以上の議論については、Horstkotte Prot.V S. 1851参照。なお、その後の BT-Drucks. V 4095/16では、1962年草案と同様の規定内容に至ったこともあり、保全法益の範囲については特に触れられていない。

第2節　ドイツにおける緊急避難規定　*57*

(b)　**類推適用の可否**　ドイツ刑法35条の保全法益が限定列挙であること
については争いがないが、他の法益についても本条を類推適用し得るか否か
については争いがある。この点については、名誉・財産に類推適用し得ない
とする点では一致があるが、一定の人格的利益については類推適用が可能だ
とする見解も有力に主張されている[142]。これに対して、通説的見解は、立法者
意思などを根拠として、類推適用を否定している[143)144]。

(c)　**「自由」の範囲**　ドイツ刑法35条の「自由」については、立法者意
思を援用し、生命および身体に比するような重大な自由に限定するという見
解が通説である。その立場から、ドイツ刑法239条（監禁罪）で保護されて
いる行動の自由については、生命・身体と同様に高い価値を有するものとし
て保全法益に含まれるが、ドイツ刑法240条（強要罪）で保護されている一
般的な意思決定・意思活動の自由については、保全法益には含まれないとさ
れている[145]。

これに対して、住居に関する人格的自由が保全法益に含まれるかが問題と
なる[146]。この点が特に問題となったのは、いわゆる「覗き魔事例（Spannerfall）[147]」
である。本件の事案は大要以下の通りである。被告人Xおよびその妻であ
るBは、何度も夜にこっそり自宅にやってきては寝室を覗き見する被害者
Aに対して不安が募り、夜に外出できなくなり、とうとう睡眠障害に罹患し

---

141)　なお、刑法改正特別委員会においては、Meyer委員が、オーストリア刑法草案において保全
　　法益の限定がないことを理由として、保全法益の限定に疑問を呈していたが、当該主張は退けら
　　れた。こうした経緯については、BT-Drucks. Ⅳ650/161を参照。

142)　Neumann, a. a. O.(Anm. 23), §35 Rn. 13. 判例などが依拠する心理的圧迫説によれば、類推適
　　用を否定する理由はないはずであるとの理解も示されている。

143)　Roxin, a. a. O.(Anm. 21), §22 Rn. 23; Zieschang, a. a. O.(Anm. 26), §35 Rn. 7; Müssig, a. a.
　　O.(Anm. 108), §35 Rn. 16.

144)　類推適用の可否が直接に検討されているわけではないが、OLG Düsseldorf NJW 2006, 630
　　（Urteil vom 25.10.2005）では、空港の保安検査の実態を知らしめるためになされた、ジャーナリ
　　ストである被告人によるバタフライナイフの携帯につき、正当化的緊急避難の成立を否定したの
　　に続き、免責的緊急避難についても、航空輸送の安全は、ドイツ刑法35条1項の保全法益ではな
　　いとして、その成立が否定されている。

145)　Roxin, a. a. O.(Anm. 21), §22 Rn. 28.

146)　通説はこの点につき否定的である（vgl. Roxin, a. a. O.(Anm. 21), §22 Rn. 28; Zieschang, a. a.
　　O.(Anm. 26), §35 Rn. 14; Müssig, a. a. O.(Anm. 108), §35 Rn. 15; Schönke/Schröder/Perron, a. a.
　　O.(Anm. 22), §35 Rn. 8; Frister, a. a. O.(Anm. 60), 20/6）。

147)　BGH NJW 1979, 2053.

た。Xは公の許可なくピストルを所持するようになった。ある夜、再び自宅の寝室にAがやってきた物音に気づいて目が覚めたXは、ピストルを掴み、逃げるAに対して「止まれ、止まらないと撃つぞ」と言いながら追いかけて、最終的にピストルの弾丸を2回発射して、Aの左臀部および左わき腹に命中させた。原審は、Xを危険傷害罪（ドイツ刑法223・223a条）および武器法違反の罪で有罪とした。

BGHは、本件につき、Aの侵害については正当防衛（ドイツ刑法32条）における侵害の「現在性」を充たさないとしつつ、XおよびBの（夜中に出かけられなくなるという点で）行動の自由に対する継続的危険を認定して、緊急避難における危険の「現在性」を肯定した。さらに、当該危険に関して、警察を呼んだり威嚇射撃を行ったりしても効果がなかったことを理由に補充性を肯定した上で、危険の甘受を期待することもできないとして、Xを免責的緊急避難により（いずれの罪についても）無罪とした。

　(d)　**小括**　　保全される法益を生命・身体・自由に限定するというのは、免責の範囲を過度に拡張させないためであるというのが立法者意思であり、学説も基本的にこの理解に従い、類推解釈を否定し、自由についてもなるべく限定的に解している。これに対して、判例は、少なくとも自由については、住居に関する人格的自由についても含めるなど、より緩やかな解釈を採っている。

　上記の学説の立場に対しては、危険甘受の期待可能性（ドイツ刑法35条1項2文）において、広く規範的な考慮を行うことが想定されている以上、保全法益を限定列挙と解しつつ、少なくとも類推適用を一定程度認めるという立場を採ったとしても、免責範囲が過度に拡張するという帰結には至らないのではないかという疑問が生じる。[148] こうした理解は、保全法益の限定性を、危険甘受の期待可能性という一般条項を考慮することで緩和させるものといえよう。[149]

---

148)　既に刑法改正特別委員会において、Sturm委員がこうした見解を示している点が注目される（vgl. Horstkotte Prot.V S. 1851）。

149)　免責的緊急避難における保全法益の限定性と期待可能性との関係については、第1章第3節のスイス刑法や第4節のオーストリア刑法でも問題となる。

第2節　ドイツにおける緊急避難規定　*59*

⑸　**避難行為の人的範囲の限定**

　⒜　**概説**　　ドイツ刑法旧52条・54条においては、行為者およびその親族に対する危険のみが免責の対象とされていたが、ドイツ刑法35条1項においては、それに加えて「その他の自己と密接な関係にある者」についても対象が拡張されている。この点、1962年草案理由書には、正当化的緊急避難とは異なり、他人一般に対象を拡張させることができない理由として、「（免責的緊急避難において免責を基礎づける）心理的圧迫は、主として危険に直面した者の親族あるいはその他の密接な関係にある者においてのみ生じる[150]」ことが挙げられている。

　その後の刑法改正特別委員会においても、ドイツ刑法旧52条・54条のように、行為者およびその親族に限定するのでは、「共感する人間（Sympathie-personen）」の範囲としては狭すぎ、親族と同様、あるいはそれ以上に情緒的に緊密な人的関係も存在するという観点から、「その他の自己と密接な関係にある者」を含めるべきとの立法趣旨が説明された。その反面、こうした拡張により、その範囲が不明確になる危険性があることから、可能な限り、心理的圧迫をもたらすような情動的状況を現実に即して類型化する必要があるとされ、重要なのは、個々の事例において実際に心理的圧迫が生じたか否かではなく、一般化された「密接な関係性」にあるとされた[151]。

　⒝　**「その他の自己と密接な関係にある者」の範囲**　　そこで、具体的に「その他の自己と密接な関係にある者」の範囲が問題となるが、一般論としては、親族間の関係に比するような共同帰属感覚を有する人的関係が必要と解されており、その観点から、概ね以下の要素が必要であると解されている[152]。すなわち、a)（会社の同僚などといった公的な関係を超えた）個人的性格を伴う関係があること、b)当該関係が一定期間継続し、かつ避難行為時に存在すること、c)親族に比するような共同帰属関係があること、およびd)相互関係があること、である。

---

150)　BT-Drucks. Ⅳ650/161.
151)　Horstkotte Prot.Ⅴ S. 1844. ちなみに、この要件については、特別委員会での討論もほとんどなされず、全会一致で採決された（vgl. Horstkotte Prot.Ⅴ S. 1851）。
152)　Zieschang, a. a. O.(Anm. 26), §35 Rn. 34.

60　第1章　ドイツ語圏における緊急避難規定

　こうした関係を具体的にみると、ドイツ刑法11条1項1号の親族に該当し[153]ない親戚関係、親戚類似の関係、婚姻類似の共同体に属する関係、緊密な恋愛関係、緊密な友人関係、行為者と共通の生活共同体（要するに同じ家に住んでいる）に属する関係などが挙げられる

　裁判例においては、ケガをした友人を助けるために酩酊状態で運転をした被告人につき、免責的緊急避難の誤信（ドイツ刑法35条2項）に基づく刑の減軽を肯定した原審を破棄し、ドイツ刑法35条1項における「その他の自己と密接な関係にある者」とは、その者と行為者との間に継続的に密接な人的関係がある場合にのみ肯定され、親しい友人である場合も当該要件を充足し得るが、本件ではそうした関係が存在しないと判示したものがある[154]。

　なお、本条所定の人的関係にない場合でも、超法規的免責的緊急避難が認められるのではないかが、学説においては争われている[155]。

(6)　避難意思

　ドイツ刑法35条1項は、危険を「回避するため（um...abzuwenden）」の行為であることを要求しており、この点ではドイツ刑法34条の正当化的緊急避難と共通している。では、ドイツ刑法35条の避難意思はどのような意思内容であろうか。

　判例はドイツ刑法旧52条・54条の時代から一貫して、危険を回避するという目的・動機から行為が行われることを要求している。例えば、シナゴーグに放火した被告人が、SA（突撃隊）の構成員として上司の命令には従う義務があったとの理由でドイツ刑法旧52条・54条の成立を主張した事案で、判例は、行為者が上司の命令に抵抗すればその生命・身体に対する危険が生じるとしても、当該危険を認識し、当該危険の回避のための努力の下、命じられた行為を決断したことが必要であるとし、行為者が当該危険を回避するため

---

153)　なお、本号の「親族」には、直系血族・姻族、配偶者・生活パートナー、婚約者、兄弟姉妹、兄弟姉妹の配偶者または生活パートナー、配偶者または生活パートナーの兄弟姉妹が含まれ、かつ、こうした関係が終了している場合（例えば、婚姻関係が終了した場合）であってもなお「親族」に含まれる。

154)　OLG Koblenz NJW 1988, 2316（Urteil vom 16.04.1987）.

155)　この点については、特に拷問による救助事例および生命法益のディレンマ事例で重要となる。第3章第2節および第3節参照。

ではなく、他の動機から当該行為を行った場合には、ドイツ刑法旧52条・54条はもはや成立しないと判示した。[156]

学説においても、ドイツ刑法35条の避難意思については、単なる緊急状況の認識では足りず、危険回避の意図ないし目的的要素（動機）が必要とされるとするのが通説的見解である。とはいえ、こうした動機が避難行為の唯一の動機である必要まではなく、他の動機と並存可能であるとされている。[157]

こうした免責的緊急避難の避難意思と、ドイツ刑法34条の正当化的緊急避難における避難意思との関係が問題となる。学説においては、前者については意図または目的的要素が必要であるとしつつ、後者については単なる緊急状況の認識で足りるとする見解が有力に主張されている。[158]これに対して、いずれについても意図または目的的要素が必要であるとする見解や[159]、いずれについてもかかる意図・目的的要素は不要であるとする見解もある。[160]

4　免責的緊急避難の誤信（ドイツ刑法35条2項）

⑴　概説

本条は、免責的緊急避難の存在を基礎づける事情につき誤信した場合において、当該誤信が回避不可能であったときに限って不可罰とするものである。また、当該誤信が回避可能であった場合には、ドイツ刑法49条1項に基づいて必要的減軽とされる。一方で、当該誤信は故意（ドイツ刑法16条）とは無関係であるが、他方で、当該誤信の回避可能性が存在する場合にも必要的減軽を認める点で、違法性の錯誤（ドイツ刑法17条）とも異なるため、本条は[161]

---

156)　OGHSt 1, 310（Urteil vom 22.02.1949）. 同様の判例として、BGHSt 3, 271参照。いずれもナチス期における事案に関する判例である。なお、ドイツ刑法旧52・54条は、現行のドイツ刑法35条とは異なり、明示的に避難意思を要求する文言ではなかった（ただし、ドイツ刑法旧54条は、「救助するため（zur Rettung）」との文言があり、避難意思を要求するものとも解釈し得る）。

157)　Schönke/Schröder/Perron, a. a. O.(Anm. 22), §35 Rn. 16.

158)　Roxin, a. a. O.(Anm. 21), §22 Rn. 32; Schönke/Schröder/Perron, a. a. O.(Anm. 22), §35 Rn. 16.

159)　Zieschang, a. a. O.(Anm. 26), §35 Rn. 38.

160)　Jakobs, a. a. O.(Anm. 60), 20/11.

161)　違法性の錯誤が回避可能な場合には、任意的減軽とされる。

62 第1章 ドイツ語圏における緊急避難規定

独自の錯誤を規定したものと解されている。[162]

(2) 判例の概観

判例においては、誤信の回避可能性判断において、行為者が免責的緊急避難を基礎づける事実、例えば危険の現在性や補充性の有無につき、誠実に検討したかが問題とされている。元々は、こうした検討義務は、「あらゆる手段を誠実に検討した」場合にのみ補充性を肯定するという枠組みで論じられていた[163]が、BGHSt 48, 255は、前述のように、検討義務を誤信の回避可能性の問題と位置づけている。そして、侵害利益が大きければ大きいほど、検討義務も厳格になるという判断枠組みが採用されている。[164]

(3) 学説の検討

BGHSt 48, 255と同様に、こうした検討義務は、補充性要件では考慮し得ないものの、誤信の回避可能性判断においては意義を有するとの見解が有力である。[165]とはいえ、行為者がいわば生存の危機に晒されているような場合には、慎重な検討義務を課すことが過度な要求になり得ることには注意が必要であろう。[166]

V ドイツ法のまとめ

1 緊急避難の成否を考えるにあたっては、正当化的緊急避難（ドイツ刑法34条）と免責的緊急避難（ドイツ刑法35条1項）の共通の成立要件である危険の現在性の存否がまずは確定される必要がある。ドイツにおいては、継続的危険という概念を援用しつつ、正当防衛（ドイツ刑法32条）の要件である侵害の現在性と比較して、危険の現在性については時間的に緩やかに解され

---

162) Schönke/Schröder/Perron, a. a. O.(Anm. 22), §35 Rn. 39. 立法経緯については、Horstkotte Prot.V S. 1847以下を参照。

163) Vgl. RGSt 66, 222; BGHSt 18, 311.

164) Vgl. BGHSt 18, 311.

165) Schönke/Schröder/Perron, a. a. O.(Anm. 22), §35 Rn. 43; Neumann, a. a. O.(Anm. 23), §35 Rn. 66.

166) Zieschang, a. a. O.(Anm. 26), §35 Rn. 78; Schönke/Schröder/Perron, a. a. O.(Anm. 22), §35 Rn. 43.

ている。危険がいつでも損害に転化し得る場合、あるいはその時点で回避措置を採らない限り、危険の回避が不可能となる場合には、なお危険の現在性が認められる。

2 補充性については、「継続的危険からの継続的保護」を可能とするような手段という観点から判断されており、例えば DV 反撃殺人事例では、「家庭内の暴君」からの逃走や警察当局などの国家機関・保護施設などの介入・助力が、こうした観点からして実効的な手段であるかが問題となる。免責的緊急避難の補充性に関しては、一定の規範的考慮を行う見解も存在するが、重要なのは、当該手段の事実的な実効性の有無である。また、侵害性の少ない手段であっても、失敗するリスクが高い場合には、かかるリスクを行為者に負担させることが妥当かはなお問題である。

3 また、補充性要件において検討されるべきか、それとも緊急避難状況において検討されるべきかはともかく、ドイツにおいては、特別法によって予め問題となるコンフリクト状況が想定されている場合には、緊急避難の適用が排除されると解されている。こうした観点は、特に病気による苦痛の緩和のための麻薬の自己使用事案をめぐって、判例・裁判例において議論されているが、それ以外にも、無実の者が刑罰執行から逃れるために器物損壊を行う事例など、様々な場合にこうした議論枠組みの適用が学説においては問題となっている。

4 正当化的緊急避難の成立要件のうち最も重要な要件である利益衡量要件について、ドイツにおいては「著しく（wesentlich）優越」といった限定が付されている点につき、修正された功利主義的モデルと連帯モデル・保険モデルとの対立がある。これらのモデルは、生命法益の衡量不能性をどう考えるか、防御的緊急避難を（どのように）認めるか、被侵害者の自律性の「量化」を肯定するかなど、多岐にわたって問題となる。あくまでもドイツ刑法34条が「著しく優越」という利益衡量の枠組みを設定しているからこそ、これらのモデルが主張されていることには注意が必要である。

5 免責的緊急避難における免責の本質について、ドイツの判例およびかつての通説は心理的圧迫説を採用しているところ、ドイツ刑法35条１項に関する現在の通説的な見解としては、二重の責任減少説が採用されている。

6　危険甘受の期待可能性判断においては、特別な法的関係類型、惹起類型、不均衡類型など、危険甘受を期待し得る類型の具体的な判断が問題となる。生命法益を侵害する状況を自ら設定したような場合には、危険甘受が特に期待されるといえる。

7　免責的緊急避難においては、一般条項的な危険甘受の期待可能性要件が規定されているが、それにとどまらず、保全法益の限定や避難行為の人的範囲の限定がなされている。免責の範囲をどのような形で限定するかという点について、ドイツでは、期待可能性という一般条項による調整に委ねるのみならず、様々な要件で限定するという手法が採られていると評価できる。

8　免責的緊急避難における補充性判断では規範的考慮を含めるべきか否かが問題となるが、こうした規範的考慮は危険甘受の期待可能性で行うべきとする見解が有力である。こうした見解からは、免責的緊急避難の補充性判断は、正当化的緊急避難のそれと同一に帰することになる。

9　免責的緊急避難の誤信については、誤信を回避するための誠実な検討義務の要否およびその内容が問題となる。こうした判断を補充性において行わないのは妥当であるが、過度な検討義務を課すことには慎重さが必要である。

第3節　スイスにおける緊急避難規定

Ⅰ　緊急避難規定の概観

1　条　　文

　現行のスイス刑法においては、違法性を阻却する正当化的緊急避難（スイス刑法17条）と責任を阻却する免責的緊急避難（スイス刑法18条）とが区別されて規定されている（二元的構成）。各条文は、以下の通りである

17条　正当化的緊急避難
　自己又は他人の法益を、直接的で他に回避し得ない危険から守るために、刑罰の対象となる行為を行う者は、その行為によって価値的に優越する利益を保全する場合には、適法に行為したものである。

18条　免責可能な緊急避難
1項　生命、身体、自由、名誉、財産その他の高い価値を有する利益に対する直接的で他に回避し得ない危険から自己又は他人を守るために、刑罰の対象となる行為を行う者は、危険に晒された利益の放棄が行為者に期待し得る場合には、その刑が減軽される。
2項　危険に晒された利益の放棄を行為者に期待し得ない場合には、行為者は責任なく行為したものである。

2　緊急避難規定の歴史的経緯

　1937年に制定されたスイス刑法旧34条1項および2項は、自己の利益を保全するための緊急避難および他人の利益を保全するための緊急避難を区別して規定していた。[167]そして、いずれの規定も「不可罰である」とするのみであり、その法的性質については必ずしも明らかではなかった。しかし、スイス

167）　34条1項　自己の利益、例えば生命、身体、自由、名誉、財産を、直接的で他に回避し得な

66   第1章 ドイツ語圏における緊急避難規定

刑法旧34条の元になっている1918年草案の緊急避難規定（33条）に関して、
既にその法的性質が二元的である旨の主張がなされる[168]など、スイスにおいて
も古くから二元的構成が有力に主張されていた[169]。

　その後、スイス連邦最高裁判所1995年12月8日判決[170]（以下、1995年判決）は、
DV反撃殺人事例が問題となった事案において、スイス刑法旧34条1項につ
き、正当化的緊急避難および免責的緊急避難の両方を規定するものと判示し、
二元的構成を採ることを明示した。また、これに先立つ1993年の専門家委員
会による前草案[171]において、既に緊急避難については二元的構成による規定が
採用され、1998年草案においても、こうした二元的構成が維持されている[172]。
そして、2002年改正（2007年1月1日施行）によって、既にみたように、ス
イス刑法17条および18条が規定されるに至った。

　このように、スイスにおいては、ドイツと同様に、刑法典が二元的構成を
明示的に採用する以前から、判例・学説によって二元的構成が支持され、そ
れに基づいて刑法典が改正されるという流れを辿っている。正当化的緊急避
難と免責的緊急避難との関係を特に検討対象とする本書の関心からは、この
点を明示的に検討する1995年判決をまずは分析対象とするのが適切であろう。
本判決は、DV反撃殺人事例が問題となったものであり、緊急避難の各要件
を詳細に検討している点でも、スイス刑法における緊急避難のあり方をイメ
ージする上で、格好の素材といえる。そこで、以下では、1995年判決の事案

い危険から守るためになされた行為は、当該危険が行為者の責によらないものであり、かつ諸事
情に鑑みて、危険に晒された利益の放棄を行為者に期待し得ない場合には、不可罰である。当該
危険が行為者の責による場合、あるいは諸事情に鑑みて、危険に晒された利益の放棄を行為者に
期待し得る場合には、裁判官は自由な裁量によって刑を減軽する（スイス刑法66条）。
　2項　他人の利益、例えば生命、身体、自由、名誉、財産を、直接的で他に回避し得ない危険か
ら守るためになされた行為は、不可罰である。行為者が、危険に晒された利益の放棄を危険に晒
された者に期待し得ることを認識していた場合には、裁判官は自由な裁量によって刑を減軽する
（スイス刑法66条）。

168)　Botschaft des Bundesrates an die Bundesversammlung zu einem Gesetzesentwurf enthaltend
　　das schweizerische Strafgesetzbuch, vom 23. Juli 1918, BBl 1918, S. 112.
169)　Brägger, Der Notstand im schweizerischen Strafrecht (1937), S. 134.
170)　BGE 122 IV 1.
171)　Vorentwuerfe der Expertenkommission (1993), S. 7 f.
172)　BBl 1999, 2004 ff.

および判旨を分析・検討し、そこで得られた帰結を元にして、スイス刑法における緊急避難の各要件の検討を行う。

Ⅱ　1995年判決の分析・検討

1　1995年判決の事案および判旨

(1)　事案

　被告人Ｘおよびその夫Ａはコソボ出身であり、夫婦間には５人の子がいた。夫婦仲は1989年以降悪化し、ＡはＸを酷く虐待するようになった。1993年１月になって、ＡはＸを掃除機のコードで激しく殴りつけ、また、Ａは長女に対して、「お母さんは今年中には死ぬだろう」と述べ、さらに、ＡはＸのパスポートを破り捨てて、Ｘに対して、「お前をコソボに送り返してやる」と脅した（コソボに戻れば、Ｘが殺される状況にあった）。その後、１月末になってＡはＸに肉切り包丁を投げつけ、Ｘは１週間の入院を余儀なくされた。その後、３月になって、仕事から帰ったＡは拳銃をＸの鼻先に突きつけ、「お前のためにこれを買ったんだよ」と述べた。そして、Ａが寝る際に、拳銃を枕の下においているのをＸは目撃した。それ以降、Ｘは、Ａが自分のことを殺すであろうと確信した。犯行当夜、Ａが寝た後、Ｘは20分にわたって考えた後、Ａの拳銃を取り出してＡを射殺した。第１審は、被告人に対して、スイス刑法113条の殺人罪の成立を認めて３年の自由刑を宣告し、未決拘留期間192日分を控除した。これに対して被告人は控訴したが、原審は、スイス刑法113条の「大きな精神的負荷」があったと認め、かつ正当防衛の成立を否定して第１審判決を維持したため、被告人は誤想防衛（スイス刑法旧33条２項）を主張して上告した。

(2)　判旨

　スイス連邦最高裁判所は、原審が正当防衛の成立を否定したことに関して、Ａが睡眠中であり、切迫した侵害が存在しなかった点を理由に正当とし、かつ、Ｘが犯行に至るまでに20分にわたり熟考したことを理由として、誤想防衛の成立も否定したが、それに続いて、緊急避難（スイス刑法旧34条）につ

68　第1章　ドイツ語圏における緊急避難規定

いて検討すべきとして、大要以下のように述べた。

【正当化的緊急避難と免責的緊急避難との区別】

　「スイス刑法34条1項によると、緊急避難状況においてなされた行為は不可罰である。（中略）保全利益が侵害利益よりも価値が高い場合には、当該緊急行為は適法である（正当化的緊急避難）。他方、衝突状態にある諸利益が同価値である（valeur comparable）場合には、当該行為は違法ではあるが完全に免責されるか不可罰である（免責的緊急避難）。」本件では、「侵害利益と保全利益とが同価値（夫Aの生命と被告人Xの生命）であることに鑑みれば、免責しか考慮され得ないものであった。」また、「行為者が誤想避難の下で行為をした可能性もある。ここでは、誤信を回避し得た場合には、責任は残り、刑の減軽に至る。[173]行為者の誤信の中に、現実に存在したならば刑の減免をもたらすような事実が含まれる場合には、裁判官は、当該事実が存在したものとして決定を下さなければならない。」

【危険の直接性に関する判断】[174]

　「スイス刑法34条の緊急避難の構成要素の1つが、直接的な危険である。スイス刑法33条（正当防衛〔現15条〕：筆者注）との違いは、直接的な侵害ではなく、直接的な危険が問題となっていることである。こうした差異は、行為者が守ろうとしている利益の損害（atteinte）が、侵害の場合には危険の場合に比して時間的により接近していることを示している。換言すれば、損害の直接性が、侵害の場合には危険の場合よりも大きいのである。侵害は攻撃であるのに対して、危険は攻撃のリスクである。」

　「危険の直接性という問題についての基準を導き出し得る先例が存在しないので、この点については、ドイツの議論を援用することで問題を明らかにすることが可能である。」「ドイツ刑法学によれば、まだ実際には直接的な損

---

173)　免責的緊急避難に関する誤信の処理については、ドイツ刑法35条2項のような明文規定が、スイス刑法には存在しない。判例・学説においては、禁止の錯誤として扱う見解と、事実の錯誤として扱う見解とが対立しているが、1995年判決は、スイス刑法旧19条（現13条。事実の錯誤に関する条文）を挙げつつも、結論としては禁止の錯誤として扱う立場を示した（vgl. Stratenwerth, Schweizerisches Strafrecht Allgemeiner Teil I (2011), § 11 Rn. 83)。

174)　本書では、我が国の刑法36条（正当防衛）における「急迫」概念との混同を避けるために、imminent（ドイツ語では unmittelbar）を「急迫」ではなく、「直接」と訳している。

害に直面していないが、更に遅れれば防御がもはや不可能になるか、あるいは多大なコストのかかる極めて重大なリスクを取ってのみ防御が可能となる場合には、当該危険が認められる。」「要するに、（ドイツ刑法学においては：筆者注）継続的危険における現在性の概念は、正当防衛における侵害の現在性よりも広汎なものと解釈されており、時間的に見て明らかに、正当防衛の場合よりも後になってから損害が生じるような状況にまで及ぶものである」。

【補充性要件に関する判断】

　「スイス刑法34条によれば、危険は直接的なものであるのみならず、他に回避することが不可能でなければならない。スイス法においては、当該不可能性に関して明確に論じる判例・学説が存在しない。ここで再び、ドイツの判例・学説を参照することが可能である。」DV反撃殺人事例については、「確かに、家から逃げることが可能な場合もあろうが、家庭の事情により逃げることができず、また、逃亡が暴君を刺激する場合には、そうした逃亡が危険を増大させる意味しか持たないこともある。例えば、BGHは、アルコール中毒である暴君（夫）の配偶者である妻に、離婚手続や施設受け入れ手続がひょっとしたらうまく行くかもしれないと待ちながら夫の虐待に耐えることを要求することはできないと判示した。[175]同様に、BGHは、自分の夫である家庭内の暴君をその睡眠中に殺害した妻を有罪とした原判決につき、原審が正当化事由や免責的緊急避難について一切検討していなかったことを理由に破棄している。[176]」

【本件に関する判断】

　以上の検討を経て、本判決は、原審が緊急避難・誤想避難の検討を行わなかったのは連邦法に反すると述べ、危険の直接性については、XとAとの間の長きにわたる軋轢を詳細に認定した上で、「危険が継続的・直接的であったという判断に至り得る」とした。また、危険が他の手段で回避し得るかについても、原審が認定したような他に採り得る手段、すなわちXは奪った拳銃を自らが攻撃された場合に身を守るためにも用いることができたし、

---

175)　ここで、BGH NJW 1966, 1823が引用されている。
176)　ここで、BGH NStZ 1984, 20が引用されている。

70　第1章　ドイツ語圏における緊急避難規定

拳銃を隠すことも、警察に届けることもできた、あるいは裁判所やソーシャルサービスの介入や、必要であれば親類の仲介を求めることができた、という原審の認定に対して、かかる手段が「さほど現実的ではなく、むしろ、継続・拡大する危険の激しさを増すようなものでなかったかについて、検討を加えていない」と批判して、他に回避し得ない危険の存在についても考慮に値する旨述べた。

結論として、原判決は破棄差戻しとなり、州裁判所は免責的緊急避難の存否を検討しなければならないとの判断が示された。[177]

2　1995年判決の分析

1995年判決は、①正当化的緊急避難と免責的緊急避難との区別を認めつつ、本件は後者に該当し得るとした点、②緊急避難における危険の直接性は、正当防衛における侵害の直接性よりも時間的に広い概念であることを認めた点、③補充性判断において、継続的危険を回避する手段としての実効性を正面から問題にした点において、ドイツの判例における判断枠組みを正確に継承しているといえる。他方、④免責的緊急避難は、侵害利益と保全利益とが同価値の場合に認められるとした点は、ドイツ刑法35条の免責的緊急避難の解釈論とは明らかに異なるものである。

①については、既に述べたように、スイス刑法旧34条は、現行規定であるスイス刑法17条・18条とは異なり、正当化的緊急避難と免責的緊急避難とを明確に区別してはいないが、1995年判決は、ドイツ刑法における二元的構成を受け容れることを明確に肯定し、正当化的緊急避難と免責的緊急避難との関係については、保全利益が侵害利益に優越する場合が前者であり、同価値である場合を後者としている。また、侵害利益がAの生命で保全利益がXの生命である場合には、正当化的緊急避難ではなく、免責的緊急避難が問題となるにすぎないと明言している。ここでは、ドイツの学説の一部で主張されているような、防御的緊急避難の構成による正当化的緊急避難の是認とい

---

177)　その後、差戻審では、(回避可能な誤信に基づく) 免責的緊急避難の誤信の成立が認められ、スイス連邦最高裁判所において確定した。Vgl. Martin, Defensivnotstand unter besonderer Berücksichitigung der «Haustyrannentötung» (2010), S. 197.

第3節 スイスにおける緊急避難規定 71

う判断枠組みはおよそ検討されていない。[178]

　②については、正当防衛における侵害の直接性に比べて、緊急避難における危険の直接性はより時間的に広い概念であることを認めつつ、ドイツの判例における危険の現在性の判断枠組み(c) (第1章第2節Ⅲ2(1)〔本書20頁〕参照)、すなわち、事態の推移によって見込まれる損害が、確かに直接的に迫っているわけではないものの、直ちにその段階で行為をなさなければ危険を回避し得ない場合についても危険の現在性を認めるという判断枠組みに忠実に従っている。その理由づけとしては、正当防衛における「侵害」は攻撃そのものであるのに対して、緊急避難における「危険」は攻撃のリスクであり、より時間的に広く認められるということが挙げられている。

　③については、継続的な危険を回避するための手段の実効性を丁寧に判断し、拳銃を隠すなどといった手段は、むしろAによる虐待の危険性を高める意味しか持たない可能性についても言及している点で、ドイツの判例における、「継続的危険に対する継続的な保護」という判断枠組みを採用しているものと評価できる。

　④については、スイス刑法旧34条および現18条においてはかかる明文の制約は存在しないものの、学説においては、侵害利益と保全利益との同価値性を要求する見解が通説的といえる。[179]しかし、なぜこうした限定が必要となるのか、また、明文上は存在しない限定を課すことが正当化されるのかについては、判例・学説においてもさほど議論がなされているとはいえない。また、DV反撃殺人事例の典型例は、保全利益も侵害利益も生命であるため、この問題は顕在化しないように見えるが、ドイツのBGHSt 48, 255で問題となったように、保全利益が身体であるのに対して侵害利益が生命であるような場合は十分に想定し得る。こういった場合に免責の余地も否定されるか否か、

---

178)　この点においても、（時間的には後の判例になるが、）第1章第2節Ⅱ1〔本書13頁以下〕で検討した2003年のBGH判決（BGHSt 48, 255）と同様の判断を示している。

179)　Haefliger, Der Notstand im schweizerischen Strafrecht, in: Recueil de travaux suisses presentes au Ⅷ Congrès international de droit comparé(1970), S. 384; Seelmann, Basler Kommentar Strafrecht I, Art. 1-110 StGB, 3. Aufl.(2013), Art. 18. Rn. 3; Stratenwerth/Wohlers, Schweizerisches Strafgesetzbuch Handkommentar, 3. Aufl.(2013), Art. 18 Rn. 3; Pozo, Droit pénal Partie générale Ⅱ (2002), §4 Rn. 588.

は大きな問題である。

3　検討課題

　以上の分析から、DV反撃殺人事例をめぐるスイスの近時の判例は、基本的にドイツの判例の判断枠組みを忠実に継承するものであり、それゆえ、ドイツにおけるのと同様の課題を有するものと評価し得る。すなわち、正当防衛とは異なり、緊急避難の場合のみ危険の直接性要件が緩和される根拠、および、防御的緊急避難論に依拠して正当化的緊急避難を論じることの可否である。以上の点については、ドイツの緊急避難規定において論じたことと同じことが妥当するため、以下では特に扱わない。[180)]

　これに対して、スイスの判例においては、ドイツでは生じない問題も生じる。すなわち、免責的緊急避難において、侵害利益と保全利益とが同価値であることがなぜ必要とされるのかという点である。この点は、スイス刑法の緊急避難規定（スイス刑法17条・18条）において、利益衡量がどのような意味を持つのかという視点から検討する必要があろう。また、1995年判決は、正当化的緊急避難と免責的緊急避難との関係について論じているが、そもそも、正当化的緊急避難および免責的緊急避難のそれぞれの構造をいかに理解すべきかが、両者の関係を分析する上では重要となる。そこで、以下では、利益衡量の持つ意義を念頭に置きつつ、スイス刑法17条の正当化的緊急避難およびスイス刑法18条の免責的緊急避難の構造について検討を加えることにする。

Ⅲ　正当化的緊急避難の構造

1　概　説

　1995年判決は、正当化的緊急避難と免責的緊急避難との関係につき、ドイツ刑法における議論を援用しつつ、保全利益が侵害利益に優越する場合が前者であり、両利益が同価値である場合を後者としている。そして、その後の

---

180)　第1章第2節Ⅲ2(3)およびⅣ2(4)〔本書22頁以下および46頁以下〕参照。

刑法改正においては、基本的にはこの判断に沿った立法がなされており、スイス刑法17条の正当化的緊急避難は、保全利益が侵害利益に優越する場合に成立し、スイス刑法18条の免責的緊急避難は保全利益が侵害利益に優越しない場合に成立する。¹⁸¹⁾

こうしたスイス刑法17条の規定において着目すべきなのは、本条がドイツ刑法34条とは異なり、保全利益の「著しい優越」を要件としていない点である。したがって、ドイツ刑法34条で展開された正当化的緊急避難の本質に関する議論が、直ちに本条の解釈にも妥当するとは限らない。以下では、スイス刑法において、利益衡量要件がどのように解されているかについて検討を加えることにする。

2 利益衡量要件の意義

(1) 判例

スイス刑法における正当化的緊急避難に関して、スイス連邦最高裁判所は、2007年改正前より一貫して、保全利益が侵害利益に優越することを要件としてきた。前述の1995年判決以外にも、例えば、獣医である被告人がワインを数杯飲んだ後に就寝したが、出産中の牝牛に緊急事態が生じ、どうしても子牛が生まれてこないとの連絡を受け、自動車を運転して牝牛の元に向かったところ、酩酊運転を理由に逮捕・訴追されたという事案で、判例は、「酩酊状態での自動車の運転は、たまたま死亡結果に実現しなかったとしても、不特定の人間に対する具体的危険が生じ得るものであるため、制限速度の大幅な超過と同様に、せいぜい人間の生命、身体、健康といった高い価値を有する法益を保護する場合に、緊急避難(緊急救助)によって正当化され得るにすぎない」旨判示している。¹⁸²⁾

ただし、こうした判例が、保全利益の「著しい優越」を不要としていると直ちに断ずることはできない。例えば、獣医である被告人が急性乳腺炎を発

---

181) 1998年草案の理由書(BBI 1999, 2009)においては、侵害利益と保全利益とが同価値である場合が免責的緊急避難にあたる場合であるとされているが、1998年草案21条が規定する免責的緊急避難には、現行スイス刑法18条と同様、かかる限定は付されていない(BBI 1999, 2303)。

182) BGE 116 Ⅳ 364 (Urteil vom 19.12.1990), Siehe auch BGE 129 Ⅳ 6 (Urteil vom 25.09.2002).

症した牝牛を救うために、地区内で（innerorts）制限時速50キロメートルの道路を時速25キロメートル超過して（すなわち時速75キロメートルで）走行したとして訴追された事案で、被告人がスイス刑法17条の成立を主張したのに対して、判例は、前出の BGE 116 Ⅳ 364の一般論を引用しつつ、「緊急避難規定は、対立する諸利益の衡量に際し、保全利益が著しく優越する（傍点筆者）ことを要件としている」と述べて、本条の適用を否定している。とはいえ、この事案では、時速25キロメートルの速度超過によって現場まで２、３分早く到着できたにすぎず、そうした時間短縮の利益によっては、かかる速度超過で４ないし６キロメートル走行したことで生じる事故の危険性を正当化することはできないと判示されており、保全利益の「著しい優越」が具体的な基準として機能しているかは疑わしい。

　実際、近時の判例においても、必ずしも保全利益の「著しい優越」は要求されていない。すなわち、被害者は、繰り返し被告人から抗議されていたにもかかわらず、自分の飼っている牛の群れを被告人の土地に連れて行き、その草を食べさせたため、被告人が被害者の頭部および牛に銃を向けつつ、牛に何度も狙いを定めながら、「牛を撃つぞ。牛がウチの草を食べないようにしろ」と述べたという事案で、判例は、「正当化的緊急避難は、保全法益が侵害法益よりも価値が高いことを要件とする」と述べた上で、被告人の所有権と被害者の内面の自由および安心感とが対立利益となっていることを論じ、本件では「より高い価値を有する利益を保全したとはいえないので、正当化的緊急避難は成立しない」としている。[184]

　以上の判例の流れをまとめると、以下のようになる。すなわち、判例においては、スイス刑法17条の正当化的緊急避難の解釈につき、1995年判決がスイス刑法旧34条に関して示した「保全利益の侵害利益に対する優越」という要件が維持されており、「著しい優越」に言及する判例もあるものの、それが具体的な判断枠組みとして機能しているわけではない。その限りでは、ス

---

183)　BGer 6B_7/2010 (Urteil vom 16.03.2010).

184)　BGer 6B_495/2016 (Urteil vom 16.02.2017). なお、この事案では正当防衛（スイス刑法15条）の成否が争われたところ、「意図的に被害者の道具として牛が用いられたわけではない」からそもそも「侵害」が存在せず、正当防衛は成立しないとした上で、正当化的緊急避難の成否が論じられている。

イス刑法17条の文言に忠実な解釈がなされている。

(2) 学説

スイスの学説において特徴的なのは、ドイツ刑法学の影響の下、保全利益の「著しい優越」を正当化的緊急避難の要件とする見解が有力に主張されている点である。より正確にいえば、無関係の第三者に危険を転嫁する攻撃的緊急避難（Aggressivnotstand）においては、保全利益が侵害利益に著しく優越することを要求しつつ、危険源に対して防御的に対抗する防御的緊急避難（Defensivnotstand）においては、侵害利益が保全利益に対して不均衡に重くない場合にはなお正当化を肯定する見解である[185]。この見解は、物に対する緊急避難に関して攻撃的緊急避難（スイス民法701条）と防御的緊急避難（スイス債務法57条1項）が区別されていることに鑑み、刑法においても同様の解釈を主張するものである。

とはいえ、スイスの通説的見解は、保全利益の「著しい優越」には言及せず、保全利益がより高い価値を有する場合に正当化的緊急避難の成立を肯定する[186]。この見解は、保全利益と侵害利益とを問題となる具体的状況において比較衡量し、単に抽象的な法益の価値序列にとどまらず、侵害利益の侵害の程度や保全利益の危険性の程度といった具体的な観点から判断を行う。こうした判断枠組みは、判例の採用する判断枠組みと同一といってよいであろう[187]。

既にドイツの学説において検討したように[188]、民事法上の防御的緊急避難とは、物に由来する危険を排除するために、損害が危険に対して不均衡とならない限りにおいて、当該物を破壊することが正当化されるという規定である。あくまでも侵害利益が物（所有権）だからこそ、こうした広汎な防御が可能なのであり、侵害利益が生命・身体・自由のような場合にまで、防御的緊急避難の理解を一般化することができるかはなお疑問の余地がある。そうした観点からは、スイスの判例や通説的見解が、こうした有力説の判断枠組みを採用しないことには十分な理由があるといえよう。

---

185) Seelmann, a. a. O. (Anm. 179), Art. 17 Rn. 10f.: Trechsel/Geth, in : Trechsel/Pieth, Schweizerisches Strafgesetzbuch Praxiskommentar, 3. Aufl. (2018), Art. 17 Rn. 8.

186) Stratenwerth, a. a. O. (Anm. 173), §10 Rn. 44 f.:Pozo, a. a. O. (Anm. 179), Rn. 752 ff.

187) Vgl. Seelmann, a. a. O. (Anm. 179), Art. 17 Rn. 10.

188) 第1章第2節Ⅳ2(4)（本書46頁以下）参照。

3 小 括

　スイス刑法においては、ドイツ刑法とは異なり、正当化的緊急避難における利益衡量に際して、「著しい優越」が文言上要求されていない。そして、学説の一部においては、ドイツ刑法のような解釈を採るものもあるが、判例や通説的見解は、あくまでも保全利益が侵害利益に優越すれば足りるとしている。その意味では、スイス刑法17条の文言に忠実な解釈が採られているといえる。

Ⅳ　免責的緊急避難の構造

1　正当化的緊急避難と免責的緊急避難との関係

　スイス刑法17条（正当化的緊急避難）と18条（免責的緊急避難）との関係は、スイス刑法15条（正当防衛）と16条（過剰防衛）との関係と類似させた形で規定されており、18条は過剰避難規定として理解されている。[189] この点は、ドイツ刑法とは異なるスイス刑法の規定における特徴といえる。[190] すなわち、スイス刑法15条は「正当化的防衛」、16条は「免責可能な防衛」と規定されており、スイス刑法17条の「正当化的緊急避難」および18条の「免責可能な緊急避難」と対応したタイトルになっている。また、スイス刑法18条は1項で、保全利益が侵害利益に優越しない場合について必要的減軽を、2項で、1項につき保全利益の放棄を行為者に期待し得ない場合について免責（不可罰）を規定している。これは、スイス刑法16条1項（防衛の限度を超えた場合の必要的減軽）および2項（1項につき、免責可能な情動による場合の免責）の関係に対応するものといえる。[191]

---

189)　Donatsch/Tag, Strafrecht Ⅰ (2013), S. 248. なお、過剰避難としての免責的緊急避難をスイス刑法18条1項との関係で言及するものとして、Trechsel/Geth, a. a. O.(Anm. 185), Art. 18 Rn. 3; Riklin, Schweizerisches Strafrecht Allgemeiner Teil Ⅰ (1997), S. 171.

190)　ドイツ刑法33条の過剰防衛に関して、通説は、他の違法阻却事由（特に正当化的緊急避難）には存在しない特別な類型を規定したものと解しており、他の違法阻却事由において本条を類推適用する（すなわち、本条を類推適用して過剰避難などを肯定する）ことの可否が論じられている（statt vieler, Schönke/Schröder/Perron, a. a. O.(Anm. 22), §33 Rn. 2)。

191)　1993年の専門委員会の前草案では、「適法な行為」の節の中で、12条に正当防衛（1項）・過剰防衛（2項）、13条に正当化的緊急避難が規定され、「責任」の節の中で、16条に免責的緊急避

第3節　スイスにおける緊急避難規定　*77*

　さらに、近時の学説においては、スイス刑法18条1項の必要的減軽の根拠を不法減少に求める一方、2項の免責については、1項で認められる不法減少に加えて、行為者に生じる心理的圧迫ゆえに利益放棄を期待し得ないという意味での責任減少に求める見解（不法・責任減少説）が有力である。これは、過剰防衛規定であるスイス刑法16条1項の必要的減軽の根拠を不法減少に求めつつ、2項の免責については、1項の不法減少に加えて責任減少が必要であるとする理解[193]に対応するものといえる。

　このように、スイス刑法における正当化的緊急避難と免責的緊急避難との関係は、正当防衛と過剰防衛との関係と同様のものとして理解されている。したがって、スイス刑法における免責的緊急避難は、実質としては過剰避難として理解されているものといえる。

　こうした、スイス刑法18条を過剰避難規定とする理解は、本条において、少なくとも文言上は、①一定の人的範囲に限定することなく、およそ自己または他人一般についてその成立が認められ、かつ、②保全可能な利益として認められる法益の範囲も極めて広汎に肯定されている[194]点と調和する。しかし、①に関しては、ドイツ刑法と同様に一定の人的範囲に限定すべきであるとの

難（Entschuldigender Notstand）が規定されていた。そして、前草案では、12条2項の過剰防衛は、防衛の程度を超えた場合の刑の必要的減軽、および免責可能な情動に陥って防衛の程度を超えた場合の刑の任意的免除を規定するものであり、他方、16条の免責的緊急避難は、1項で免責、2項で刑の必要的減軽を規定するものであった（Vorentwuerfe der Expertenkommission（1993）, S. 7 f.）。すなわち、前草案の段階では、条文の構造においても、法的効果においても、過剰防衛と免責的緊急避難との類似的な対応関係は存在しなかった。

　これに対して、1998年草案においては、「適法な行為」と「責任」とで節を区別するという体系は維持しつつも、前者に正当化的防衛（15条）および正当化的緊急避難（16条）を、後者に免責的防衛（20条）および免責的緊急避難（21条）とを規定し、かつ、20条も21条も1項が必要的減軽、2項が免責を規定するものであった（BBl 1999, 2004 ff.）。このような経緯からすれば、1998年草案の段階で、過剰防衛（免責的防衛）と免責的緊急避難との類似的な対応関係が強く意識されていたと評価できよう。

192)　Frischknecht, Zumutbarkeit, Näheverhältnis und der Wille des Gesetzgebers — zur Auslegung des Art. 18 StGB, entschuldbarer Notstand, recht 26 (2008), S. 188 ff.: Coninx, Der entschuldigende Notstand zwischen Unrecht und Schuld, ZStrR 131 (2013), S. 137 ff.

193)　Vgl. Seelmann, a. a. O.（Anm. 179）, Art. 16 Rn. 2 ff.

194)　スイス刑法18条では、生命、身体、自由、財産、名誉およびその他の高い価値を有する法益が保全可能な利益として認められている。これに対して、ドイツ刑法35条は、前三者のみしか保全可能な利益として認めていない。

見解が学説において有力に主張されている。また、②に関しては、侵害利益と保全利益とが同価値の場合のみ免責的緊急避難の成立を認めるべきであるとの見解が判例・通説であるといえる。そこで、以下では、これらの見解について検討することにする。

2 免責的緊急避難の認められる人的範囲

(1) 学説の議論状況

　スイスの刑法改正においては、免責的緊急避難の認められる範囲をめぐって議論があり、当初はドイツ刑法35条と同様に人的範囲を限定する改正案が採用されていたものの、その後、現在のように、およそ人的範囲を限定しない形での立法に至った[196]。しかし、スイスの学説においては、現行法が人的範囲を限定しない点について、立法過程における不明確さについても、実質的な免責根拠との関係についても批判が強い[197]。特に、後者については、スイス刑法18条1項の必要的減軽の根拠は不法減少、2項の免責根拠は不法・責任減少と解する立場から、2項の責任減少で問題となる心理的圧迫は、自己または自己の親族や自己と密接な関係にある者の法益が危険に晒される場合にのみ生じるとして、スイス刑法18条2項については、人的範囲が限定されるべきとの見解が主張されている[198]。

　これに対して、同様にスイス刑法18条1項を不法減少、18条2項を不法・責任減少に求める立場から、ドイツ刑法35条との差異を自覚的に主張する見解もある[199]。すなわち、ドイツ刑法35条は人的範囲を制度的に限定している（制度化された密接関係）が、制度化された密接関係がなくとも、行為者が他者の救助に際して心理的圧迫を受ける場合があることは否定できず、こうし

---

195)　BBl 1999, 2009.

196)　Frischknecht, a. a. O.(Anm. 192), S. 190. この点は、1998年改正で存在していた人的範囲の限定が全州議会（Ständerat）の委員会で削除されたにもかかわらず、実質的変更がないものとしてその後可決されたという経緯がある。

197)　Frischknecht, a. a. O.(Anm. 192), S. 188 ff.

198)　Frischknecht, a. a. O.(Anm. 192), S. 188 ff.

199)　Coninx, a. a. O.(Anm. 192), S. 137 ff.　なお、論者は、自説を二重の責任減少説に位置づけている。

た場合を一律に免責から除外する理由は存在しない。自己と密接な関係にあ[200)]
れば強い心理的圧迫を受ける場合が多いことは否定できないが、強い心理的
圧迫を受ける全ての事例において、こうした密接な関係があるとはいえない。[201)]
そして、個々の事例において、免責を認めるに足る強い心理的圧迫があった
か否かを裁判官が判断すれば足りるとする。[202)]

(2) 検討

　ドイツにおける二重の責任減少説は、ドイツ刑法35条1項1文が規定する
免責の場合のみならず、35条1項2文が規定する任意的減軽の場合について
も、なお不法減少のみではなく、責任減少も併せて考慮するものであり、そ[203)]
の限りでは、スイスで主張されている見解とは異なる。ドイツにおいては、
35条1項1文の免責が原則であり、35条1項2文はあくまでも例外にすぎな
いとの理解を前提としつつ、免責の根拠として二重の責任減少説が唱えられ
ている。こうした理解を前提に、35条1項2文は、不法減少に基づく責任減
少か、あるいは心理的圧迫に基づく責任減少が否定される場合につき規定し
たものであると解されている。[204)]

　これに対して、スイス刑法は18条1項で必要的減軽規定を置きつつ、2項
で一定の場合に免責を認めるものであって、条文構造からするとむしろ2項
の方が例外的な場合とすらいい得る。その観点からすれば、スイス刑法にお
いては、不法減少があることを理由に減軽を認めつつ、さらに免責までをも
認めるためには、不法減少に加えて責任減少が必要であると解することは理
論的に十分に可能であろう。

　このように解するとしても、スイス刑法18条1項と2項とで、後者のみに
人的範囲の限定を課す条文上の根拠が問題となる。学説においては、18条2
項の規定する「危険に晒された利益の放棄を行為者に期待し得ない場合」と
は、行為者自身の利益あるいは一定の人的関係にある者の利益が危険に晒さ

---

200)　Coninx, a. a. O. (Anm. 192), S. 137.
201)　友人の子どもや会社の同僚など、ドイツ刑法35条の規定する人的範囲には属しない場合であ
　　っても、個々の事例によっては強い心理的圧迫が生じる場合は想定可能である。
202)　Coninx, a. a. O. (Anm. 192), S. 139.
203)　Vgl. Zieschang, a. a. O. (Anm. 26), §35 Rn. 68.
204)　第1章第2節IV 3 (1) 〔本書50頁〕参照。

80　第1章　ドイツ語圏における緊急避難規定

れる場合であるとの主張がなされている[205]。かかる解釈が条文解釈として不可能とまではいえないであろう[206]。

　しかし、スイス刑法18条2項の期待可能性の解釈として、一定の人的範囲に属さない他人の利益の救助については、一律に免責の対象から除外するとするのは、結論として妥当性を欠く場合が生じる。のみならず、一定の人的範囲に一律に制限するという態度決定自体が、そもそも必ずしも免責の本質から理論的に導かれるものではなく、むしろ国家ごとの政策的判断によるものといえる[207][208]。免責の根拠となる心理的圧迫を類型的な人的範囲にしか認めないとするか、個別具体的に裁判官による判断に委ねるかは、こうした立法政策的判断に委ねられる問題であるといえよう。とすれば、こうした判断が条文において明示されていないスイス刑法18条2項の解釈論としては、一律の人的範囲による限定を課さない[209]という解釈の方により説得力があるように思われる。

3　侵害利益と保全利益との同価値性

(1)　学説の議論状況

　免責的緊急避難において侵害利益と保全利益とが同価値である必要があることは、少なくともスイス刑法18条の文言においては明示されていないにもかかわらず、スイスの判例・通説は同価値性を要求している[210]。しかし、その根拠は必ずしも明確ではない。また、スイス刑法18条1項（必要的減軽）と2項（免責）のいずれの場合にも同価値性が要求されるのかも、必ずしも明確ではない。一方で、刑の減軽と免責のいずれの場合についても、侵害利益と保全利益との同価値性を要求する見解がある[211]が、他方で、侵害利益と保全利益が同価値の場合には保全利益の放棄が期待し得ない（スイス刑法18条2

---

205)　Frischknecht, a. a. O. (Anm. 192), S. 189; Stratenwerth, a. a. O. (Anm. 173), §11 Rn. 76 f.

206)　Coninx, a. a. O. (Anm. 192), S. 136 f.

207)　Coninx, a. a. O. (Anm. 192), S. 139.

208)　免責的緊急避難を規定するオーストリア刑法10条においても、スイス刑法18条と同様に、人的範囲は限定されていない。この点につき、第1章第4節Ⅲ2(1)(b)〔本書94頁以下〕参照。

209)　Vgl. Trechsel/Geth, a. a. O. (Anm. 185), Art. 18 Rn. 5.

210)　Stratenwerth, a. a. O. (Anm. 173), §11 Rn. 69; Pozo, a. a. O. (Anm. 179), Rn. 952.

211)　Stratenwerth/Wohlers, a. a. O. (Anm. 179), Art. 18 Rn. 3.

項）として免責を認め、侵害利益の価値が上回る場合には刑の減軽のみ認める見解が有力に主張されている。[212] さらに、少なくとも防御的緊急避難にあたる場合には、侵害利益の価値の方がより高い場合にも免責が認められるとする見解もある。[213]

(2)　**検討**

侵害利益と保全利益の同価値性の要求は、スイスにおいても硬直的に判断されているわけではなく、[214] 侵害利益と保全利益をめぐる具体的な行為事情、特にそれぞれの利益に対する危険の程度などが広く考慮されている。[215] したがって、例えば、価格のみを比較すれば、Aの所有する自動車がXの所有する飼い犬を大幅に上回る場合であっても、Xが短期間、自動車をAの許可なく用いる（病院まで直ちに運転する）ことで、突発的な事故により重傷を負った自己の飼い犬が死ぬのを回避し得るような場合には、なお免責を肯定し得ることになる。

しかし、ドイツにおける BGHSt 48, 255のように、侵害利益が生命であるのに比して、保全利益が身体にとどまる場合には、もはや免責の余地は存在しないことになる。もちろん、この場合にも、スイス刑法18条1項が規定する刑の必要的減軽はなおあり得るとの見解に立てば、結論の不当さという問題は一定程度回避可能である。ドイツにおいても、一定の不均衡類型についてはドイツ刑法35条1項1文の免責の対象から除外され、ドイツ刑法35条1項2文の任意的減軽の対象にされていたことと比較すれば、ドイツにおける議論と大きく異なるものではないとの評価も可能であろう。

4　小　　括

スイス刑法の正当化的緊急避難（同17条）と免責的緊急避難（同18条）との関係は、正当防衛（同15条）と過剰防衛（同16条）との関係と対応するも

---

212)　Seelmann, a. a. O.(Anm. 179), Art. 18. Rn. 3; Martin, a. a. O.(Anm. 177), S. 191.

213)　Trechsel/Geth, a. a. O.(Anm. 185), Art. 18 Rn. 2.

214)　Vgl. Pozo, a. a. O.(Anm. 179), § 4 Rn. 588.

215)　Donatsch/Tag, a. a. O.(Anm. 189), S. 285; Dupuis et al., Petit Commentaire Code pénal 2e édition (2017), N5 ad art. 18. Siehe auch BGer 6B_500/2013 (vom 09.09.2013).

のであり、したがって、免責的緊急避難は過剰避難として理解されているものといえる。そして、スイス刑法18条に関する刑の減軽根拠・不可罰根拠としてなされている議論は、スイス刑法16条に関する議論と同一のものとみることができる。

また、免責的緊急避難で問題となる人的範囲は、正当化的緊急避難の場合と同様に自己または第三者を広く包摂する。保全利益が侵害利益を下回る場合であっても、少なくとも必要的減軽（スイス刑法18条1項）は肯定される。

V　スイス法のまとめ

1　スイスにおいては、ドイツの議論を援用しつつ、危険の「直接性」要件につき、正当防衛における侵害の「直接性」よりも緩やかに解する見解が判例および学説によって採用されている。正当防衛における「侵害」は攻撃そのものであるのに対して、緊急避難における「危険」は攻撃のリスクであり、より時間的に広く認められるということがその理由である。また、補充性判断についても、「継続的危険に対する継続的保護」という判断枠組みが実質的に採用されているとみることができる。

2　1995年判決は、保全利益が侵害利益に優越する場合には正当化的緊急避難が成立するとし、現行のスイス刑法17条も、この理解に則った形で規定されている。ドイツ刑法34条と同様に保全利益の「著しい優越」を要求する見解が、学説においては有力に主張されているものの、判例・通説は、「著しい優越」を必ずしも要求せず、保全利益が侵害利益に優越すれば足りるとする。

3　スイス刑法18条の免責的緊急避難については、その成立範囲に関して一定の人的範囲に限定すべきとする解釈も有力に主張されている。しかし、本条は、こうした人的範囲を一律に限定することを回避するという政策的判断を行ったものとする見解もまた有力に主張されており、後者の見解がより説得的である。

4　スイス刑法18条においては、侵害利益と保全利益とが同価値ではなくとも、少なくとも18条1項の必要的減軽は成立するとの見解が有力といえる。

第3節　スイスにおける緊急避難規定　*83*

したがって、利益衡量が充足されないために正当化的緊急避難が成立しない場合につき、免責的緊急避難（過剰避難）が広汎に成立するものと解することができる。こうした理解は、正当防衛と免責的防衛（過剰防衛）の関係と対応させる形で正当化的緊急避難・免責的緊急避難の規定を設けた立法者意思にも合致するものといえよう。

第4節　オーストリアにおける緊急避難規定

Ⅰ　緊急避難規定の概観

1　条　文

オーストリア刑法10条は、免責的緊急避難を規定する。条文は以下の通りである。

> 10条1項　自己又は他人に対する直接的に迫った重大な不利益を避けるために、刑罰の対象となる行為を行う者は、当該行為から生じる損害が、当該行為によって避けようとする不利益よりも不均衡に重大ではなく、かつ、法的に保護された価値に拘束される、行為者の状況に置かれた人間において、他の行為を期待し得なかった場合には、免責される。
> 2項　行為者は、法秩序によって是認される理由がないのに意識的に危険に臨んだ場合には、免責されない。行為者が、自己の行為が免責される要件の存在を誤信した場合には、その誤信が過失に基づき、かつ過失犯を処罰する規定がある場合には、過失犯として処罰される。

2　本節の検討対象

オーストリアでは、「抵抗できない強制」の下で行われた行為について不可罰とする規定（オーストリア刑法旧2条g号）が、1852年オーストリア刑法典の施行以後長らく維持され、1974年の刑法改正においても、免責的緊急避難のみが明文化されており（オーストリア刑法10条）、正当化的緊急避難は超法規的な違法阻却事由として扱われている。[216] すなわち、オーストリア刑法は

216）　オーストリアの判例において、緊急避難を正当化的緊急避難と免責的緊急避難とに区別するいわゆる二分説が定着した経緯については、Kienapfel, Der rechtfertigende Notstand, ÖJZ 1975, S. 421以下参照。

意識的に、条文上は二元的構成を採用せず、正当化的緊急避難については専ら判例・学説の展開に委ねている。そして、オーストリア刑法がドイツ刑法やスイス刑法と比較して独自の意義を有するのは、まさしくこの免責的緊急避難をめぐる議論である。免責的緊急避難において前提とされている免責に関する基本的な思考を正確に理解しつつ、具体的な要件解釈にどのように反映しているのかを分析することは、免責的緊急避難という制度を考える上で、ドイツ刑法やスイス刑法を分析するのみでは得られない、より多角的な視点を提供するものと思われる[217]。

　そこで、本書ではまず、1974年刑法改正によって免責的緊急避難（オーストリア刑法10条）が新たに規定されるにあたって大きな影響を与えた規範的責任論について紹介・分析を行う。現行刑法典は、オーストリアにおいてRittler[218]やNowakowski[219]らが提唱した規範的責任論に強く影響を受けており、免責的緊急避難は勿論、量刑規定[220]や各則規定[221]においてもその影響が強く看て取れる[222]など、規範的責任論の理解が不可欠である。次に、こうした免責に関する基本的な理解を踏まえて、免責的緊急避難の各要件について検討を加える。本書では特に、免責の理論的基礎からみて、各要件がどのように解されるのか、あるいは免責という観点からしてどこまで各要件について説明が可能なのかといった点について分析・検討を行うことにする。

---

217)　したがって、本書では、オーストリア刑法における正当化的緊急避難については基本的には取り扱わない。なお、オーストリアにおいては、優越的利益原則の立場から、ドイツ刑法の利益衡量要件とは異なり、保全利益が侵害利益に優越すれば足り、「著しい優越」を要求しない見解が判例（SSt 47/75=Evbl 1976/186（vom 9.12.1975））および通説（Fuchs, Strafrecht Allgemeiner Teil I 9. Aufl.(2016), 17/54; Seiler, Strafrecht Allgmeiner Teil I 3. Aufl.(2016), Rz. 414）である。

218)　Rittler, Lehrbuch des österreichischen Strafrechts AT 2. Aufl.(1954), S. 232 ff.

219)　Moos, in: Triffterer/Rosbaud/Hinterhofer, Salzburger Kommentar (2004), §4 Rz. 64 ff., 99.

220)　Vgl. EBRV 1971, 30 BlgNR XIII. GP, S. 73 ff.（以下では EBRV 1971と略す）.

221)　オーストリア刑法における量刑論については、小池信太郎「オーストリア刑法における責任能力と量刑」慶應法学37号（2017年）343頁以下参照。

222)　オーストリア刑法32条 2 項（量刑の一般原則）、94条 3 項（負傷者不救助罪の免責規定）、95条 2 項（不救助罪の免責規定）などを参照。

Ⅱ　オーストリア刑法典の基礎にある免責の基本的理解

1　議論の前提

　現在のオーストリア刑法典の基礎にある免責に関する議論を検討するにあたり、特に重要となるのが Nowakowski の見解である。Nowakowski は、1950年に公表した論文[223]において、性格責任論と結びつけつつ規範的責任論を深化させた。Nowakowski によれば、責任を構成する要素としては、①心理的責任、②規範的責任、③性格責任、④生物学的責任が挙げられるが、①から③までについては、刑罰の前提となる責任および保安処分の前提となる責任に共通するものと解しつつ、④については専ら刑罰の前提となる責任であるとして、両者を区別している[224]。

　①の心理的責任は、故意・過失といった、構成要件的不法の主観的反映として責任を基礎づけるものであり、刑罰・保安処分に共通する刑法的責任の基礎的条件となる。これに対して、④の生物学的責任は、刑罰を科すための責任、すなわち責任能力（答責能力[226]）である[225]。また、③の性格責任は、行為者の行為の人格相当性を問うものであって[227]、責任の加重あるいは減軽という観点からは極めて重要な役割を担う[228]。しかし、これらの責任については、オ

---

223)　Nowakowski, Das Ausmaß der Schuld, in: Perspektiven zur Strafrechtsdogmatik (1981), S. 135 ff. 初出は、Schweizerische Zeitschrift für Strafrecht 1950, S. 301以下である。

224)　Nowakowski, a. a. O.(Anm. 223), S. 156 ff.

225)　Nowakowski によれば、意思形成の瑕疵が行為者人格に存在する一定の特別な（生物学的）事実に帰属される場合には、答責能力が否定されるとする（vgl. Nowakowski, a. a. O.(Anm. 223), S. 155 f.）。

226)　オーストリア刑法11条では、「答責無能力（Zurechnungsunfähigkeit)」という概念が採用されている。

227)　犯罪行為に出るという誤った意思決断が、行為者の他者侵害的な人格に由来する場合には、責任が加重される。例えば、同じように万引きを行ったとしても、それが1回限りの「ふと魔が差した」ものによるのか、それとも他者侵害的な人格傾向に由来するのかによって、行為者の責任が軽減または加重される（vgl. Nowakowski, a. a. O.(Anm. 223), S. 152)。

228)　したがって、量刑事由においては特に重要な意義を有する（例えば、犯罪行為が「尊重すべき動機」に基づく場合に刑の減軽を認めるオーストリア刑法34条1項3号参照）。ただし、性格責任のみを理由として免責を認めることを Nowakowski は否定する（vgl. Nowakowski, a. a. O. (Anm. 223), S. 154 f.）。

ーストリア刑法における免責的緊急避難を理解するという本書の目的からすれば、ひとまず検討の対象から除外することが可能である。本書では以下、専ら②の規範的責任について、Nowakowski の見解を紹介・検討する。

2 規範的責任論

適法行為に出ることを行為者に期待できない場合には当該行為者を免責するとする規範的責任論の思想は、オーストリアにおいては、行為時における当該行為者に期待可能か否かという形では展開されていない[229]。むしろ、オーストリアにおいては、Nowakowski が提唱したように、当該行為者に対して期待し得るか否かではなく[230]、実定法が前提とする規範適合的人間（以下、「標準人（Vergleichsperson）」とする）に対して期待し得るか否かを問題とする標準人基準説が広く支持されるに至っている[231]。

Nowakowski によれば、行為者にとって可能であったか否かという点は責任能力（答責能力）において問題となるにすぎず、一旦答責能力が肯定された以上は、こうした行為者を基準とした非難可能性は問題とならない。むしろ、法的意味における責任については、客観的な基準、すなわち標準人基準が妥当する。そこで、このような標準人をどのようにして定めるのかが問題となるが、ここでいう標準人は自然科学的な方法論に基づく、統計的な通常性・平均性によって導かれるものではなく、あくまでも実定法の諸規定から導き出されるものである。また、特定の人的集団にのみ妥当する特別規定に

---

229) これに対して、我が国においては長らくこの点については争いがあり、既に佐伯千仭『刑法に於ける期待可能性の思想（上）』（有斐閣・1947年）（『佐伯千仭著作選集 第3巻 責任の理論』〔信山社・2015年〕に所収）がこの問題を詳細に扱っている。近時では、德永元「責任主義における期待可能性の意義について(1)」九大法学107号（2013年）11頁以下。

230) Nowakowski によれば、決定論に依拠する限りは当然ながら、決定論に依拠しない場合であっても、行為者標準説を採ることはできないとされる。また、犯罪行為時の行為者にとっては不可能であったとしても、そこに至る過程で誤った決断を当該行為者が過去に行ったことに対して責任を求める行状責任（あるいは人格形成責任）（Lebensführungsschuld）についても、決定論の立場からは支持し得ないとする（Nowakowski, a. a. O.（Anm. 223）, S. 140 f.）。このような非決定論・意思自由論と Nowakowski の責任論との関係については、Moos, Der Schuldbegriff im österreichischen StGB, in: Festschrift für Otto Triffterer（1996）, S. 180以下参照。

231) Vgl. Moos, a. a. O.（Anm. 219）, § 4 Rz. 64 ff.

ついても無視することはできない。[232]このように実定法において想定されている標準人は、行為者の年齢・性別・健康状態・体力・知的能力[233]といった行為者の身体的属性によって個別化して設定されるものである。

これに対して、特定の状況下での行為者の人格または性格における反応のあり方は、法的評価の対象となるものであって、標準人を仮設する際には考慮されない。例えば、行為者の感性、価値観、意欲や衝動[234]については、標準人を設定する際には考慮されない。[235]したがって、例えば、行為者が異常な性的衝動に抗えずに当該行為に出たとしても、標準人においてはかかる衝動は前提とされず、標準人にとっては行為者の反応は理解可能（verständlich）ではないと判断され、行為者に対しては免責・刑の減軽がなされないことになる。[236]

以上のような形で設定された標準人に対して期待し得ることは、行為者に対しても期待し得ることになる。標準人であれば行為者のような反応はしないのが当然であればあるほど、行為者の責任は加重されることになるし、逆に、行為者の反応が標準人にとって理解可能であればあるほど、行為者の責任は軽減され、免責に至る。[237]

また、行為者の最終的な決断や当該行為自体は理解可能であるとしても、そうした反応に至る動機が標準人にとっては理解可能ではない場合もある。例えば、自分の子どもが飢えているために、それを助けようという動機から食料品店で窃盗を働く場合と、同じく自分の子どもが飢えており、食料品店

---

232) 例えば、実定法は、消防士や警察官といった特定の人的グループに属する人間に対しては一般市民に対するのとは異なる要求をしている。こうしたことから分かるように、実定法においては、既に一定の属性による類型化の志向が存在する（vgl. Nowakowski, a. a. O.（Anm. 223）, S. 143）。

233) ただし、厳密にいえば、Nowakowski は知的能力を身体的属性に明確に位置づけているわけではなく、年齢などの他の身体的属性と同様に、標準人を仮設する際に行為者の知的能力が前提とされると述べているだけである（vgl. Nowakowski, a. a. O.（Anm. 223）, S. 144）。

234) 判例は、行為者の内的衝動による興奮を、オーストリア刑法旧2条g号における「抵抗できない強制」を基礎づけず、あくまでも外的な事情に基づく期待可能性が問題となるとの理解を明示している（vgl. 1 Os 14/49 (vom 17.06.1949); 9 Os 157/70 (vom 28.01.1971)）。

235) Nowakowski, a. a. O.（Anm. 223）, S. 144 f. というのは、かかる事情は既に責任能力判断で考慮されているからである（vgl. Steininger, Strafrecht Allegemeiner Teil Band I 2. Aufl. (2013), 15/3; Fuchs, a. a. O.（Anm. 217）, 24/5）。

236) Vgl. Nowakowski, a. a. O.（Anm. 223）, S. 145.

237) Nowakowski, a. a. O.（Anm. 223）, S. 145.

で窃盗を働いたが、その動機は、子どもには関心がないものの、放っておくと妻が激しく怒るからであった場合とを比較すると、いずれの事例でも行為者の最終的な行為は同じであるが、前者は免責や刑の減軽に値し、後者は値しない。というのは、後者の場合には、行為者が困窮を理由として窃盗を行うことを決断したわけではなく、行為者が当該行為に出た動機が標準人からして理解しがたいからである。すなわち、標準人からしても当該行為に出るような動機に基づいて行為者が当該行為に出た場合であって初めて、行為者が免責・刑の減軽がなされる。前述の事例でいえば、子どもが飢えそうであるという困窮状態を動機として行為者が窃盗を働いた場合にのみ、行為者に免責・刑の減軽がなされることになる。さらに、行為者自身は当該状況を困窮だと考えて窃盗に及んだものの、標準人であればそのように考えないという場合にも、なお行為者は免責・刑の減軽に値しない[239]。

　情動についても、以上のことが同様に妥当する。すなわち、行為者が激しい情動によって当該行為に出た場合には、標準人であっても同様の情動に駆られるであろう場合にのみ、行為者は免責・刑の減軽がなされる。仮に行為者が内心では冷静であった場合には、当該情動を理由として当該行為に出たわけではないため、免責・刑の減軽は否定される。また、行為者が、標準人からしても当該行為に出るような情動に基づかずに当該行為に出ることを決断した場合には、そうした決断や当該行為自体は標準人からしても理解可能であったとしても、なお行為者は免責・刑の減軽がなされないことになる[240]。

3　小　　括

　オーストリアでは、以上で検討した規範的責任論を反映した形で免責をめぐる判例・学説が深化し、その後、1974年の刑法改正において、免責的緊急避難の規定に結実する。以下では、こうした規範的責任論の判例・立法にお

238）　ここで Nowakowski は、困窮を理由として価値の僅少な物を盗んだ場合に類型的に軽い法定刑（300マルク以下の罰金又は 3 月以下の拘禁刑。なお、通常の窃盗罪は 5 年以下の拘禁刑〔ドイツ刑法旧242条〕である）を規定するドイツ刑法旧248条 a を挙げている（Nowakowski, a. a. O.（Anm. 223）, S. 148）。

239）　Nowakowski, a. a. O.（Anm. 223）, S. 148 f.

240）　Nowakowski, a. a. O.（Anm. 223）, S. 149.

ける受容を概観しつつ、免責的緊急避難の具体的な要件解釈を検討する。

Ⅲ　免責的緊急避難（オーストリア刑法10条）の要件解釈

1　概　説

⑴　規範的責任論の受容

オーストリアにおいては、規範的責任論が免責的緊急避難（オーストリア刑法旧2条g号）をめぐる判例において明示的に受容されている。被告人である15歳の少女が窃盗を行った事案において、第1審判決は被告人の免責を否定したところ、被告人は、①養父が日頃から酒を飲んでは自分の要求に従わないと被告人に対して虐待を行っており、かつ、②被告人は身体的・精神的に虚弱であり、したがって、養父の命令に逆らうことは期待し得なかったとして、オーストリア刑法旧2条g号が成立する旨を主張して上告した。

これに対してオーストリア最高裁判所は、明示的にNowakowskiの教科書[241]を引用した上で、オーストリア刑法旧2条g号にいう「抵抗できない強制」は、「基準人（der maßstabgerechte Mensch）」であっても犯行を決意するような状況および動機の下で当該犯行がなされた場合に肯定されるとし、行為者の年齢、社会的関係や身体的・精神的抵抗力を前提として、基準人を具体的に定める必要がある旨判示した。そして、本件では、被告人のこうした状況、特に被告人に対する養父による暴力がどのようなもので、養父の要求に逆らった場合にはいかなる害悪が想定可能かについて十分に認定されていないとして、破棄差戻しとした。[242]

また、免責的緊急避難（オーストリア刑法10条）に関する1974年改正における政府法案の解説[243]は、明示的にこの判例を引用した上で、政府法案はこうした規範的責任論に従いつつ、免責的緊急避難の個々の要件を具体化するものであると述べている。[244]

---

241)　Nowakowski, Das österreichische Strafrecht in seinen Grundzügen (1955), S. 77.

242)　SSt 29/83=8 Os 273/58 (vom 01.12.1958).

243)　なお、政府法案の元になっている刑法委員会草案の作成については、Nowakowskiも委員として参加していた（vgl. EBRV 1971, 52f.）。

244)　EBRV 1971, 73. Vgl. Moos, a. a. O. (Anm. 219), §10 Rz. 50.

このように、ドイツとは異なり[245]、オーストリアにおいては、規範的責任論は判例によって支持され、刑法典に明文の根拠を有する理論であり、オーストリア刑法の基底的な思想の1つとして確固たる地位を占めている。したがって、免責的緊急避難の各要件を検討するにあたっても、こうした規範的責任論の観点を考慮する必要がある。

(2) 条文の基本構造と適用範囲

(a) **基本構造**　オーストリア刑法10条の基本構造は、大要以下のようにまとめられる。

a) 客観的要件：緊急避難状況に関連する要件

―自己または他人に対する直接的に迫った重大な不利益

―意識的自己危殆化の不存在

b) 客観的要件：避難行為に関連する要件

―避難行為の適格性

―避難行為の補充性

―損害の不均衡さの不存在

―期待可能性

c) 主観的要件：避難意思

本条をみれば明らかなように、本条が規定する免責的緊急避難を特徴づけるのは、「法的に保護された価値に拘束される、行為者の状況に置かれた人間」という標準人基準に基づく期待可能性要件である。この期待可能性要件は、本条が拠って立つ免責の本質が規範的責任論（期待可能性論）にあることを明示するものである[246]。

それでは、期待可能性以外の他の要件は、規範的責任論とどのような関係に立つのであろうか。以下では、本条の具体的な要件解釈について検討を加えることにするが、それに先立って、本条の適用範囲について論じることにする。

---

245)　Vgl. Eisele, in: Schönke/Schröder Strafgesetzbuch Kommentar 29. Aufl. (2014), Vor §13 ff. Rn. 116; Moos, a. a. O.（Anm. 219）, §10 Rz. 60 ff.

246)　EBRV 1971, S. 73.

92　第1章　ドイツ語圏における緊急避難規定

(b)　適用範囲　　オーストリア刑法10条には明示的な規定はないものの、旧規定である2条g号[247]と同様、適用範囲が故意犯に限られるとするのが立法者意思であり[248]、かつ通説である[249]。その理由としては、①10条1項では、不利益を「避けるため」に違法な行為が行われることが要求されており、目的的な行為が前提とされていること、および②10条2項2文では錯誤に関する規定が存在することが挙げられる[250]。

なお、このような理解を採用しても、過失犯を規定するオーストリア刑法6条においては、行為者に期待可能な注意を当該行為者が怠った場合にのみ過失犯処罰を肯定しているため、10条を適用せずとも足りるとされている[251]。

2　緊急避難状況

免責的緊急避難の各要件のうち、緊急避難状況に属するのは、「自己又は他人に対する直接的に迫った重大な不利益」である。条文上は、「自己又は他人に対する直接的に迫った重大な不利益を避けるため」という目的規定となっているが、こうした状況が客観的に存在することを要求する点で、政府法案の解説[252]、判例[253]・学説[254]は一致している。また、「自己又は他人に対する直接的に迫った重大な不利益」が存在すれば、原則として緊急避難状況は存在するが、行為者が意識的に法益侵害の危険に臨んだ場合には、例外的に緊急避難状況の存在が否定される（オーストリア刑法10条2項）。

---

247)　1852年オーストリア刑法は、2条で「故意が否定される事由」を列挙しており、2条g号もその1つである。とはいえ、そこで列挙されている事由の中には、今日からすればおよそ故意の存否とは無縁なものもある。例えば、2条g号では、正当防衛についても規定されているが、現在では正当防衛は違法阻却事由として認められており、かつ、オーストリアにおいても、原則として、過失行為であっても正当防衛の適用があるとされている（vgl. Steininger, a. a. O.（Anm. 235), 11/46)。したがって、旧規定を援用することで、故意犯に適用を限定するとの見解を基礎づけることはできないであろう。

248)　EBRV 1971, S. 76.

249)　Moos, a. a. O.（Anm. 219), § 10 Rz. 26.

250)　Steiniger, a. a. O.（Anm. 235), 15/5: Moos, a. a. O.（Anm. 219), § 10 Rz. 26.

251)　Moos, a. a. O.（Anm. 219), § 10 Rz. 26 ff.; Höpfel, in: Wiener Kommentar 2. Aufl.（2014), § 10 Rz. 23.

252)　EBRV 1971, S. 74.

253)　SSt 47/75=Evbl 1976/186（vom 09.12.1975).

254)　Moos, a. a. O.（Anm. 219), § 10 Rz. 68.

(1) 自己または他人

(a) **個人的法益への限定** 本条で保全される法益は、個人的法益に限定されるとするのが政府法案の解説および判例の立場であり、学説も、「自己又は他人」との文言は、個人的法益に限定する趣旨であると解するのが通説的理解である。

また、個人的法益である限り、あらゆる法益が本条の保全法益となる。立法段階では、正当防衛が可能な法益のみを本条の保全法益とすべきとの少数意見も出されたが、多数意見はこれを退け、最終的に、あらゆる個人的法益を保全法益とすることになった。正当防衛とは異なり、免責的緊急避難については、問題となる緊急状況においては標準人であっても当該行為に出ることが動機づけられるか否かという規範的責任の観点のみが決定的であり、保全法益に限定を付す必要がないというのがその理由である。学説においても、あらゆる個人的法益が保全法益になり得ると解されている。

判例においては、談合罪の成否が問題となったところ、被告人側が、カルテルをしなければ会社の経営が悪化して倒産し、それに伴って職を失うため、緊急避難状況が存在するとして本条の成立を主張したという事案がある。これに対して、オーストリア最高裁は、被告人が主張するような利益が保全法益には該当しないという理由からではなく、会社が倒産する現在の押し迫った危険が存在しないとの理由によって本条の成立を否定している。また、Wien 市の公共事業に関する加重詐欺罪（オーストリア刑法147条1項1号、3

---

255) EBRV 1971, S. 75. 国家的法益を保持するための緊急避難が刑事実務で濫用的に主張されてきた歴史を考慮したというのがその理由である。
256) 15 Os 50/92=SSt 61/99 (vom 14.05.1992).
257) Moos, a. a. O. (Anm. 219), §10 Rz. 64; Steininger, a. a. O. (Anm. 235), 15/8.
258) これに対して、正当防衛（オーストリア刑法3条）では、保全法益は「生命、健康、身体の完全性、自由及び財産」に限定されている。なお、ドイツ刑法における免責的緊急避難（ドイツ刑法35条）では、保全法益は「生命、身体及び自由」に限定されている。
259) この理由づけを徹底して、個人的法益以外の法益であっても保全法益に含まれるとするものとして、Höpfel, a. a. O.(Anm. 251), §10 Rz. 11参照。
260) EBRV 1971, S. 74 f. 立法趣旨では、名声や家族法上の利益に対する危険についても、避難行為を動機づけるものとなり得るとされている。
261) Steininger, a. a. O.(Anm. 235), 15/8.
262) 12 Os 107/01 (vom 05.12.2002).

94 第1章 ドイツ語圏における緊急避難規定

項）の成否が問題となったところ、被告人が、当該犯行を行うべしとの上司の命令に従わなかったとすれば解雇の危険性があったとして本条の成立を主張した事案においても、オーストリア最高裁は、かかる解雇による経済的不利益が直接的であったとはいえないとして、本条の適用を否定している[263]。このように、判例においても、個人的法益であればまずは保全法益として認めた上で、当該法益への危険の直接性や不利益の重大性を検討するというプロセスが採用されているものと思われる[264]。

　(b) 他人の法益（緊急救助の人的範囲）　本条1項は、「自己又は他人」に対する不利益と規定しており、「他人」の範囲に特段の限定が付されていない。政府法案の解説には、一見すると近親者に限定されるかのような記述があるものの[265]、司法委員会の報告書では、そのような限定は政府法案や司法委員会の意図するところではない旨が明示的に確認されており[266]、判例[267]や学説[268]においても受け容れられている。

　前述のように、ドイツ刑法35条1項が規定する免責的緊急避難においては、他人一般の緊急救助は認められておらず、「親族又はその他の自己と密接な関係にある者」の救助のみが免責の対象とされる[269]。オーストリア刑法10条がこのような限定を付さない法政策的な理由としては、①客観的には、（親族であるか否かを問わず）「緊急状況にある人間」に対して同胞的な連帯において緊急救助を行っている点が[270]、②主観的には、具体的な行為事情の下におい

---

263)　14 Os 79/00 (vom 7.11.2000).

264)　判例は、経済的な不利益に関して不利益の重大性や危険の直接性を厳格に検討するため、結論としては経済的不利益を回避するための緊急避難を否定していると分析するものとして、Kienapfel/Höpfel/Kert, Strafrecht Allgemeiner Teil 15. Aufl.(2016), Z 20 Rz. 12参照。

265)　EBRV 1971, S. 74.

266)　JAB 959 BlgNR XIII. GP S. 3.

267)　12 Os 121/82 (vom 17.05.1983); 15 Os 50/92=SSt 61/99 (vom 14.05.1992).

268)　Moos, a. a. O. (Anm. 219), §10 Rz. 65; Steininger, a. a. O.(Anm. 235), 15/17.

269)　ドイツにおいては、第1章第2節Ⅳ3(5)〔本書59頁〕で論じたように、免責的緊急避難において免責を基礎づける心理的圧迫は、主として危険に直面した者の親族あるいはその他の密接な関係にある者においてのみ生じると解されているからである（vgl. BT-Drucks. Ⅳ 650/161)。免責に至るような心理的圧迫をもたらすのは、自己保全衝動に比肩するような衝動、すなわち、近親者などを保護する衝動に限られるという発想といえる（vgl. RGSt 66, 397)。

270)　この点を説明するために援用されるのが、「隣人の家の壁が燃えているとき、それはあなたの

て、他人の緊急状況に対する同情心から、当該状況を自分に対する出来事であるかのように捉えてしまうという情動的状態に陥ることがあり得る点が挙げられている。[271]

本条が前提とする規範的責任論の立場からすれば、標準人であっても一定の状況では他人のための避難行為に出ることが一律に否定されるとはいえず、必ずしもドイツ刑法35条のように予め人的範囲の限定を設ける理由はない。[272] ただし、親族などの自己に密接な関係にある者が危険に晒されている場合には、赤の他人が危険に晒されている場合に比して、標準人の立場からしても避難行為に出ることが理解可能である、すなわち期待可能性要件を充足しやすいといえる。[273]

ドイツ刑法のように、明文で人的範囲を限定したにもかかわらず、なお生じる不都合を避けるために、一定の人的範囲に属さない場合にも超法規的な免責的緊急避難の成否を問題とするというあり方と比較しても、オーストリア刑法のように、予め人的範囲を明確には定めず、最終的には期待可能性条項による判断に委ねるという規定の仕方には、十分な合理性があるといえよう。[274]

(2) 重大な不利益

政府法案の解説においては、些細な不利益が問題になるにすぎない場合、標準人であれば違法な行為を行うことで当該不利益を回避するのではなく、むしろそうした不利益を甘受するであろうから、このような場合に免責を認めることはできないとして、不利益が重大であること（bedeutend）を要求すべきとの立法理由が述べられている。[275]

学説においては、正当防衛（オーストリア刑法 3 条 1 項）においても、被侵害者について「単に些細な不利益」が問題になるにすぎない場合（いわゆる

　問題である」（„Nam tua res agitur, paries cum proximus ardet.“）という Horatius の言葉である（vgl. Moos, a. a. O.（Anm. 219），§ 10 Rz. 65）。

271)　Moos, a. a. O.（Anm. 219），§ 10 Rz. 65.

272)　Vgl. Moos, a. a. O.（Anm. 219），§ 10 Rz. 65.

273)　Höpfel, a. a. O.（Anm. 251），§ 10 Rz. 9.

274)　Vgl. Schönke/Schröder/Lenckner/Sternberg-Lieben, a. a. O.（Anm. 73），Vor §§ 32 ff. Rn. 115.

275)　EBRV 1971, S. 73 f.

96　第1章　ドイツ語圏における緊急避難規定

軽微防衛）には正当防衛の成立が否定されることからすれば、違法な行為を
前提とする免責的緊急避難においてはなおさら、保全法益に対する侵害の程
度につき一定の限定を付す必要があると解されている。[276]

　判例においては、公共事業の発注を受けるために公務員に対して賄賂を贈
ったとして、贈賄罪（オーストリア刑法307条）および背任罪（同153条1項）
の成立が問題となったところ、被告人が、自己の所属する会社は過去に公共
事業の受注に失敗しており、公務員への贈賄をしなくては公共事業の受注を
獲得できず、受注がなければ会社の重大な経済的利益や従業員の職が失われ
る恐れがあったとして、免責的緊急避難を主張した事案で、オーストリア最
高裁は、特定の大型受注に参加できないことによる売上げの損失は、一定の
期間にわたって企業の全体的な経済状況の悪化をもたらす場合には、事情に
よっては「重大な不利益」といい得ると判示している。[277]

　また、判例においては、犯罪を行った者が刑事訴追・処罰を免れるために
さらなる犯罪を行う事案に関して、一貫して免責的緊急避難が成立しない旨
の判断が示されている。例えば、自動車事故を偽装して複数回の保険金詐欺
を行ったとして加重詐欺罪（オーストリア刑法146条、147条3項）で訴追され
た被告人が、共犯者から「全てをぶちまけられたくなかったら、最後にもう
一度保険金詐欺に協力しろ」と脅迫を受けたためにかかる犯行を行ったとし
て免責的緊急避難の成立を主張したのに対して、オーストリア最高裁は、正
当に存在する国家刑罰権の執行は緊急避難状況を基礎づけ得ない旨判示して
いる。[278]また、学説においては、犯人や被疑者は、刑事訴訟法が予め規定する
種々の権利を行使することはできるが、それ以外に、本当は無実であるとい
う理由で処罰から免れようとした場合に免責的緊急避難を主張することはで
きず、国家刑罰権の正当な行使を甘受しなければならないと解されている。[279]

---

276)　Moos, a. a. O. (Anm. 219), §10 Rz. 66.
277)　12 Os 121/82 (vom 17.05.1983).
278)　9 Os 136/78 (vom 14.11.1978).
279)　Höpfel, a. a. O. (Anm. 251), §10 Rz. 22.

第4節　オーストリアにおける緊急避難規定　　*97*

(3)　直接的な危険 [280]

(a)　**危険の直接性**　　危険の直接性とは、政府法案の解説によれば [281]、危険が心理的に極めて押し迫っている（eindrücklich）状況を指す。危険が心理的に押し迫っていない場合には、行為者に対しては、なお他人に法益侵害を転嫁しないことを期待し得るからである [282]。こうした切迫性は、一方では心理的な切迫性として理解されるが、心理的切迫性は、客観的にみて危険が切迫していることの主観的な反映であるともいえる。このような観点からは、むしろ客観的に危険が押し迫っているか否かという時間的切迫性が判断基準とされることになる [283]。なお、学説においては、こうした危険の直接性につき、更なる事情が介在しなくとも、危険が結果に転化する状況が迫っており、行為者にとっては、客観的には、不利益を甘受しないのであれば、直ちに避難を行うより他に手段がない場合、すなわち、いつでも現実化し得るような潜在的な継続的危険がある場合も含まれると解するものもある [284][285]。

判例においては、政府法案の解説と同様に、危険の直接性については、危険が心理的に極めて押し迫った状況と解されているが [286]、その判断においては、害悪の時間的な切迫性が考慮されている [287]。談合罪に問われた被告人が、カル

---

280)　オーストリア刑法10条1項の条文においては「危険」という文言は用いられていないものの（ただし、2項では「危険」という文言が用いられている）、オーストリアにおいては、直接性要件は、危険の直接性として解されている（vgl. Moos, a. a. O. (Anm. 219), §10 Rz. 68; Höpfel, a. a. O.(Anm. 251), §10 Rz. 7)。

281)　EBRV 1971, S. 74.

282)　EBRV 1971, S. 74.

283)　正当防衛における侵害の直接性については時間的切迫性が要求され、被害者が睡眠中の場合にはおよそ正当防衛が認められず、かつ正当化的緊急避難においても正当防衛と同様の危険の直接性が要求される。さらに、正当化的緊急避難と免責的緊急避難においても、直接性要件は同様に解されている。その結果、DV反撃殺人事例ではDV加害者である殺人の被害者が睡眠中であった以上、殺害行為を行ったDV被害者については、正当防衛、正当化的緊急避難および免責的緊急避難のいずれも認められないという帰結に至ることになる（vgl. Steininger, a. a. O.(Anm. 235), 11/18, 11/55, 15/9; Höpfel, a. a. O.(Anm. 251), §10 Rz. 7)。これに対して、正当防衛に比べて免責的緊急避難における時間的制約は大幅に緩やかであると指摘するものとして、Kienapfel/Höpfel/Kert, a. a. O.(Anm. 264), Z 20 Rn. 14を参照。

284)　継続的危険についての詳細は、第1章第2節Ⅲ2〔本書19頁以下〕参照。

285)　Moos, a. a. O. (Anm. 219), §10 Rz. 71. Siehe auch 15 Os 41/89 (vom 20.03.1990).

286)　12 Os 107/01 (vom 05.12.2002).

287)　SSt 47/75=Evbl 1976/186.

テルに参加しなければ会社の経営が危うくなり、職を失うと主張した事案で、前述の通り、オーストリア最高裁は、会社が倒産する現在の押し迫った危険は認定し得ないとして、免責的緊急避難の成立を否定している。[288]

また、判例においては、しばしば危険の直接性が、手段の補充性と連動した形で判断されている。被告人が自分の妻と他人との電話での会話を盗聴するために、自宅の電話機に録音機を設置した行為が録音機の不正使用（オーストリア刑法120条1項）にあたるかが問題とされた事案で、オーストリア最高裁は、見知らぬ第三者からの電話にしばしば脅かされていたために、当該第三者と自分の妻との電話での会話を録音しようとしたとの理由で、被告人が免責的緊急避難の成立を主張したのに対して、当該危険があり得るとしても、それは押し迫ったものではないため、他の手段によっても回避し得たであろうとの理由づけをも示して、免責的緊急避難の成立を否定している。

(b) **近時の裁判例**　以上で述べた判例の2つの傾向を如実に示したものとして興味深いのが、2013年に Linz 上級地方裁判所によって示された判断である。[289]被告人は、内戦下のシリアから脱出し、トルコやリビアを経由してドイツに入国することを試みるも失敗し、その後、オーストリアに入国することを試みて、偽造パスポートをウィーンの入国管理官に呈示したとして、偽造文書行使罪（オーストリア刑法223条2項、224条）により訴追された。これに対して、第1審は構成要件該当性を認めつつ、免責的緊急避難の成立を肯定したため、検察官が控訴した。

Linz 上級地方裁判所は、大要以下の理由づけにより、第1審判決を破棄して差し戻した。すなわち、オーストリア刑法10条の「危険の直接性」は、免責的緊急避難の本質的要素に属する。というのは、行為者に（当該脅威によるものとは）別の心理的圧迫が問題となる場合には、行為者は他人の法益を犠牲にすることなく当該脅威から逃れることが要求されるからである。そして、本件では、被告人は、シリアに居住している時点では内戦のために身体の完全性やあるいは生命も脅かされていたとしても、数か月間滞在したトルコや数日間滞在したリビアにおいて、かかる具体的危険が存在したとは十

---

288) 12 Os 107/01 (vom 05.12.2002).

289) 7 Bs 185/13z (vom 04.10.2013).

分に示されていない。トルコにおいてシリア難民として不利益な扱いを受けたということからは、危険の直接性を導くことはできない。

　(c)　**判例の分析**　Linz 上級地方裁判所2013年判決は、危険の現在性を判断するにあたり、行為者が他人の法益を侵害することなく危険から逃れることを要求する点で、従来からの判例と同様に、補充性と連動した形での判断を行っている。学説は、こうした判例のあり方について、危険の現在性と手段の補充性とを混同していると批判するもの[290]と、逆に、両者が密接な関係を有することを正面から認めるもの[291]とに分かれる。

　ドイツにおいても、危険の現在性と手段の補充性とは密接な関係にあることを認める見解が有力であり[292]、判例のような理解にも理由があろう。とはいえ、両要件を完全に同一の判断に属するものとすれば、いずれか一方の要件は不要になるのではないかとの疑問も生じるところであり、両要件を明確に区別することが必要となろう。

　次に、Linz 上級地方裁判所2013年判決が、従来の判例と同様に、当該脅威が心理的に切迫しているからこそ当該犯行に出たという点を要求するのは、まさにオーストリアにおける規範的責任論の一貫した帰結といえる。というのは、当該脅威を動機・理由として当該犯行に出たからこそ、標準人にとってもそうした経緯が理解可能だからである。この意味で、判例がいうように[293]、危険の現在性は免責的緊急避難の本質的要素である。法益侵害の危険が避難行為の動機・理由となることを基礎づける要素として、危険の直接性、すなわち危険の心理的切迫性が要求されており、こうした心理的切迫性を判断する基準として、危険が現実に差し迫っているかという時間的切迫性の観点が考慮されている、と分析することができよう。

　(4)　**法秩序に是認されない意識的自己危殆化**

　「自己又は他人に対する直接的に迫った重大な不利益」が存在すれば、原則として緊急避難状況にあるといえるが、例外的に、法秩序によって是認さ

---

290)　Höpfel, a. a. O.(Anm. 251), §10 Rz. 7.
291)　Moos, a. a. O.(Anm. 219), §10 Rz. 72.
292)　Lenckner, a. a. O.(Anm. 27), S. 78 f.
293)　Vgl. 14 Os 31/90 (vom 03.07.1990).

100　第1章　ドイツ語圏における緊急避難規定

れる理由なく行為者が意識的に危険に臨んだ場合には、免責は否定される
（オーストリア刑法10条2項）。本項は、1項の規定する緊急避難状況が例外的
に否定される事由といえる。[294]

　本項では、あくまでも意識的に危険に臨んだ場合、すなわち、認識ある過
失や故意のような一定の心理的関連性がある場合のみが捕捉されており、危
険だとは知らずに軽率に（leichtsinnig）危険に臨んだような場合には、たと
え行為者がその後に危険だと分かったとしても、なお免責的緊急避難の適用
の余地がある。[295] また、法秩序によって是認された目的で自ら危険に臨んだ者、
例えば警察官や消防士といった者については、なお免責的緊急避難の適用の
余地がある。かつては、消防士のように危険に臨むことが義務づけられてい
る者については免責的緊急避難の適用が否定されていたが、今日ではこうし
た自己犠牲を要求する見解は支持されていない。[296] もちろん、消防士のような、
危険に対処する一定の法的義務を負う者については、その他の者に比して一
層の勇敢さが求められるため、可能な限り危険を耐え忍ぶ必要があるが、そ
れにも人間的な限界があり、死の危険が生じるような場合には、免責的緊急
避難の適用が肯定され得る。[297]

　判例においては、大麻の密輸に関わった被告人が、大麻の密輸行為から手
を引かないように背後の黒幕から脅されていたとして免責的緊急避難の成立
を主張した事案がある。オーストリア最高裁は、本件について、被告人が組
織の指示により包括的な麻薬密輸に携わることを認識しつつ、報酬を受け取
って使い果たしている点を挙げて、被告人は組織から更なる犯罪への関与を
命じられる危険性に自ら臨んだものといえ、たとえ法的に保護された価値に
拘束された人間でも同じような行動に出たとしても、なお免責的緊急避難は
成立しないと判示した。[298]

294）　Moos, a. a. O. (Anm. 219), §10 Rz. 73.

295）　Höpfel, a. a. O.(Anm. 251), §10 Rz. 20. ただし、この点については、自己が責を負うべき危
　　　険の惹起との関係で、より広範に免責を否定する見解もあり、なお見解の一致をみていない（vgl.
　　　Moos, a. a. O. (Anm. 219), §10 Rz. 74 ff.）。

296）　Höpfel, a. a. O.(Anm. 251), §10 Rz 20 f.

297）　Moos, a. a. O. (Anm. 219), §10 Rz. 77.

298）　9 Os 86/79 (vom 18.09.1979).

このように、本要件は、たとえ避難行為それ自体に着目すれば標準人にとって理解可能であるとしても、なおそのような避難行為に至る事前のプロセスに着目して免責を否定するものと分析できる。

なお、法秩序によって是認される理由なく意識的に危険に臨んだとして免責的緊急避難の適用が否定されたとしても、規範的責任論の基本的思想により、量刑事由（オーストリア刑法32条2項）において、特別の減軽事由（オーストリア刑法34条1項）として考慮される余地はある。その限りでは、危険を惹起した場合に免責的緊急避難の成立を否定しつつ、任意的減軽を認めるドイツ刑法35条1項2文後段や、同様の場合に必要的減軽を規定するスイス刑法18条1項と軌を一にするものといえよう。

3 避難行為

緊急避難状況が肯定された場合に問題となるのは、行為者の行った違法な行為が避難行為と評価されるか否かである。条文上は必ずしも明確に規定されていないが、ここでは、①避難行為としての適格性、②避難行為の補充性、③避難意思が問題とされる。なお、期待可能性や不均衡条項についても、避難行為に属するものとして論じられるのが一般的ではあるが、それぞれ独自の問題があるため、本書では避難行為とは別に検討を加えることにする。

⑴ 適格性

避難行為としての適格性は、危険を現実に回避できた場合には当然認められるが、危険を現実には回避できなかった場合にはその有無が問題となる。避難するという動機のみでは、免責という効果をもたらすには足りず、避難行為が危険の回避に適したものでなければならない。すなわち、行為者の動機は確かに標準人からして理解可能であっても、当該避難行為自体が標準人にとって理解しがたいという場合には、免責的緊急避難の成立が否定される。

このような避難行為の適格性は、行為者の立場に立った合理的第三者の視

299）　Höpfel, a. a. O.(Anm. 251), § 10 Rz. 20.
300）　Vgl. Moos, a. a. O. (Anm. 219), § 10 Gliederung; Kienapfel/Höpfel/Kert, a. a. O.(Anm. 264), Z 20 Inhaltsübersicht.
301）　Moos, a. a. O. (Anm. 219), § 10 Rz. 93.

点から事前的に判断される。すなわち、当該手段が相対的に不能である場合には、なお手段としての適格性は肯定されるが、絶対的に不能である場合には否定される。[302)

(2) 補充性

オーストリア刑法10条を制定する過程においては、当該避難行為の他に不利益を避ける手段が存在しない場合、すなわち補充性を充たす場合にのみ免責を認めるべきであるとする少数意見が退けられ、最終的に補充性要件は規定されなかった。その理由として政府法案の解説で挙げられたのは、①補充性要件を規定すると、正当防衛による回避が行為者に要求されることになるが、それは行為者にとって負担になる場合があること、他方で、②標準人であれば、正当防衛によって不利益を回避し得るのであれば、通常はその方法を取ると評価し得るため、期待可能性要件において問題を解決することが可能であることである。[303)

判例においては、既に危険の直接性の項で検討したように、一方では危険の直接性を手段の補充性と連動させた形で判断しているが、他方で、期待可能性の要件においては、標準人を基準として他になし得る手段の有無を客観的に判断しており、実際には補充性を要求しているに他ならない。[304)例えば、カルテルに参加した被告人について談合罪の成否が問題となった事案において、オーストリア最高裁は、企業間の競争によって生じると懸念される影響は、他の方法によっては対処し得なかったとはいえないとして、オーストリア刑法10条の期待可能性要件が充足されていないとした。[305)

また、被告人Xが、被告人Yと共同して住居侵入窃盗を行ったが、XはYに脅迫されて当該犯行に加担したにすぎず[306)、免責的緊急避難が成立すると主張した事案において、オーストリア最高裁は、本件の脅迫で問題となる危険は警察の救助を求めることで対処することが可能であったため、免責的緊

---

302)　Moos, a. a. O. (Anm. 219), §10 Rz. 93.

303)　EBRV 1971, S. 75.

304)　12 Os 144(145)/96 (vom 12.12.1996).

305)　12 Os 107/01 (vom 05.12.2002).

306)　脅迫の内容としては、「もしXが協力しないなら、Xの妻の職場に電話を掛けて、Xは4年間刑務所にいたと告げるぞ」というものであり、また、XはYにナイフで脅迫もされた。

急避難は成立しない旨判示している。[307]

　なお、学説においても、立法趣旨に従って補充性を厳格には要求しないと[308]しつつ、実際上は判例と同様に補充性判断を行う見解が有力である。[309]

(3)　避難意思

　政府法案の解説においては、免責的緊急避難の要件として危険を避ける目的が必要であり、不利益を「避けるために（um...abzuwenden）」との文言はその趣旨を示しているとされている。[310]学説においても、正当防衛や正当化的緊急避難とは異なり、免責的緊急避難では危険を避ける目的・意図まで要求する見解が通説的である。[311]

　このような限定的な解釈が採られる根拠としては、規範的責任論が挙げられる。すなわち、規範的責任論によれば、緊急状況による心理的な圧迫を理由として行為者が避難行為に出た場合であって初めて、標準人からしても理解可能な動機に基づいて避難行為に出たと評価できるとして、行為者の免責が肯定されることになる。避難目的・意図は、緊急状況を理由として避難行為を行ったと判断するための要件といえる。[312]

　判例においては、組織の一員として重強盗致傷（オーストリア刑法143条2項）に関与したとして起訴され、有罪判決を受けた被告人が、自己よりも組織で上位の立場にいた者Aから命令を受けたために強盗を行ったのだとして「命令による緊急避難（Befehlnotstand）」の成立を主張した事案で、オーストリア最高裁は、Aの命令に表れた自分に対する信頼を誇らしく思ったとの被告人の供述からは、被告人の意思を曲げて犯行をさせるような不利益の存在を認定することはできないとして、免責的緊急避難の成立を否定した。本件では、重大な不利益自体が存在しないとされているが、Aの命令による

---

307)　13 Os 135/79=SSt 50/69 (vom 15.11.1979).

308)　特に重視されるのは、正当防衛による対抗が補充性要件の下で要求されると、標準人を基準とすると期待できないような危険の負担を行為者に強いることになるという点である（vgl. Moos, a. a. O. (Anm. 219), §10 Rz. 95）。

309)　Fuchs, a. a. O. (Anm. 217), 24/18; Moos, a. a. O. (Anm. 219), §10 Rz. 94 ff.

310)　EBRV 1971, S. 76.

311)　Steininger, a. a. O. (Anm. 235), 15/17; Moos, a. a. O. (Anm. 219), §10 Rz. 137 ff.; Höpfel, a. a. O. (Anm. 251), §10 Rz. 8.

312)　Fuchs, a. a. O. (Anm. 217), 24/22; Steininger, a. a. O. (Anm. 235), 15/17.

104　第 1 章　ドイツ語圏における緊急避難規定

心理的な圧迫を理由としてではなく、Aの信頼に応えるために命令に従った
という点からは、避難意思を否定することも可能であろう。

4　期待不可能性

⑴　概説

　オーストリア刑法10条においては、規範的責任論の観点から免責的緊急避
難の各要件が規定されているが、立法者は、かかる要件を充足しても、なお
免責すべきではない場合があるとして、期待可能性に関する一般条項的な規
定を置いた。[313] すなわち、法的に保護された価値に拘束された人間であっても、
行為者の状況に置かれた場合に他の行為を期待し得なかったときにのみ、免
責を肯定するという要件である。既に検討したように、期待可能性要件にお
いて、判例や学説は補充性の有無についても判断しており、その限りでは、
既に論じた議論が妥当する。

　期待可能性要件においては、①法的に保護された価値に拘束された人間
（標準人）が、②行為者の立場に置かれたとして、③行為者が当該行為に至
った経過を理解し得るか、が問題となる。[314] ①においては、いかなる法的価値
に拘束されるのかの判断が、②においては行為者の立場をどのように考慮す
るのか、特に、行為者の外的事情・誘因や行為者の人的性質の考慮方法が問
題となる。[315]

　このような期待可能性要件が特に問題となるのは、宗教的確信に基づく違
法行為の事案である。[316] というのは、宗教的確信を有する者の価値観は、一般
的な価値観とは大きくかけ離れていることも多く、そうした価値観を前提に
した標準人を仮設してよいのかが問題となるからである。そこで、以下では、

---

313)　EBRV 1971, S. 74.

314)　Vgl. Steininger, a. a. O.(Anm. 235), 15/14; Moos, a. a. O. (Anm. 219), § 10 Rz. 100 ff.

315)　Moos, a. a. O. (Anm. 219), § 10 Rz. 102 ff.

316)　イスラム教徒やユダヤ教徒において特に問題となるのが、宗教的流儀によって家畜を殺害し
　　て処理する行為が、「動物を残酷に虐待し、又は動物に不要な苦痛を加える」ものとして動物虐
　　待罪（オーストリア刑法222条 1 項）に該当するか否かである。判例は、こうした行為について、
　　（免責的緊急避難ではなく）そもそも社会的に相当な行為として構成要件該当性が否定されると
　　する（15 Os 27/96=OGH EvBl 1996/114 (vom 28.03.1996)）。

第 4 節　オーストリアにおける緊急避難規定　*105*

判例で問題となった具体的事案について検討を加える。

(2)　具体的事案とその検討

　エホバの証人の信者である被告人は、武器を受領すべしとの命令に服従しなかったとして、オーストリア軍刑法12条1項の命令不服従罪で有罪とされたため、免責的緊急避難の成立を主張した。これに対して、オーストリア最高裁は、武器を受領すべしとの命令[317]を遵守することは、法的に保護された価値に拘束される、行為者の状況に置かれた人間において期待し得るものとして、免責を否定した。[318]

　以上の最高裁の判断においては、標準人を仮設する際に、軍による動員命令を遵守するような人間を想定しているといえる。[319]しかし、軍による動員命令を拒む宗教的確信の背後に、「汝殺す勿れ」の戒律を見出すのであれば、そうした価値観はオーストリアの文化圏においても決して理解できないものではない。こうした理解からは、標準人を仮設する際に、「汝殺す勿れ」といった価値観に拘束される人間を想定することも可能である。[320]

　しかし、こうした標準人を仮設するとしても、エホバの証人によるあらゆる不服従を免責することにはならない。特に、軍務ではなく、代替役務に就くことをも拒絶する場合には、宗教に偏見のない標準人が行為者の状況にあったとしても、そうした拒絶を宗教的なドグマに基づく過度の先鋭化として捉え、もはや理解しがたいとの判断に至るであろう。したがって、代替役務の拒絶については、もはや免責的緊急避難は成立しないことになる。[321]

　また、エホバの証人をめぐっては、いわゆる輸血拒否事例、特に我が子に対する輸血をその両親が拒否する事例をめぐって、免責的緊急避難の成否が問題とされることがある。この事例では、宗教に偏見のない標準人が行為者の状況にあったとしても、そうした輸血拒否によって当該子が死亡するよう

---

317)　なお、オーストリア軍刑法17条により、命令の不遵守が処罰されない場合についての規定が設けられているが、被告人の行為はこれにあたらないとされた。

318)　14 Os 171/98（vom 15.12.1998）. 全く同様の事案について同様の決定をしたものとして、14 Os 166/98（vom 09.12.1998）参照。

319)　Moos, a. a. O.（Anm. 219），§10 Rz. 115.

320)　Moos, a. a. O.（Anm. 219），§10 Rz. 117.

321)　Moos, a. a. O.（Anm. 219），§10 Rz. 118.

な場合には、もはや当該拒否については理解しがたいと判断されることになろう。したがって、この場合もまた、免責的緊急避難は成立しないことになる。[322]

5　不均衡条項

(1)　不均衡条項と規範的責任論

　不均衡条項は、避難行為から生じる損害が、回避しようとする損害よりも不均衡に重い場合に免責を否定する規定である[323]。オーストリア刑法10条1項が規定する免責的緊急避難の要件は、既に論じてきたように、①緊急避難状況、②（避難意思を含む）避難行為、③期待不可能性、および④不均衡条項から成り立っている。このうち、①〜③は免責を基礎づける要件であるのに対して、④の不均衡条項は、免責を否定する要件である。①〜③の要件が充足されれば、規範的責任論の観点からすれば免責を認める基礎があるにもかかわらず、なぜ不均衡条項によって免責が否定されるのかが問題となる。

　政府法案の解説においては、自己または近親者に迫る危険を避ける必要性は通常極めて圧迫的なものであるため、侵害利益が保全利益よりも圧倒的に優位に立つ場合であって初めて、行為者の動機プロセスにおいて、（保全利益を優先させるのではなく）侵害利益が決定的なものとして考慮されることになるとの理由づけが挙げられている[324]。この理由づけは、小さい利益を保全するために不均衡に大きい損害を生じさせる場合には、標準人であればそうした行為には出ないという理解によるものであり、規範的責任論の観点から免責の限界を基礎づけようとするものといえよう[325]。

---

322)　Moos, a. a. O.（Anm. 219），§10 Rz. 113. なお、宗教的な戒律を守るためとはいえ、子どもの命を犠牲にすることは、不均衡条項にも抵触し得る（Moos, a. a. O.（Anm. 219），§10 Rz. 113)。

323)　なお、不均衡条項によって免責的緊急避難の適用が否定されたとしても、規範的責任論の基本的思想により、なお量刑事由（オーストリア刑法32条2項）において、特別の減軽事由（オーストリア刑法34条1項）として考慮される余地はある。その限りでは、不均衡類型において免責的緊急避難の成立を否定しつつ、任意的減軽を認めるドイツ刑法35条1項2文後段や、同様の場合に必要的減軽を認めるスイス刑法18条1項と軌を一にするものといえよう。

324)　EBRV 1971, S. 74. ただし、既に検討したように、オーストリア刑法10条は、「他人」一般の法益を保全するための緊急避難を肯定するものであり、近親者といった人的制限を付していない。

325)　Höpfel, a. a. O.（Anm. 251），§10 Rz. 12.

(2)　規範的責任論の異物としての不均衡条項

　学説においては、不均衡条項は、正当化的緊急避難の場合と同様に、問題となる全事情を考慮した上での利益衡量を行うことを求めるものと解されている[326]。では、なぜこうした考慮を行うのであろうか。

　こうした考慮がなされる理由としては、免責事由というよりは正当化事由に属するような功利主義的・刑事政策的考慮が行われているとの指摘がなされている[327]。すなわち、明らかに高い価値の利益を侵害することで、明らかに低い価値の利益を保全することは、標準人からみて当該行為が理解可能であるとしても（すなわち、規範的責任を肯定し得ないとしても）、なお免責という効果を生じさせるべきではないとの理解である。

　このような理解からすれば、不均衡条項は、免責の上限を定めた、法律上の客観的な限界として把握せざるを得ず、不均衡と判断される場合には、そもそも期待可能性が問題とされることなく、本条の適用が否定される趣旨として解されることになろう。それゆえ、不均衡条項は、（オーストリア刑法10条2項の例外規定としてではなく）そもそも免責の対象となるか否かの前提要件として、オーストリア刑法10条1項で規定されていると解されることになる。

　以上のように、オーストリアにおいては、不均衡条項は期待可能性に基づいて規定された免責的緊急避難における異物であるとの評価もなされている[328]が、こうした不均衡条項の背後にある功利主義的・刑事政策的考慮自体は、ドイツやスイスにおいても共有されているものである。すなわち、ドイツやスイスにおいては、免責的緊急避難の成立において、侵害利益が保全利益に対して不均衡に大きい場合には免責が否定されており、こうした結論は、いわゆる不法・責任減少説から基礎づけられている[329]。ただし、オーストリア刑法10条1項における不均衡条項は、積極的な不法減少を認めるものではなく、むしろ消極的な（免責への歯止めとしての）不法の衡量を規定したものだと解

---

326)　Moos, a. a. O. (Anm. 219), §10 Rz. 89.
327)　Moos, a. a. O. (Anm. 219), §10 Rz. 55.
328)　Moos, a. a. O. (Anm. 219), §10 Rz. 58.
329)　第1章第2節Ⅳ3(2)および第3節Ⅳ3(2)〔本書51頁以下および81頁〕参照。

されており、その限度ではドイツやスイスにおける解釈論とはなお差異がある。

Ⅳ　オーストリア法のまとめ

　1　オーストリア刑法の免責的緊急避難の各要件に関しては、いずれも、基本的には規範的責任論の観点から解釈がなされており、その点で一貫しているといえる。特に、緊急救助の人的範囲（「他人」の範囲）や危険の直接性、避難意思といった問題に関しては、規範的責任論の本質から要件が具体化されており、規範的責任論をモデルにした免責事由の具体化に成功していると評価できる。

　2　免責的緊急避難においては、保全法益や免責の人的範囲については予め限定的な規定を設けず、最終的な調整を期待可能性条項という一般条項に委ねることで、最終的に妥当な免責の範囲を確保するという手法が採られている。これは、保全法益の範囲や避難行為の人的範囲を予め明確に限定するドイツ刑法とは対照的であり、むしろスイス刑法における免責的緊急避難に近いものと評価できる。

　3　補充性要件や不均衡条項については、必ずしも規範的責任論からの説明が成功しているとはいえない。そもそも、前者については、立法者は本来不要としていた要件であるにもかかわらず、判例や学説は基本的に補充性要件を肯定している。こうした要件がなぜ規範的責任論の観点から必要となるのかは、依然として問題となるように思われる。また、後者については、むしろ学説の一部で主張されているように、免責とは異物の、不法に関する要件であると理解することに理由があるように思われる。

---

330)　Moos, a. a. O. (Anm. 219), §10 Rz. 58.

第5節　小　括

　本章では、ドイツ語圏各国の緊急避難規定を横断的に検討した。ドイツ・スイス・オーストリアのそれぞれの緊急避難規定に関する小括は既に示したところである。そこで本節では、横断的な検討の結果として、我が国の解釈論においても特に示唆的である点を中心にまとめることで、第2章以下の検討への橋渡しとしたい。

I　二元的構成の採用とその意義

　ドイツ語圏各国においては、緊急避難を正当化的緊急避難および免責的緊急避難の二元的に構成する見解が採用されている。ただし、ドイツおよびスイスはこの点を明文で規定するのに対して、オーストリアでは、免責的緊急避難のみが条文で規定され、正当化的緊急避難は判例・学説の展開に委ねられている。

　しかし、二元的構成を採るとしても、正当化的緊急避難・免責的緊急避難のそれぞれの理解およびその成立範囲については、本章で詳細に検討したように、ドイツ語圏各国では差異がある。ドイツにおいては、正当化的緊急避難の利益衡量要件につき、保全利益が侵害利益に「著しく優越」することが要求されているため、その理論的基礎づけをめぐって激しい対立がある。これに対して、オーストリアやスイスにおいては、正当化的緊急避難の利益衡量についてこうした限定は要求されておらず、保全利益が侵害利益に「優越」すれば足りるとされている。

　また、免責的緊急避難についても、ドイツ語圏各国ではその理解に差異がある。ドイツにおいては、免責的緊急避難に様々な限定的要件が付加されていることをめぐり、行為者の心理的圧迫のみで免責を基礎づけ得ないとして、二重の責任減少説を始めとして多様な見解が提唱されており、極めて複雑な

議論状況となっている。これに対して、オーストリアにおいては、規範的責任論の観点から一貫して免責的緊急避難の各要件が規定されており、議論の可視性は相当に高いものといえよう。また、スイスにおいても、ドイツのように免責に関する多様な見解は主張されておらず、心理的圧迫を重視する見解が通説的である。

　このようなドイツ語圏各国における議論状況からすれば、二元的構成を採るにしても、必ずしもドイツ刑法34条・35条のような複雑な条文構造およびそれをめぐる要件解釈のみが必然というわけではない。むしろ、極めてシンプルな条文構造を有する我が国の緊急避難規定に即した解釈論を展開するという観点からは、スイス刑法17条・18条のようなシンプルな条文構造およびそれをめぐる要件解釈にも大いに参考になるものがある。すなわち、緊急避難の構造といった大きなものの見方としてはスイス刑法の枠組みを参照しつつ、個別要件の解釈においては、ドイツ刑法やオーストリア刑法の解釈をも参照するといった方法論を採用することにも理由があると思われる。

II　免責的緊急避難をめぐる議論

　我が国は、既にみたように、条文としては明示的には二元的構成が採用されておらず、したがって、免責的緊急避難もそれ自体としては規定されていない。しかし、スイス刑法18条をめぐる検討で明らかになったように、過剰避難を免責的緊急避難として解することは十分に可能であり、その限りでは、免責的緊急避難に関する議論は、我が国の過剰避難規定（刑法37条1項ただし書）を解釈する上でも参照可能である。

　免責的緊急避難における保全法益の範囲や避難行為の人的範囲について、ドイツにおいてはいずれも明文により限定がなされているが、スイスやオーストリアにおいては、こうした限定はなされておらず、むしろ期待可能性という一般条項による個別判断に委ねられている。すなわち、ドイツにおいては予め免責の範囲を一定の保全法益および一定の人的範囲に限定するという態度決定がなされているのに対して、スイス・オーストリアにおいては、むしろ広く期待可能性判断に委ねるという態度決定がなされている。いずれの

態度決定も法政策としては十分に可能であることを前提に、我が国の過剰避難規定ではいずれの方向性が妥当であるのかを検討しなければならない。

また、免責的緊急避難の法的性質について、ドイツやスイスにおいては、不法・責任減少説的な見解が有力に主張されているのに対して、オーストリアにおいては、こうした不法減少といった観点は、少なくとも明示的には採用されておらず、専ら免責による説明がなされている。我が国の過剰避難規定を解釈するにあたり、このいずれの方向性が妥当であるのかについても、また検討を要しよう。

さらに、免責的緊急避難における不均衡類型については、ドイツ語圏各国においていずれも無限定に完全な免責を認めるのではなく、一定の規範的な限定を設けている。他方で、不均衡類型において刑の減軽の余地を認めるという点でも、ドイツ語圏各国では一致がみられる。こうした不均衡類型については、我が国の過剰避難においても問題となり得るところであり、ドイツ語圏各国の議論は参照に値しよう。

Ⅲ　緊急避難の成立要件に関する議論

正当化的緊急避難・免責的緊急避難に共通する要件である危険の「現在性」について、ドイツやスイスにおいては、継続的危険という概念を採用しつつ、正当防衛における侵害の「現在性」よりも時間的にスパンの長い解釈が判例・学説において採用されているが、オーストリアにおいては、こうした解釈は必ずしも採用されてはいない。また、こうした危険の「現在性」をめぐる議論を反映して、ドイツやスイスにおいては、「継続的危険に対する継続的保護」という形での補充性判断が肯定されるが、オーストリアにおいては、こうした議論は少なくとも明示的にはなされていない。

さらに、法が予め特別法などにより一定の解決手段を設定している場合には、原則としてそうした手段のみを用いるべきであって、それを潜脱する形で正当化的緊急避難・免責的緊急避難の規定を援用することはできないという理解は、ドイツ語圏各国において広く受容されているといえる。特にドイツにおいては、麻薬の自己使用事例をめぐってこうした理解が判例・学説に

112　第1章　ドイツ語圏における緊急避難規定

よって支持されており、また、オーストリアにおいても、国家刑罰権の執行を免れるためにさらなる犯罪を行う事例をめぐって、こうした議論がなされている。

　他方、避難意思に関しては、必ずしも正当化的緊急避難と免責的緊急避難とで同様の解釈が採用されているわけではない。すなわち、正当化的緊急避難の避難意思は、避難状況の認識で足りるのに対して、免責的緊急避難の避難意思は、避難の目的・意図が要求されるというのがオーストリアの通説的理解である。また、ドイツ刑法34・35条で同じ「回避するため」という文言が採用されているドイツにおいても、こうした理解が有力である。こうした差異につき、オーストリアにおいては、免責の一般理論である規範的責任論から基礎づけられている。

　以上のように、緊急避難の各成立要件やそれをめぐる議論についてもまた、ドイツ語圏各国において必ずしも同一ではない。我が国の緊急避難の各成立要件を検討するにあたっても、こうした議論状況を適切に理解しつつ、検討を行う必要があろう。

第2章
我が国における解釈論的展開

第1節　本章の構成

　本章では、第1章で検討したドイツ語圏各国における議論を受けて、我が国における緊急避難規定（刑法37条）の基本構造を分析し、具体的な要件解釈を提示することで、緊急避難が関係する様々な事例について、適切な検討・分析を可能とすることを目的としている。

　まず本章では、第2節で、刑法37条の基本構造について、本書の理解を概略的に示すことにする。すなわち、第1章で得られた比較法的な知見を元にしつつ、我が国の緊急避難および過剰避難がどのような法制度として理解されるべきなのかについて、予めアウトラインを示しておくことにする。我が国の緊急避難規定としては、刑法37条という単一の条文しか存在せず、緊急避難を正当化的緊急避難と免責的緊急避難とに二分するという二元的構成を立法上採用するドイツ・スイスとは異なるようにも見える。しかし、以下で検討するように、刑法37条は、二元的構成を採用するものと理解することが可能であり、かつ妥当である。

　また、第2節では、二元的構成の実質的な内容、すなわち、正当化事由としての緊急避難と免責事由としての緊急避難の実質的な内容についても検討を行う。既に第1章で明らかになったように、二元的構成を採用するというだけでは、個々の緊急避難の構造や具体的な正当化・免責の範囲が必ずしも一義的に決定されるわけではない。そこで、刑法37条はいかなる意味で二元的構成を採用しているのか、その実質的な内容についても、第2節で概略的

に示すことにする。また、二元的に構成される緊急避難において共通して問題となる規範的な制約についても、併せて検討することにする。

こうした基本構造に関する検討を受けて、第3節では、緊急避難規定の具体的な要件解釈を行う。我が国の刑法37条1項本文は、「自己又は他人の生命、身体、自由又は財産に対する現在の危難を避けるため、やむを得ずにした行為は、これによって生じた害が避けようとした害の程度を超えなかった場合に限り、罰しない」と規定されており、第1章で検討したドイツ語圏各国の条文と比較しても極めてシンプルといえる。しかし、こうしたシンプルな条文においても、あるいはシンプルな条文だからこそ、各要件の理解は難しいものを含んでいる。第3節では、刑法37条の基本構造を元に、比較法的な知見も参照しつつ、個々の要件がいかなる意義を有しているのかを明確化する。

また、こうした要件解釈という観点からは、従来さほど重視されてこなかったのが、刑法37条1項のただし書、すなわち、「ただし、その程度を超えた行為は、情状により、その刑を減軽し、又は免除することができる」という規定である。しかし、本書の理解によれば、刑法37条1項ただし書の過剰避難規定は、責任阻却的な緊急避難を実定法化したものとして、極めて重要な意義を有する。そこで、第4節では、過剰避難規定の要件解釈を行うことにする。こうした要件解釈を行う際には、本規定が刑の任意的減免という効果を定めることに鑑み、いかなる場合が免除に値し、いかなる場合がそうではないのか、といった基本的視点も示すことにしたい。本規定が「情状」による刑の任意的減免を定めるところからは、こうした「情状」の有する意義が重要となるため、第4節ではこの点についても検討を加えることにする。

第2節　刑法37条の基本構造

I　比較法から得られた解釈論的視座

　第1章における検討により、ドイツ語圏各国はいずれも、正当化的緊急避難と免責的緊急避難という2つの異なった緊急避難を有することが明らかとなった（二元的構成）。ドイツやスイスにおいては、こうした二元的構成が刑法典において明示的に規定されており、オーストリアにおいては、条文としては免責的緊急避難を規定するオーストリア刑法10条しか存在しないものの、判例・学説ともに超法規的な正当化的緊急避難の存在を肯定し、二元的構成を支持している。こうした状況は、刑法37条という単一の条文しか存在しない我が国の緊急避難規定の解釈にとっても十分に参考になるものと思われる。

　また、二元的構成を採用するとしても、正当化的緊急避難および免責的緊急避難の具体的な成立範囲は、ドイツ語圏各国においても差異がある。従来、我が国の学説は、主としてドイツにおける正当化的緊急避難をめぐる議論を[1]参照しつつ、我が国の刑法37条1項本文の規定する緊急避難の法的性格をめぐる議論に終始してきた。しかし、スイス刑法における緊急避難に関する解釈論からも分かるように、必ずしもドイツ刑法における正当化的緊急避難の解釈のみを重視する必要はない。むしろ、ドイツ語圏各国の議論を広く参照し、正当化的緊急避難と免責的緊急避難の連動性や役割分担といった観点も考慮した上で、正当化的緊急避難および免責的緊急避難のそれぞれの具体的な捕捉範囲や要件解釈を考えて行くべきであろう。

　このように、ドイツ語圏各国の議論を広く参照する際に重要となるのは、

1）　序章を参照。なお、旧刑法から現行刑法に至る過程での我が国の議論については、遠藤聡太「緊急避難論の再検討(4)(5)」法学協会雑誌131巻7号（2014年）1255頁以下、131巻12号（2014年）2485頁以下参照。

ドイツ語圏各国の緊急避難規定の各要件は、それぞれの国における法政策的な決断によって選択されたものだという点である。したがって、そうした決断の背後にある実質的な考慮を慎重に検討した上で、我が国の刑法37条の解釈に援用可能か否かを緻密に検討する必要がある。刑法37条の規定はシンプルであるがゆえに、論者によって多様な解釈を展開する手がかりとなることは否定できないが、なるべく現行法の規定からみて無理のない、説得力のある議論を展開しなければならない。そうした解釈論を展開するためにこそ、比較法的な視点も重要となるのである。

本章では、以上の見地から、現行刑法の規定する緊急避難を積極的に基礎づけるための解釈論を展開したい。その際には、第1章で既に検討したドイツ語圏各国における緊急避難規定をめぐる議論を広く参照しつつも、我が国の刑法37条の文言を可能な限り尊重し、刑法37条の構造を明確化させ、個々の文言の意義を的確に確定し得るような解釈論を意識しなければならない。その観点から、まず確定させておかなければならないのは、①刑法37条1項本文の規定する緊急避難の法的性質のみならず、②刑法37条1項本文（緊急避難）とただし書（過剰避難）との関係である。従来の解釈論は、専ら①に焦点を合わせてきたが、本書は、むしろ②の問題こそが全体としての緊急避難制度の理解にとっては重要であるとの立場を採る。

そこで、以下では、まず①の問題につき、従来の見解を分析しつつ、本書の立場を簡潔に示す。その後、①での立場を前提としつつ、②の問題について、緊急避難制度を全体として整合的に解釈するための解釈論を展開したい。

II　刑法37条1項本文の法的性質

1　従来の見解の検討

既に序章において論じたように、我が国においては、ドイツ刑法学の強い影響を受けつつ、緊急避難の法的性質については多様な見解が主張されている。こうした見解を大まかにまとめると、違法阻却事由説、責任阻却事由説、および二分説の3つに分類することができる。

これらの見解のうち、責任阻却事由説に対しては、刑法37条1項本文が近

親者などに限定せず、およそ無関係の他人のための緊急避難を認めていることを本説から説明することはできない、との批判[2]が向けられてきたところである。では、こうした批判は正当であろうか。まず、この批判に対しては、旧刑法75条2項が「天災又ハ意外ノ変ニ因リ避ク可カラサル危難ニ遇ヒ自己若クハ親属ノ身体ヲ防衛スルニ出タル所為」を不可罰としていたのに対して、現行刑法37条1項本文においては、不可罰の範囲を「自己又は他人」に拡張しているところ、現行刑法の立法過程において、「他人」は「恩人又ハ親友」等を指すと考えられており、必ずしも他人一般を指すものとはされていなかったとの指摘[3]もなされている。しかし、立法過程における議論が仮にそのようなものであるとしても、現行刑法においては、37条1項本文で「自己又は他人」と規定しているのであって、議論の出発点はあくまでもかかる文言それ自体であろう[4]。そして、そのような文言の合理性が基礎づけ可能である限りは、文言解釈を優先させるべきであり、一定の人的範囲に限定する趣旨と解するのは必ずしも妥当ではない[5]。なお、前述の批判を回避する観点から、本条の「他人」については一定の人的範囲に限定するとの解釈も主張[6]されている。しかし、そのような明文にない限定を付して処罰範囲を拡張するのは、罪刑法定主義、とりわけ法律主義に抵触するとの指摘がなされているところである[7]。したがって、上述の批判が、一定の人的範囲に限定する趣旨を本条において読み込むことが困難であることを指摘する限りでは、妥当なものといえる。

　しかし、そもそも、責任阻却事由としての緊急避難については、近親者などに人的範囲を制限しなければならないと考えること自体が、ドイツ刑法の

2） 山口厚『刑法総論［第3版］』（有斐閣・2016年）146頁以下。

3） 松宮孝明「日本刑法37条の緊急避難規定について」立命館法学262号（1999年）63頁以下、井上宜裕『緊急行為論』（成文堂・2007年）91頁。

4） スイス刑法の改正過程においても、18条（免責的緊急避難）の免責範囲に関して、立法過程における議論（一定の人的範囲に限定する）と現実に採用された文言（他人一般について成立する）とのズレをめぐっては議論があるが、後者における政策的判断の合理性を追求すべきとする立場が有力に主張されている点につき、第1章第3節Ⅳ2［本書78頁以下］を参照。

5） 村井敏邦「緊急避難の歴史と課題」現代刑事法69号（2005年）30頁参照。

6） 井田良『刑法総論の理論構造』（成文堂・2005年）187頁。

7） 橋田久「避難行為の相当性」産大法学37巻4号（2004年）43頁、佐伯仁志『刑法総論の考え方・楽しみ方』（有斐閣・2013年）181頁注19)。

影響を過度に受けた解釈論といえる。第1章で検討したように、スイスやオーストリアの免責的緊急避難規定においては、かかる限定は存在せず、他人一般についての緊急避難を肯定している。このように、免責的緊急避難においては、予め人的範囲を制限せず、期待可能性などの一般条項において調整するという規定ぶりも十分可能である[8]。したがって、我が国の刑法37条1項本文において人的範囲の限定が存在しないことをもって、直ちに責任阻却事由説が排斥される理由とはならないのである。

　しかし、結論としては、現行法の解釈として、責任阻却事由説を採用することは困難である。その理由は、既に批判されているように、本条が害の衡量を定めていることを本説から説明することは困難だからである[9]。ここで、オーストリア刑法10条における不均衡条項を援用して、責任阻却事由の外在的な枠としての害の衡量を規定したものだと反論することは、理論的には不可能ではない。しかし、第1章第4節で検討したように、まさにオーストリアにおいて、かかる不均衡条項が免責的緊急避難における「異物」として評価されていることに鑑みれば、責任阻却事由説において、害の衡量という要件を整合的に説明し得るかは疑問である。オーストリアのように、立法者が免責的緊急避難の中に敢えて不均衡条項を規定したというのであれば格別、そのような明確な立法者意思を窺うことができない我が国の刑法37条1項本文の解釈としては、責任阻却事由説を支持することは困難である。

　以上の批判は、我が国で主張されている二分説のうち、責任阻却事由説を原則としつつ、保全利益が侵害利益に著しく優越する場合には（超法規的な）違法阻却を認めるとする見解[10]にも妥当する。この見解においても、刑法37条1項本文それ自体の解釈としては責任阻却事由説が採用されているからである。また、このような見解の背後には、保全利益が侵害利益を「著しく優越」する場合に限って違法阻却を認めるドイツ刑法34条のような理解が存

---

8) 責任阻却事由説の立場から、この理解を採る場合には、刑法37条1項本文のうち、「やむを得ずにした」の要件をこうした一般条項的な規定として解することになろう。

9) それゆえ、責任阻却事由説からは、害の衡量要件を立法論としては放棄すべきと主張されることになる（高橋敏雄『違法性の研究』〔有斐閣・1963年〕128頁）。

10) 森下忠『緊急避難の研究』（有斐閣・1960年）241頁。

在する。しかし、既に第1章で論じたように、こうした限定はあくまでもドイツ刑法に固有のものであり、スイス刑法やオーストリア刑法においては、こうした限定は要求されていない。にもかかわらず、敢えて我が国の刑法37条1項本文の解釈、すなわち「生じた害」が「避けようとした害」の程度を超えない場合に処罰を否定するとする規定の解釈において、ドイツ刑法の議論をそのまま援用するのは、少なくとも我が国の立法者が選択した立場にはそぐわない。このような見解については、もはや解釈論ではなくて立法論に他ならないとの批判が妥当しよう。[11]

　以上の検討から、刑法37条1項本文の解釈としては、責任阻却事由説あるいは責任阻却事由説を原則とする二分説は採用しがたいといえる。そこで、現行法の解釈としては、違法阻却事由説（あるいは違法阻却事由説を原則とする二分説）を採用すべきことになるが、そのことから直ちに、被侵害者の正当防衛による対抗の余地をおよそ否定すべきかが問題となる。[12] 可罰的違法阻却事由説は、このような観点から、緊急避難においては行為の有する社会侵害性が欠けることから可罰的違法性が否定されるとしつつ、なお一般的違法性は否定されないため、被侵害者は正当防衛による対抗が許容されるとする。[13] しかし、この見解によれば、著しく優越する利益を保全するための避難行為に対してですら、正当防衛による対抗を許してしまうことになり、妥当とはいいがたい。[14] 他方、可罰的違法阻却事由説を前提としつつも、保全利益が侵害利益に著しく優越する場合には、被侵害者の自律権侵害の点も含めて避難行為が適法となるため、被侵害者は正当防衛で対抗し得ないとする見解もあ[15]るが、可罰的違法性という違法の「量」の問題が、保全利益が侵害利益に著

---

11)　井田良『講義刑法学・総論』（有斐閣・2008年）182頁以下。

12)　民法720条によって適法化されるか否かで正当防衛による対抗の可否を決すべきとするものとして、曽根威彦『刑法総論［第4版］』（弘文堂・2008年）112頁以下参照。

13)　生田勝義『行為原理と刑事違法論』（信山社・2002年）283頁以下、林幹人『刑法総論［第2版］』（東京大学出版会・2008年）207頁、曽根威彦=松原芳博編『重点課題　刑法総論』（成文堂・2008年）101頁〔鈴木優典〕。

14)　生田・前掲注13）289頁以下は、正当防衛においても相当性要件が要求される以上、実際上不当な帰結は生じないとするが、正当防衛による対抗の可否は、実務上の問題というよりは理論的な問題であり、緊急避難の法的性質としては本文のような批判を払拭しがたい。

15)　井上・前掲注3）65頁。

しく優越する時点において突然適法化という「質」の問題に転化する理由は、なお十分に示されているとはいえないと思われる。

2 違法阻却事由説の正当化根拠

そもそも、なぜ違法阻却事由説を採用すべきなのであろうか。本説は、我が国においては、刑法37条1項本文の規定、特に害の衡量要件と形式的に調和していることを根拠として主張されることが多いが[16]、本説を実質的に正当化する根拠こそが問題である。

そもそも、本条は、ドイツ刑法34条のように保全利益が侵害利益に「著しく優越」することを要求しておらず、むしろ、「避けようとした害」が「生じた害」の程度を超えない限り、不可罰という効果が生じる。その理由を端的にいえば以下の通りである。ドイツ刑法34条は、第1章第2節で検討した連帯モデル・保険モデルが主張するように、「各人は、自然現象や不幸な偶然に由来する危険を自ら負わなければならない」とする自己答責性原理（運命甘受原則）を採用したものとみることができる。これは、避難行為者と被侵害者とでは、利益状況が「非対等」であることを前提とした議論である。

これに対して、我が国の刑法37条1項本文は、緊急避難状況において、避難行為者と被侵害者のいずれの当事者にも落ち度がない状況で誰に危難を負担させるかを決めなければならない点に焦点を当て、避難行為者と被侵害者との利益状況の「対等性」を前提とした規定とみることができる[17]。こうした、避難行為者と被侵害者との「対等性」は、以下の2つの段階に分けて分析することが可能である。

まず、緊急避難状況に関する規律である。刑法がどのように介入しても、2つの利益のうち1つは減失せざるを得ない状況、すなわち利益衝突状況あるいは二律背反状況にある場合には、刑法は、両方の利益が保全されるよう

---

16) 山口・前掲注2）148頁も参照。

17) 要するに、自然現象や不幸な偶然については、本来、誰の落ち度でもなく、「たまたま石が自分の方に落ちてきた」にすぎないのであって、その者がそうした運命を甘受することを法が命じることはできないという理解である。緊急避難が「正対正」といわれるのも、このような「対等性」を意味するものと解すべきであろう。

に介入することはできない以上、いずれかの利益が失われることについては、もはや否定的評価を下すことはできない。このような、いずれかの利益が失われざるを得ない状況を記述するのが、「現在の危難」および「やむを得ずにした（補充性）」要件である。

次に、緊急避難状況が肯定された後に問題となるのが、害の最小化に関する規律である。刑法は、本来期待し得る利益の量を下回る事態が生じる場合に、その事態を否定的に（すなわち、違法として）評価するものである。したがって、いずれかの利益が失われざるを得ない状況を前提とすると、より大きな利益が失われる場合に限って否定的評価を下すことが可能である。すなわち、より小さな利益か同等の利益が失われる場合には、もはやその事態を否定的に評価することができないのであって、本条はそのような「害の最小化」を規定したものと解することが可能である。[18] このような「害の最小化」を記述するのが、「害の均衡」要件である。

なお、後に詳しく検討するように、緊急避難状況に関する規律は、緊急避難・過剰避難に共通する問題であるのに対して、害の最小化に関する規律は、専ら緊急避難の成否（過剰避難との区別）に関係するものである。

3　緊急避難の成立に関する規範的な制約

本書が採用する以上のような見解については、複数の規範的な観点から、一定の制約が生じるか否かが問題となる。以下、問題となる制約的視点について検討を加えることにする。

(1)　生命・身体法益の特殊性をめぐる2つの異なるルール

本書の採用する見解においてまず問題となるのが、生命法益および一定の身体法益の特殊性である。既に序章で示したように、我が国の二分説は、法

---

18)　害の衡量要件を「害の最小化」という観点から説明するものとして、遠藤聡太「緊急避難論の再検討」刑法雑誌57巻2号（2018年）222頁以下。ただし、論者自身は、（過剰避難のみならず）刑法37条1項本文の緊急避難の不可罰根拠として、違法減少および責任減少の両方を併せて考慮する（同・223頁以下）。しかし、こうした理解に対しては、緊急避難と過剰避難との差異を捨象するものであり、責任減少（心理的圧迫）の側面が大きければ、緊急避難において害の衡量を充たさない場合であっても、なお（違法減少と責任減少を合わせた）全体としてみれば不可罰とはならないのか、すなわち、なぜ「害の最小化」が緊急避難においては要求されるべきなのかが不明であるとの批判が妥当しよう。

益同価値の場合の他、生命法益および一定の身体法益の特殊性という観点から、一定の場合には責任阻却事由として緊急避難を構成しようとしている。しかし、厳密にいえば、この問題は、2つの異なるルールを前提としているように思われる。それは、生命侵害（殺害）禁止ルールと手段化禁止ルールである。両ルールの捕捉範囲は重なり合うので混同されやすいが、前者のルールは、およそ生命法益が侵害利益となる場合にはいかなる場合であっても正当化は許容されないとするものであり、後者のルールは、身体法益が侵害利益の場合であっても、身体が手段として用いられる場合には、なお正当化は許容されないとするものである。

　しかし、本書は、結論からいえば、いずれのルールについても、その貫徹は困難であると考える。生命侵害禁止ルールについては、第3章第3節の生命法益のディレンマ状況事例において詳述するが、違法阻却事由としての緊急避難の成立を一律に排除するほど強いルールと解することはできない。[19] また、手段化禁止ルールについては、第3章第2節の拷問による救助事例で詳述するが、そこでいう「手段化」の内容がなお不明確である。

(2) 利益状況の事前調整による緊急避難規定の排除

　次に、生命法益といった特殊な法益が問題とならない場合であっても、緊急避難状況の存否に関する規範的な制約として、緊急避難の例外的性質という点が問題となる。すなわち、社会において、複数の利益間で生じるコンフリクトが、予め立法などによって調整されているような場合には、基本的にはそうした特別規定が優先し、緊急避難による解決は劣後するという視点である。[20] こうした視点は、既に第1章第2節・第4節でのドイツ・オーストリアにおける議論でも示されたところであり、それ自体としては正当なものであるが、いかなる場合に「既に調整済み」といえるのかが最も重大な問題であろう。この点については、本章第3節における「現在の危難」の項で詳述することにする。

---

19)　したがって、殺害禁止ルールの貫徹を要求する橋田久「生命危険共同体について」産大法学30巻3＝4号（1997年）90頁以下には賛同できない。なお、殺害禁止ルールを真に貫徹するのであれば、正当化のみならず免責の余地も一切否定すべきとする主張も十分に成り立ち得るが（第3章第3節Ⅲ1〔本書252頁以下〕参照）、そのような見解が妥当であるとはいいがたい。

20)　遠藤・前掲注18）220頁以下参照。

⑶ 正当防衛による対抗の可否

さらに、本書のような見解に対して向けられる批判として問題となるのが、「害の最小化」との関係で、「本来期待し得る利益の量を下回る事態」が生じなければ、確かに社会侵害性を欠くことにはなるが、そのことが直ちに避難行為の適法性を基礎づけ、被侵害者の正当防衛による対抗を否定し得るのかという、可罰的違法阻止事由説が提起する批判であろう。本書の見解の核心が、可能な限り確実な害の最小化を志向するシステムとして刑法を構想する点にあるところから、避難行為者と被侵害者との調整という問題も、害の最小化を図る形で考慮しなければならない。

こうした見地からは、①保全利益が侵害利益よりも大きい場合には、被侵害者の正当防衛による対抗を認めるべきではないが、②保全利益と侵害利益が同価値の場合には、必ずしもそのようにはいえない。この点を詳述すると以下のようになる。すなわち、②a)保全利益と侵害利益の両方が危難に晒されている、いわゆる危険共同体の場合には、先に避難行為をした者に対して、被侵害者の正当防衛による対抗を認めるのであれば、いわば「早い者負け」ルールが設定されることになる。そうなると、両すくみとなって両方の利益がともに滅失する事態を招くことになるため、むしろ危険共同体の場合には、「早い者勝ち」ルールを設定する必要がある。したがって、避難行為の社会侵害性が否定されるにとどまらず、避難行為の遂行が「許容」される結果、正当防衛による対抗も否定されることになる[21]。

それに対して、②b)保全利益のみが危難に晒されている場合には、かかる事情が存在しないため、避難行為の遂行を「許容」まではせず、被侵害者の正当防衛による対抗を認めるという「早い者負け」ルールを設定しても構わない（むしろ、「早い者負け」ルールを設定して危難の転嫁を抑止した方が、確実に被侵害者の利益は残存する）。すなわち、②b)については、行為者の社会侵害性は否定（違法性が阻却）されるために不可罰となるが、被侵害者は行為者に対して、正当防衛による対抗が許容されることになる。

---

21) 松原芳博『刑法総論［第2版］』（日本評論社・2017年）187頁も参照。ただし、被侵害者には侵害受忍義務がなく、かつ、緊急避難による対抗は可能である。佐伯（仁）・前掲注7）184頁参照。

124 第2章 我が国における解釈論的展開

　なお、刑法上の緊急避難が成立する場合にも、民法720条には該当せず、損害賠償責任を負うことがある[22]。この場合の損害賠償責任について、被侵害者の正当防衛による対抗を否定する見地から、適法行為についての賠償責任を認めたものとする見解もある[23]。しかし、民法上違法な行為であるからといって直ちに正当防衛によって対抗し得るわけではない。民法上は違法な行為であるとしても、刑法上はその遂行が「許容」される結果、刑法上の違法評価の矛盾を回避するという観点から、正当防衛による対抗が否定されると理解すべきであろう[24]。

Ⅲ　刑法37条1項本文とただし書との関係

　緊急避難状況が存在する場合には、害の衡量を充足する限り、刑法37条1項本文の規定する違法阻却事由としての緊急避難が成立することになる。しかし、その先にさらに問題がある。すなわち、害の衡量を充たさない場合について、どのような視点から解釈論を展開すべきかが問題となる。

　第1章で既に論じたように、ドイツ語圏各国においては、利益衡量要件が充足されずに正当化的緊急避難の成立が認められない場合には、免責的緊急避難の成立が問題となる。すなわち、ドイツ語圏各国においては、正当化的緊急避難と免責的緊急避難とは、危険の現在性および補充性という点では共通した要件を有しており、利益衡量要件や相当性要件が充足されない場合に正当化的緊急避難から免責的緊急避難へと検討が移る。このように、両緊急避難は、緊急避難制度という大きな理論枠組みの中で連動したものとして理解されているのであり、理論的にみてまったく別個の制度として解されているわけではない。

　これに対して、我が国においては、条文上は、かかる免責的緊急避難の規定が存在しないようにも見えるため、一見するとこうした理論枠組みを採用することはできないようにも見える。しかし、既に第1章第3節で論じたよ

---

22)　大判大正3・10・2刑録20輯1764頁。
23)　佐伯（仁）・前掲注7）182頁、西田典之『刑法総論［第2版］』（弘文堂・2010年）140頁。
24)　山口・前掲注2）122頁。

うに、スイスにおいて、免責的緊急避難が過剰避難として理解されている点は、大きな示唆を与えるものといえる。すなわち、我が国においても、刑法37条1項ただし書の過剰避難を、免責的緊急避難として構成するという理論枠組みを採用することを正面から検討すべきである。[25]

このような見解に対しては、刑法37条1項ただし書はあくまでも刑の任意的減免を規定するにすぎず、不可罰を導く免責的緊急避難として構成することには無理があるとの批判もあり得る。[26] しかし、免責的緊急避難を規定するスイス刑法18条においても、原則である1項は刑の必要的減軽を定めるにすぎず、2項において免責が規定されているにすぎない。[27] もちろん、刑の免除と不可罰との差異はなお大きいとの批判もあり得るが、[28] そもそも、不可罰を規定しない限り免責的緊急避難と位置づけることができないとの前提自体が、必ずしも自明のものではない。例えば、日本と同様の緊急避難規定を持つ中華民國（台湾）刑法24条1項に関して、[29] 学説上は、ドイツ刑法の議論を踏まえつつ、同24条1項本文を違法阻却的緊急避難と解しつつ、過剰避難を規定する同24条1項但書を免責的緊急避難と解し、[30] 二元的構成を立法上採用したものだと解する見解が有力に主張されている。[31] このように、行為者の責任減少に着目しつつ、一定の場合に刑を免除あるいは減軽する規定を免責的緊急避難と理解することは、理論的に十分可能である。[32]

---

25) こうした理解を早くから唱えていたものとして、佐伯千仞『刑法講義総論』（有斐閣・1968年）206頁参照。

26) 小林憲太郎「緊急避難論の近時の動向」立教法務研究9号（2016年）156頁も参照。

27) この点、原則が免責であり、例外的に刑の任意的減軽を規定するドイツ刑法35条1項とは異なる。

28) 井上・前掲注3）234頁。

29) 第24条1項　因避免自己或他人生命、身體、自由、財產之緊急危難而出於不得已之行為、不罰。但避難行為過當者、得減輕或免除其刑。

30) 台湾刑法においては、減免罪責的緊急避難あるいは寬恕罪責的緊急避難という概念が、ドイツ刑法でいう Entschuldigender Notstand（免責的緊急避難）に対応する。林山田『刑法通論（上冊）［増訂十版］』（元照出版・2008年）336頁。

31) 林・前掲注30）336頁以下、張麗卿『刑法總則理論與運用［6版］』（五南圖書・2016年）214頁。

32) 仮に「免責的」という名称が抵抗感を覚えさせるのであれば、責任減少的緊急避難と呼称しても一向に差し支えない。とはいえ、刑の必要的減軽を規定するにすぎないスイス刑法18条1項についても免責的（より正確には「免責可能な」）緊急避難と呼称されていることから分かるように、免責的緊急避難という概念はある程度幅を持った概念である。刑の任意的減免を規定する我が国の刑法37条1項ただし書がこうした幅の中に含まれると解することは十分に可能である。

126 第2章 我が国における解釈論的展開

　こうした理解に対しては、ドイツ刑法35条の免責的緊急避難においては他人の救助は一定の人的範囲に限定されているのに対して、我が国の刑法37条1項ただし書の過剰避難においてはこうした人的範囲の限定が存在しない以上、本規定を免責的緊急避難規定と解するのは無理があるとの批判が考えられる。しかし、こうした批判がなされるとすれば、それもまた、ドイツ刑法の理解に過度に影響されたものである。既に論じたように、免責的緊急避難を規定するスイス刑法18条やオーストリア刑法10条は、こうした人的範囲の限定をせず、他人一般についての免責を肯定している。このような立法例からしても、免責的緊急避難であれば当然に人的範囲を限定すべきとの議論は成り立たないのであって、人的範囲を限定するか否かもまた、立法者の選択によって決せられる問題である。

　我が国の刑法37条1項ただし書は、一定の人的範囲による限定を行わないことを立法者が選択したにすぎず、こうした選択肢自体が不合理ではない限り、その選択を前提に解釈論を展開すべきであろう。そして、スイス刑法やオーストリア刑法のように、避難行為の人的範囲を予め限定せず、適法行為の期待可能性などの一般条項において調整すれば足りるとする選択肢は、十分に合理性を有するものである。このような解釈を、刑法37条1項ただし書に即していえば、「情状により」との文言に、かかる一般条項性を見出すことが可能である。

　以上の検討から、本書は、刑法37条1項本文は違法阻却事由としての緊急避難を、同条1項ただし書は責任減少事由としての緊急避難（過剰避難）を規定したものであり、両者は、緊急避難制度という大きな枠組みの中で連動する規定であると解する。このような解釈の結果、ドイツ語圏各国における

―――――――――

　本書では以下、刑法37条1項ただし書の規定する過剰避難について、責任減少的緊急避難と呼称することがある。

33)　緊急避難を責任阻却事由と解するのであれば、一定の人的範囲に限定されるのが当然とするものとして、井田・前掲注11）182頁。

34)　ドイツ刑法35条の免責的緊急避難が一定の人的範囲に制約されている結果、様々な問題領域において超法規的免責的緊急避難の成否が論じられている点については、第3章第2節および第3節を参照。

35)　その意味では、明治40年刑法の制定によって、緊急避難に関する二元的構成を可能とする条文構造を採用したと評価することが可能である。

免責的緊急避難の議論についても、我が国の刑法37条1項ただし書を解釈する上で参照することが、より容易になる。

128 第2章 我が国における解釈論的展開

第3節　緊急避難規定の要件解釈

I　概　　説

1　緊急避難規定の条文構造

　刑法37条1項本文は、「自己又は他人の生命、身体、自由又は財産に対する現在の危難を避けるため、やむを得ずにした行為は、これによって生じた害が避けようとした害の程度を超えなかった場合に限り、罰しない」と規定している。ここでは、①現在の危難、②やむを得ずにした行為、③避難意思、④害の衡量の4つの要件が規定されている。ただし、判例・学説においては、②の内容として、②a)補充性要件と、②b)相当性要件という2つの別個の要件が含まれている。

　本条1項ただし書が、「ただし、その程度を超えた行為は、情状により、その刑を減軽し、又は免除することができる」と規定しており、「その程度」というのは、本条1項本文の規定する「害の程度」であると解するのが文言解釈としては自然である。このような理解からは、条文の構造としてみると、①〜③は、緊急避難と過剰避難とで共通する要件であり、④の害の衡量が、緊急避難と過剰避難とを区別する要件となる。したがって、例えば①の現在の危難が否定される場合には、緊急避難のみならず、過剰避難の成立も直ちに否定されることになる。ただし、②a)の補充性要件および③の避難意思の要件については、緊急避難と過剰避難とで共通する要件であるのかについては、学説においても議論があるところであり、なお検討が必要となる。[36]

---

36)　ドイツ語圏における議論として、第1章第2節III 3やIV 3(6)〔本書26頁および61頁〕を参照。

2 本節での検討対象

本節では、緊急避難規定の各要件につき、判例・裁判例において議論対象とされている問題を中心に検討を加え、各要件の具体的な解釈を提示する。その際には、第1章におけるドイツ語圏各国での議論状況も広く考慮しつつ、我が国の議論の解決のために参照可能な点を抽出することにしたい。

まず、緊急避難状況を規律する要件として問題となるのが、現在の危難である。本要件の解釈にあたって特に重要となるのは、既存の法制度が一定のコンフリクトを予め想定していることとの関係で、規範的にみて何が「危難」として認められるのかという点と、危難の「現在」性がいかなる場合に肯定されるのか、特に、正当防衛における侵害の「急迫」性と同一に解すべきか否かという点である。これらはいずれも、緊急避難・過剰避難という制度を考えるにあたって核となる問題であり、本節の検討の中心をなす。

次に、緊急避難状況を規律する要件として問題となるのが、やむを得ずにした行為である。既にみた通り、判例・学説においては、本要件は補充性および相当性の2つに分けて検討がなされている。本書の理解によれば、補充性は、現在の危難とともに、緊急避難状況を規律する要件であるのに対して、相当性は、侵害利益と保全利益との差が著しく不均衡な場合を規律する要件であり、その機能的意義は大きく異なる。また、補充性および相当性は、過剰避難との関係を考えるにあたっても問題となる。

さらに、害の最小化を規律する要件として問題となるのが、害の衡量である。本要件は、緊急避難と過剰避難とを分けるものである。いかなる場合に害の衡量が肯定されるのかは、判例・裁判例においても必ずしも明らかではないが、学説における議論を参照しつつ、一定の判断枠組みを提示することにする。

最後に、避難意思についても、緊急避難状況を規律する主観的要件として問題となるが、そもそも本要件の必要性や、防衛の意思と同様に解するべきかをめぐって検討が必要となる。本書が前提とする緊急避難の構造からはいかなる帰結が導き出されるのかについて、一定の理解を示すことにしたい。

130　第2章　我が国における解釈論的展開

Ⅱ　現在の危難

1　保全利益

　刑法37条1項は、「自己又は他人の生命、身体、自由又は財産に対する」
現在の危難と規定しているが、これらの法益は限定列挙ではなく、あくまで
も例示列挙であると解されている[37]。例えば、名誉や貞操もまた、本条におけ
る保全利益と考えることについては、現在では広く共有されている[38]。また、
国家的・社会的法益についても保全利益たり得るかについては見解が分かれ
ているが、判例は限定的にではあるが肯定説に立つ。例えば、昭和21年のい
わゆる2.1ゼネストに際して、官公庁職員各労働組合による罷業の中止を勧
告するために被害者の元を訪れた被告人が、押問答の末に予め携帯していた
包丁で被害者に傷害を加えた事案において、最高裁は、「本来国家的、公共
的法益を保全防衛することは、国家又は公共団体の公的機関の本来の任務に
属する事柄であって、これをた易く自由に私人又は私的団体の行動に委すこ
とは却って秩序を乱し事態を悪化せしむる危険を伴う虞がある」として、
「国家公共の機関の有効な公的活動を期待し得ない極めて緊迫した場合にお
いてのみ例外的に許容さるべき」ものとした[39]。ここでは、国家的・公共の法
益についても保全利益に含めた上で、かかる法益に対する「現在の危難」な
どの要件を厳格に解したものとみるべきである[40]。

　既に論じたように、緊急避難が、社会における両立不能な複数の利益に関
する調整原理であるとする立場からすれば、我々の社会を構成する利益であ
れば、個人的法益のみならず国家的・社会的法益をも保全利益として認めた
上で、公的機関に委ねることができない状況があるか否かを慎重に判断すべ
きであろう。したがって、基本的に上述の判例の態度は妥当といえる[41]。

---

37)　限定列挙と解するものとして、齊藤金作『刑法総論［改訂版］』（有斐閣・1955年）139頁。
38)　団藤重光『刑法綱要総論［第3版］』（創文社・1990年）247頁、大塚仁『刑法概説（総論）［第
　　4版］』（有斐閣・2008年）401頁、内藤謙『刑法講義総論（中）』（有斐閣・1986年）428頁など。
39)　最判昭和24・8・18刑集3巻9号1465頁。
40)　大塚仁ほか編『大コンメンタール刑法(2)［第2版］』（青林書院・1999年）439頁〔虫明満=篠
　　田公穂〕。

2 危難の意義

(1) 概説

正当防衛における「不正の侵害」が、人の違法な行為であるか否かをめぐり問題となるのに対し、緊急避難における「危難」は、その発生原因に制限はなく、人の行為、自然現象、動物、疾病、飢餓などあらゆるものを含む。危難は客観的に存在する必要があり、行為者の主観的予測では足りない。

動物による侵害については、対物防衛の肯否によって正当防衛の成否が決まる[42]が、それとは別に少なくとも緊急避難が成立し得ることに問題はない。判例においては、被告人が英セッター種の猟犬（価格600円相当）を伴い、A方道路に差し掛かったところ、A方の番犬（価格150円相当）が猟犬を咬み伏せ、被告人はA方家人に番犬の制止を求めたがそのまま放置されたため、猟銃を発射して番犬を負傷させた事案で、「猟犬に対する現在の危難」を認めたものがある[43]。本件は、対物防衛肯定説からはもちろん、否定説からもA方家人の不作為を理由に正当防衛を認めることが可能であるが、大審院は弁護人側が緊急避難の成立を主張したのに答えたにすぎず、対物防衛を否定したものとまではいえないであろう[44]。

(2) 規範的観点からする「危難」の否定

一定の不利益については、国法秩序において対象者にその甘受が義務づけられる結果、そもそも刑法37条1項の規定する「危難」とは評価されない場合がある。例えば、令状執行や刑罰の執行、民事訴訟法上の強制執行のよう

---

41) なお、社団・法人の利益についても本条の保全利益に含めてよいかが問題となる。下級審裁判例においては、被告会社が、遠洋漁業から近海漁業に転換しなければならなくなり、それに必要な資材が正規の手続ではほとんど入手できないので、大半を闇資材に頼ったことが物価統制令に反するとされた事案で、本条の現在の危難とは、「個人の右法益が危険にさらされている状態をいうのであって、之を会社、組合等の法人又は之に類する社団、財団にまで拡張して解すべきものでは」ないとしたものがある（札幌高函館支判昭和25・7・28特報12号183頁）。確かに、自然人とは異なり法人等については、その存立が一定の条件においてのみ容認されているとすれば、その条件を遵守すると存立が否定される場合には、原則としてその存立自体が否定されるべきといえよう。しかし、法人等についても、財産権や名誉の主体となり得ることに鑑みれば、常に本条の保護を否定するのは妥当ではない（虫明=篠田・前掲注40）440頁）。

42) 西田典之ほか編『注釈刑法 第1巻』（有斐閣・2010年）440頁以下〔橋爪隆〕。

43) 大判昭和12・11・6裁判例11巻刑87頁。

44) 西田・前掲注23）159頁。

132 第2章 我が国における解釈論的展開

な場合である。このように、事実的にみれば一定の「利益」に対する「危険」が生じている場合であっても、規範的な見地から、既存の法制度による解決を優先し、当該危険を本条の「危難」とは評価しないという発想は、緊急避難制度に内在するものといえよう。例えば、難治性疾患に伴う激しい身体的・精神的苦痛などを緩和するために、所持・使用の禁じられた麻薬を使用する事例については、既存の法制度において、患者に生じる苦痛への対処・措置が（例えば医療用麻薬の処方などによって）既に十分に考慮されている場合には、こうした痛みなどを「危難」として構成することは原則として否定されることになろう。また、共同親権者である両親が別居している場合に、一方の親が、他方の親と同居している我が子を無断で連れ去る事例で、未成年者略取誘拐罪（刑法224条）の構成要件該当性が肯定された場合には、我が子に対する親権行使が他方の親によって妨げられ、かつ、かかる親権行使の妨害が子の利益に反する点があるとしても、緊急避難の成立は原則として否定されることになろう。というのは、こうした両親の間での子の帰属をめぐる事例では、家事事件手続法における子の引渡しの調停・審判の申立てなど、民事法上の手段を採ることが優先されるからである。ただし、子に生

───────────────

45) 例えば、執行吏が閉鎖された倉庫を開けるために釘付け箇所を破壊する行為は職務執行の行為であり、これに対しては緊急避難が成立しない（大判昭和3・2・4刑集7巻47頁）し、仮処分命令はその取消しまたは変更がない限り有効であるため、仮処分の実行に対して行われた抵抗については緊急避難が成立しない（大判昭和4・3・7新聞3020号9頁）。

46) 例えば、対象者に受忍義務が課されないとしても、保全利益の要保護性が否定される場合には、なお「危難」にあたらない（大判昭和7・11・15刑集11巻1625号参照）。

47) 遠藤・前掲注18）220頁以下。

48) ドイツにおいて（主として補充性要件に関してではあるが）このような議論枠組みが採用されている点については、第1章第2節Ⅲ3(2)(b)〔本書29頁以下〕参照。また、緊急避難の趣旨を取り込んだ形で特別規定を立法化する場合には、もはや一般法としての緊急避難規定の適用は排除されよう。こうした特別規定の立法という問題については、第3章第4節を参照。

49) 第1章第2節Ⅲ3(2)(b)〔本書29頁以下〕参照。

50) 比較法的にみて興味深いものとして、フランスにおける子の不引渡し罪（フランス刑法227-5条）と緊急避難の成否をめぐる議論動向がある（井上宜裕「フランス緊急避難論の現状」『浅田和茂先生古稀祝賀論文集（上巻）』〔成文堂・2016年〕179頁以下および佐藤結美「フランス刑法における未成年者の奪い合いを巡る議論状況」法律時報90巻10号（2018年）110頁参照）。なお、危難の現在性などが肯定されない場合であっても、行為者が共同親権者であることなどを理由に、「家族間の行為」として例外的に違法性が阻却される余地はある（最決平成15・3・18刑集57巻3号371頁および最決平成17・12・6刑集59巻10号1901頁参照）。緊急避難については、共同親権者である親以外の者が行為者である場合でも、なお問題となり得るのに対して、「家族間

じる利益侵害が極めて大きく、かつ、民事法上の手続を待っていてはおよそ間に合わないといった、既存の法制度が想定していない事態については、なお本条の「危難」を肯定することが可能であろう。

　他方で、緊急避難制度が既存の法制度の想定を超えるような状況における「例外的」な制度であることは確かであるとしても、緊急状態が「日常的」な事態となっているものと安易に評価し、かかる緊急状態に対して緊急避難および過剰避難による解決を広く否定する[51]とすれば、結局は緊急避難制度それ自体を否定することにもなりかねない。国家が事前に一定の利益調整を行っているといえるのか、また、いかなる観点から利益調整を行っているのかといった点を緻密に分析しつつ、「危難」と評価しないだけの事情が本当に存在するのかを検討する必要がある。

　こうした観点からみて特に問題となるのは、外国の法執行機関による逮捕・処罰といった事態についてである。例えば、韓国の密輸出入業者が、韓国での特別立法により処罰されることを避けるために日本に亡命したとして不法入国罪（出入国管理法70条1項1号）の成否が問題となった事案で、「刑法第37条にいわゆる『現在の危難』とは、かかる合法的逮捕の危険がさしせまっていること及び法律に基づく刑罰権の発動としての裁判権の行使を原因とする制裁は、内国のものたると外国のものたるとは問わず、且つその結果がたとえ生命に関するものであっても、これを含まない」とされている[52]。また、韓国元内務部長官等が韓国での革命立法により処罰されることを避けるために日本に亡命した事案では、福岡高裁は、「危難」の存在については肯定しつつも、危難の「現在」性については否定し、最終的には緊急避難の成立を否定する判断が示されている[53]。

　ここで、前者の裁判例とは異なり、後者の裁判例では、「近代国家におい

　の行為」を理由とした違法性阻却は、家族構成員による法益侵害行為に対してどこまで刑法が介入可能かが問題となる点で、やや次元を異にする問題領域であるといえよう。こうした議論については、深町晋也「家族と刑法―家庭は犯罪の温床か？　第9回　両親が子どもを巡って互いに争うとき（その2）」書斎の窓659号（2018年）33頁以下。

51）　例えば、密入国事案についてもこうした緊急状態の「日常化」を肯定する見解（遠藤・前掲注18）221頁）については、第1章における比較法的な検討からしても疑義が残る。

52）　福岡高判昭和38・7・5下刑集5巻7=8号647頁。

53）　福岡高判昭和40・9・17下刑集7巻9号1778頁。

134　第2章　我が国における解釈論的展開

ては遡及刑罰立法の禁止は憲法上基本的人権の一つとして確立されており、日本国憲法もこれを基本的人権の一つとして規定している」から、遡及刑罰立法による処罰については緊急避難における「危難」にあたるとされている。外国の刑罰権の発動について、一律に我が国において尊重しなければならず、およそ「危難」にあたらないとする解釈には疑問の余地があり、むしろ、一定の場合にはなお「危難」にあたると解するべきであろう。

　ただし、例えば、我が国においては「残虐な刑罰」（憲法36条）として許容されないであろう方法による死刑執行から逃れるために、我が国に亡命するといった事案で、なお「危難」にあたるといえるかは難しい問題がある。一方で、当該外国においては適法な執行方法であるが、我が国においてかかる死刑執行の方法は許容されないとして（例えば、石打ちによる死刑）、死刑執行から逃れるために我が国に亡命する場合に、そうした死刑執行を「危難」と評価できるかは疑問がある。他方で、当該外国においては犯罪とされる行為を行い、その行為に対する刑罰として死刑が選択され、かつ適法な執行方法であるとしても、我が国ではそもそも当該行為がおよそ犯罪とはされていないような場合に、そうした死刑執行を「危難」から一律に排除すべきとはいいがたいように思われる。最終的には、我が国の法秩序からみて、当該外国における死刑執行がどの程度許容しがたいものであるのかを判断するより他にないように思われる。

　また、外国における内戦、虐殺、人権抑圧といった事態から逃れるための不法入国に関しては、こうした「危難」をめぐる判断の困難さがより明確化する。中国における一子政策の下、これに反して計画外妊娠をした被告人が、強制妊娠中絶がなされる危険を避けるためとして日本に不法入国した事案について、第1審（松江地判平成10・7・22判時1653号156頁）は、かかる強制妊娠中絶が中国における法制度上の処置ではなく地方官吏によるいわば勇み足的な処置であることを理由に、「危難」にあたるとしたものの、第2審ではおよそ「危難」か否かの判断は回避されている。[54][55]

---

54)　最終的には、過剰避難にあたるとしている。
55)　広島高松江支判平成13・10・17判時1766号152頁。「避難するため」とはいえないとし、緊急避難・過剰避難の成立を否定している。

こうした不法入国事案は、既に第1章において検討したように、ドイツ語圏各国においても広く問題となっている。例えば、ドイツの Nienburg 区裁判所2013年5月16日判決において、アフガニスタン国籍の被告人は、自分の夫が米軍の通訳であったため、NATO 軍撤退に伴い反対派から自分たちが報復されることを恐れて、国外に脱出してイラン、トルコ、ギリシャを経由してドイツに入国し、入国審査官に偽造パスポートなどを呈示した事案で、被告人およびその親族の生命に対する現在の危険を肯定している。これに対して、同様の事案が問題となったオーストリアの Linz 上級地方裁判所2013年10月4日判決では、被告人がオーストリアに入国する前に、トルコやリビアに一定期間滞在しており、その段階で生命に対する具体的危険が存在したと認めることはできないとして、現在の危険を否定している。なお、Nienburg 区裁判所判決は、難民の地位に関する条約（以下、難民条約）31条1項の適用の有無を論じる必要はなく、免責的緊急避難が成立するとして、無罪を言い渡している。

このように、ドイツ語圏各国における不法入国事案をめぐっては、一律に規範的見地から被告人の生命などに対する危険が否定されるわけではなく、個別具体的な事案に応じた判断がなされているものと評価できる。また、難民条約31条1項が存在するからといって、それによって緊急避難規定の適用が直ちに限定されると解されているわけでもない。

我が国は、ドイツ語圏各国と同様に、難民条約に加入し、その際に、難民条約31条1項に対応する出入国管理法70条の2を規定している。もちろん、ドイツ語圏各国と比較しても我が国は難民などの受入れに消極的であり、そうした消極性は、我が国の秩序維持を重視することに基づく一定の政策的な

---

56) 第1章第2節Ⅳ2(3)〔本書45頁以下〕参照。
57) 第1章第4節Ⅲ2(3)〔本書98頁以下〕参照。
58) 第31条 避難国に不法にいる難民
　第1項 締約国は、その生命または自由が第1条の意味において脅威にさらされていた領域から直接来た難民であって許可なく当該締約国の領域に入国しまたは許可なく当該締約国の領域内にいるものに対し、不法に入国しまたは不法にいることを理由として刑罰を科してはならない。ただし、当該難民が遅滞なく当局に出頭し、かつ、不法に入国しまたは不法にいることの相当な理由を示すことを条件とする。
59) 昭和56年6月12日法律第86号。

136　第2章　我が国における解釈論的展開

判断によるものと理解することは可能であろう。しかし、こうした政策的判断をもって直ちに、我が国の国法秩序全体からみて、出入国管理法70条の2以外の場合には、不法入国者の生命などへの「危難」がおよそ否定されていると解するべきとはいえない。むしろ、本条はあくまでも一定の場合に刑の免除を定めるものにすぎず、それ以外の場合であっても、なお個別具体的な事案に応じて「危難」の存在を肯定する余地は残されているとみるべきである。こうした観点からは、前出の松江地判平成10・7・22が、正面から「危難」の存否を具体的に検討したのは、妥当な判断であったといえよう。[60]

(3)　社会的危難

　規範的観点からする「危難」の存否の判断に関してさらに問題となるのは、社会関係上生じる危難（いわゆる社会的危難）、特に国家統制下で生じる危難である。判例・裁判例は、こうした社会的危難の場合には、緊急避難の成立を認めることに消極的である。例えば、陶磁器工業組合の地域内で陶磁器製造販売を業とする非組合員が、組合理事長から工業組合法に基づき生産数量の割当を受け、また、共同販売と製品検査の通告を受けたにもかかわらず、これに従うと著しく自己の生産額を減じ1ヶ月6円の利益を得るにすぎなくなるために従わなかったという事案で緊急避難の成立を否定したもの[61]、妻が妊娠中であり食糧難でその日の食糧にも事欠くような生活をしていたため窃盗を行ったとの主張に対し、「犯行の動機を縷々のべているだけのことで原審も被告人の犯行が緊急已むを得ない状況の下においてなされたものとは認めなかったのであるから刑法第37条第1項を適用しなかったのはもとより当然」としたもの[62]など多数にわたる。[63]

---

60)　町野朔=辰井聡子「不法入国と緊急避難」現代刑事法7号（1999年）79頁以下参照。

61)　大判昭和11・2・10刑集15巻96頁。

62)　最判昭和23・6・12裁判集刑2号437頁。

63)　その他にも、隠退蔵物資の摘発のために人の看守する工場に侵入した事案で、隠退蔵物資の摘発は国民全体の財産に対する現在の危難から救うための行為であったとの上告趣意に対して、現在の危難があったとはいえないとしたもの（最大判昭和25・9・27刑集4巻9号1783頁）、娘と2人で田畑1反歩位を耕作している被告人が、米2俵を闇買して無許可で運搬する行為につき緊急避難の成立を否定したもの（高松高判昭和24・10・4特報1号350頁）、会社使用人等のために精米を闇買した行為につき緊急避難の成立を否定したもの（仙台高判昭和26・6・20特報22号61頁）など、判文上は必ずしも「危難」を否定したのか明らかではないものの、緊急避難の成立が否定されている。

第 3 節　緊急避難規定の要件解釈　*137*

　既に論じたように、刑法37条１項の「危難」とは、物理的な危険があれば
直ちに認められるものではない。特に、国家の混乱期や非常事態において、
国家が関係する諸利益を調整するために一定の統制を行っている場合には、
その統制において当然の前提とされる欠乏等については国民が等しく甘受す
べきといえるため、規範的にみて、「危難」とは評価されない。そして、経
済的な利益が保全利益とされる場合には、こうした社会的危難の議論は特に
妥当するであろう。[64]

　豪雨湛水による稲の枯死を防ぐために板堰を破壊した事案において、判例
は、緊急避難の成立を認めつつも、本件板堰は「洪水氾濫に際しても尚利害
対立関係者双方の損害を公平に調節することを目的とする堤防の類と趣を異
にする」と述べている。[65]これもまた、洪水によって社会に生じ得るコンフリ
クトを堤防により事前に調整している場合には、それを破壊することで自己
の利益を保全したとしても緊急避難の成立を否定するという社会的危難の議
論を肯定したものといえよう。

　ただし、対立する諸利益を事前に想定して調整済みとはいえない場合、例
えば、食料統制下であっても欠乏等により餓死する危険が切迫しているよう
な場合には、もはやこのような事前の統制が想定する範囲外であり、なお本
条にいう「危難」を認めるべきである。[66]

3　危難の現在性

(1)　判例・裁判例の分析・検討

　(a)　**判例・裁判例の動向**　　我が国の判例は、基本的には危難の現在性を、
正当防衛における侵害の急迫性と同様に解しているといえる。例えば、①
「『現在の危難』とは現に危難の切迫していること」とされ、[67]また、②「刑法

---

64)　オーストリアの判例が、経済的利益を保全利益とする場合の免責的緊急避難を事実上認めな
　　　い態度を示している（Kienapfel/Höpfel/Kert, Strafrecht Allgemeiner Teil 15. Aufl.(2016), Z 20 Rz.
　　　12）のも、同様の発想に基づくものといえよう。

65)　大判昭和 8 ・11・30刑集12巻2160頁。

66)　小名木明宏「緊急避難における利益衡量と相当性についての一考察」法学研究67巻 6 号（1994
　　　年）38頁。

67)　最大判昭和24・ 5 ・18刑集 3 巻 6 号772頁（ただし、判旨部分については、判例体系30巻(3)
　　　〔1954年〕799頁）。

138 第2章 我が国における解釈論的展開

36条にいわゆる急迫の侵害における『急迫』とは、法益の侵害が間近に押し迫ったことすなわち法益侵害の危険が緊迫したことを意味するのであって、被害の現在性を意味するものでは」なく、「刑法第37条にいわゆる『現在の危難』についても、ほぼこれと同様のことが言い得る」とされている。[68]

これに対して、危難の切迫性あるいは緊迫性といった概念について、他に採り得る手段との関係でより具体的な判断基準を示す下級審裁判例もある。③韓国元内務部長官等の亡命に関する事案において、「現在の危難」とは、「法益の侵害が間近に押し迫ったこと、即ち法益侵害の危険が緊迫したことを意味する」とし、危険の緊迫性の判断基準につき、「集団組織的な侵害の場合においては、事態をそのまま放置し拱手傍観しているならば侵害の実現が必至（時間的にある程度の長短があるとしても）と認められる状態に立ち至った時期乃至段階」としつつ、「被害者自身の側における諸種の条件、即ちその行動能力の優劣或は遅速又はその置かれている位置環境、さらにはそこで採られ得る避難行為の方法態様等」をも考慮するとしたものがそれである。[69][70]

こうした判例・裁判例とは別に、侵害利益が生命である場合について、より厳格な判断を示した下級審裁判例もある。すなわち、④宗教団体におけるリンチ殺人が問題とされた事案で、「緊急避難における『現在の危難』とは、法益の侵害が現に存在しているか、または間近に押し迫っていることをいうのであり、近い将来侵害を加えられる蓋然性が高かったとしても、それだけでは侵害が間近に押し迫っているとはいえない」としつつ、「本件のように、生命対生命という緊急避難の場合には、その成立要件について、より厳格な解釈をする必要がある」とされている。[71]

　(b)　**判例・裁判例の検討**　　判例②においては、侵害の急迫性および危難の現在性の要件が充足されないとした原審に対し、正当防衛あるいは緊急避

---

68)　前掲注39)最判昭和24・8・18。

69)　福岡地判昭和37・1・31下刑集4巻1=2号104頁。

70)　また、大阪高判昭和25・3・23特報8号88頁は、進駐軍の物資輸送を行っていた被告人が、自らが輸送を行わなければ輸送が絶えて市民が飢えるという危難が生じると主張したのに対し、「現在の危難即ち緊迫せる危難が他人の法益を害する外他に救助の途なき状態に在ることを必要とする」としつつ、進駐軍はそれ自身巨大な輸送力を有し、運送業者も他にいるなど、他に採り得る方法を指摘して「現在の危難」を否定している。

71)　東京地判平成8・6・26判時1578号39頁。

第 3 節　緊急避難規定の要件解釈　*139*

難が成立すると主張した上告について判断が示されており、侵害の急迫性の
みならず危難の現在性についても切迫性あるいは緊迫性という基準を要求し
たものと解すべきである。しかし、判例の述べる切迫性ないし緊迫性という
基準を、正当防衛の場合と緊急避難の場合とで常に同一に解するべきであろ
うか。

　正当防衛の場合には、こうした切迫性ないし緊迫性は、時間的な切迫性と
して厳格に解されることが多い[72]。これに対して、既にみたように、緊急避難
に関しては、裁判例③のような、「事態をそのまま放置し拱手傍観している
ならば侵害の実現が必至（時間的にある程度の長短があるとしても）」とする判
断、すなわち、その時点で何らかの回避措置を採らない限り、法益侵害の実
現を回避し得ない場合について、ある程度の時間的な長さにもかかわらず危[73]
険の緊迫性を肯定する判断が示されている[74]。こうした判断は、緊急避難の場
合には、危険の切迫性・緊迫性を判断するに際して、必ずしも時間的切迫性
のみに拘泥すべきではないことを示している。

　なお、侵害利益が生命である場合には、他の法益が問題となる場合に比し
て、危難の現在性判断が厳格化すると論じる裁判例④は、看過し得ない問題
を含んでいる。侵害利益が生命である場合には、緊急避難の成立要件の判断
が厳格化するということ自体は、ドイツにおける議論でもみられることであ[75]
り、生命法益の重要性という見地からすれば、理解し得るところである。し

---

72)　西田ほか編・前掲注42）424頁以下〔橋爪〕参照。なお、侵害の開始に比して、侵害の継続に
　おいてはより時間的にみて緩やかな判断がなされるとしても、例えば最判平成9・6・16刑集51
　巻5号435頁のように、侵害が「間もなく」再開されるという理由で侵害の継続を認めるのであ
　れば、なお時間的切迫性は重要な意味を有しているといわざるを得ない。

73)　本件事案では、被告人に対する遡及的な重刑による処罰は、必ずしも時間的に切迫したもの
　とはいいがたいが、「いつ保釈が取り消されて再収監されるやも測り知れない情勢」になったと
　認定されている。再収監された時点で直ちに処罰がなされるわけではないとすれば、すなわち、
　事態の推移によって見込まれる損害が、確かに直接的に迫っているわけではないものの、直ちに
　その段階で行為をなさなければ危険を回避し得ない場合にあたるといい得る。

74)　裁判例③が、継続的危険の事例を肯定したものだとする理解として、山中敬一『刑法総論［第
　2版］』（成文堂・2008年）523頁、吉田敏雄「正当化緊急避難(2)」北海学園大学法学研究48巻3
　号（2012年）475頁注（63）。

75)　とはいえ、ドイツの判例においては、危険の現在性ではなく、補充性や危険甘受の期待可能
　性に関して、判断の厳格化がなされている（第1章第2節Ⅳ3(3)〔本書53頁以下〕参照）。

かし、「その時点で何らかの回避措置を講じない限りは危難を回避し得ない」という判断自体は、たとえ侵害利益が生命であっても全く同様のはずである。というのは、ここで問題となっている危難とは、あくまでも保全利益に対するものであって、侵害利益の性質とは無関係に決せられることだからである。侵害利益の性質が問題となるのは、むしろ補充性や害の均衡といった、保全利益と侵害利益との関係が問題となる局面においてである。このような見地からは、裁判例④が、被告人が被害者殺害を拒否しても、「ただちに被告人が殺害されるという具体的な危険性も高かったとは認められない」と判断したのは、時間的切迫性のみを過度に重視したものといえよう[77]。

(2) 学説の分析・検討

学説においても、正当防衛における侵害の急迫性と、緊急避難における危難の現在性とを同視する見解が通説的といえる[78]が、近時は、後者をより緩やかに解し、「その時点で何らかの回避措置を講じない限り危難を回避できない」場合にも危難の現在性を肯定する見解も有力[79]である。また、そもそも正当防衛における侵害の急迫性を緩やかに解する見解も主張されている[80]。こう

---

76) 前掲注71)・東京地判平成8・6・26同誌48頁。

77) むしろ本件では、被告人があくまで被害者殺害を強硬に拒否し続けたとすれば、被告人自身も殺害される可能性が存したと認定されている以上、もはや被告人には、被害者を殺害する以外に、自己の殺害を回避する手段は本件行為の時点で既に存在していなかったと考えるべきである（大嶋一泰「判批」『平成8年度重要判例解説』〔有斐閣・1997年〕146頁）。

78) 平野龍一『刑法総論Ⅱ』（有斐閣・1975年）233頁、内藤・前掲注38）429頁以下、福田平『全訂刑法総論［第5版］』（有斐閣・2011年）167頁（ただし、同・167頁では、継続的危険の概念を肯定する）、大谷實『刑法講義総論［新版第4版］』（成文堂・2012年）298頁、浅田和茂『刑法総論［補正版］』（成文堂・2007年）248頁、大塚・前掲注38）402頁、松宮孝明『刑法総論講義［第5版］』（成文堂・2017年）158頁（ただし、過剰避難については別異に解する）。

79) 大嶋一泰「緊急避難における危難の現在性について」『変動期の刑事法学—森下忠先生古稀祝賀（上巻）』（成文堂・1995年）293頁、山口厚『問題探究刑法総論』（有斐閣・1998年）105頁、松原・前掲注21）190頁、山中・前掲注74）523頁、高山佳奈子「『不正』対『不正』状況の解決」研修740号（2010年）10頁、西田ほか編・前掲注42）483頁〔深町晋也〕、高橋則夫『刑法総論［第3版］』（成文堂・2016年）310頁注14。

80) 名古屋地判平成7・7・11判時1539号143頁を援用し、侵害行為を一連一体として捉えつつ、特にDV反撃殺人事例のような場合に、時間的接着性を緩やかに判断する見解として、岡田久美子「DV殺人と正当防衛」『比較判例ジェンダー法』（信山社・2007年）71頁以下、森川恭剛「DV被害者の反撃と正当防衛」琉大法学80号（2008年）16頁以下、矢野恵美「正当防衛成立要件の再考」法学（東北大学）77巻6号（2014年）229頁参照。

第 3 節　緊急避難規定の要件解釈　*141*

した学説を分析・検討するにあたっては、ドイツにおける検討と同様に、①[81]
正当防衛については、緊急避難とは異なり、侵害の急迫性を緩やかに解する
ことができない理由、および②緊急避難については、正当防衛とは異なり、
危難の現在性について緩やかに解することができる理由に分けて考察するの
が便宜であろう。

　①の理由は、既にドイツにおける議論で検討したように、正当防衛が、侵
害から逃げられる場合でも逃げる必要はなく（すなわち、厳格な補充性に服し
ない）、かつ害の衡量による制約を受けないという意味で苛烈なものであり、
そのため、厳格な時間的制約に服する必要がある点に求められる。この点に
関しては、正当防衛においても継続的侵害を肯定する代わりに、侵害から逃
げられる場合には逃げなければならないとして、正当防衛権の範囲を限定す
ることも、理論的には不可能とはいえない[82]。しかし、我が国の判例実務が、
侵害の急迫性について厳格な時間的切迫性を要求している現状からすれば、
理論的に可能というだけでは、こうした理解を採用する理由に乏しいであろ
う。

　次に、②の理由について検討する。既に判例の分析・検討において述べた
ように、侵害の急迫性と危難の現在性とを同一に解する根拠は必ずしも明ら
かではない。そもそも条文上も、「急迫」性と「現在」性という異なった文
言が用いられており、両者を同一に解するべき理由は少なくとも形式的には
存在しない[83]。また、スイスにおける判例が論じるように[84]、侵害は攻撃それ自
体であるのに対して、危難は攻撃のリスクであって、後者はそもそも時間的
により広いスパンで認められるものといえる。さらに、旧刑法75条2項が
「天災又ハ意外ノ變ニ因リ避クヘカラサル危難」としていたのを、このよう

---

81)　第1章第2節Ⅲ2(2)〔本書21頁〕参照。

82)　こうした主張については、第3章第1節Ⅲ4〔本書202頁〕参照。

83)　ドイツ刑法やスイス刑法においては、正当防衛と緊急避難とで、いずれも同じ文言（ドイツ
　刑法では「現在の（gegenwärtig）」、スイス刑法では「直接的な（unmittelbar）」）が用いられて
　いるにもかかわらず、なお緊急避難の危険の現在性あるいは直接性を緩やかに解していることを
　想起されたい。なお、改正刑法草案15条1項は、緊急避難の危険について「急迫した」と規定し、
　同14条1項の正当防衛と文言を一致させているが、本書の立場からすると、不要な混乱を回避す
　るためには、一致させるべきではないことになる。

84)　第1章第3節Ⅱ1(2)〔本書67頁以下〕参照。

142　第2章　我が国における解釈論的展開

な例示的文字は無用であるとして「現在の危難」と改めたとする立法経緯か[85]らしても、危難の回避不能性こそが重要なのであって、時間的切迫性のみに拘泥する理由はないといえる。

　また、実質的にみても、ドイツにおける議論で検討したように[86]、直ちにその段階で回避措置を講じない限り危険を回避し得ない段階に至ったのであれば、それ以上危険が切迫することをなお行為者に待つことを強いる理由は存在しない。というのは、それ以上待機を強いるということは、行為者に残った避難手段が、更なる時間の経過によってその実効性が失われていくことになり、結局のところ、行為者が損害を甘受せざるを得ないことを意味するからである[87]。

　この点、学説においては、正当防衛における侵害の急迫性と緊急避難における危難の現在性とを緊急行為性という観点から統一的に把握し、危難の現在性についても時間的切迫性を厳格に要求する一方で、正当防衛・緊急避難が成立しない事例を自救行為によって捕捉しようとする見解も有力に主張されている[88]。しかし、そもそも正当防衛と緊急避難とが緊急行為として統一的に把握されるべきであるとしても、両者の時間的始期を統一的に解すべき理由とはならない。それぞれの違法阻却事由の有する構造に応じて[89]、それぞれ

85）　倉富勇三郎・平沼騏一郎・花井卓蔵監修『刑法沿革綜覧』（清水書店・1923年）2143頁。なお、佐伯（仁）・前掲注7）132頁は、侵害の急迫性と危難の現在性とを同様の概念とするのが立法者の立場だとするが、論者の見解において、そのように解する根拠が明確に示されているとはいえない。

86）　第1章第2節Ⅲ2(3)〔本書23頁〕参照。なお、友田博之「DV被害者による『眠っている』加害者に対する反撃について」立正法学論集46巻1＝2号（2013年）83頁注(31)は、ドイツにおいては我が国とは異なり、（攻撃的緊急避難のみならず）防御的緊急避難も含むがゆえに、危険の現在性の解釈もドイツと日本とで異なるのだとする。しかし、①継続的危険の概念を肯定し、危険の現在性を侵害の現在性よりも緩やかに解するドイツの判例は、必ずしも防御的緊急避難論には関心を示していないこと、および、②そもそも、防御的緊急避難を含むとなぜ危険の現在性をより緩やかに解することができるのかが明らかではないこと（正当防衛における侵害の現在性はむしろ限定的に解されている）からすれば、かかる理解には従うことができない。

87）　このように解しても、正当防衛とは異なり、緊急避難においては厳格な補充性が要求されるために、緊急避難の成立範囲が不当に拡張しない。

88）　佐伯（仁）・前掲注7）132頁以下、橋爪隆『正当防衛論の基礎』（有斐閣・2007年）348頁以下。

89）　したがって、平野・前掲注78）233頁や佐伯（仁）・前掲注7）132頁が、盗犯等防止法1条1項における「現在ノ危険」を挙げることで、侵害の「急迫性」と危難の「現在性」とを同一視するのは妥当ではない。問題となるのは、あくまでも個々の違法阻却事由の解釈であり、正当防衛

第3節　緊急避難規定の要件解釈　*143*

に要求される「緊急行為性」を確定すれば足りるにすぎない[90]。また、実務上はその成立が極めて認められにくく、かつ、実定法上の明文規定を欠くために具体的な成立要件も不明確である自救行為に問題を委ねることは、緊急避難で問題を解決するという選択肢と比較して、解釈論として望ましいとも優れているとも思われない。

なお、ドイツにおける判例の分析[91]からすると、①継続的危険が極めて切迫しているため、いつでも（すなわちまもなくであっても）損害に転化し得る場合（ただし、損害の発生に一定のタイムラグが見込まれる可能性が残る場合も含める[92]）と、②事態の推移によって見込まれる損害が、直接的に迫っているわけではないものの、直ちにその段階で行為をなさなければ危険を回避し得ない場合[93]を分ける必要があるようにも見える。確かに、前者の場合には、損害発生に一定のタイムラグが生じ得るといった不確実性を含めて、危険の継続性が肯定されやすいことは否定できない。しかし、「一定のタイムラグが見込まれる可能性が残る」場合と、「その時点ではなお危険が損害に転化しない」場合との差は、具体的事案においてはさほど大きくはない場合が多いであろう[94]。

また、「ある時点（ｃ時点）ではなお危険が損害に転化しない」と明確に判断できる場合であっても、一定の時間が経過すれば、「その時点（ｂ時点）ではもはやいつ損害に転化してもおかしくない」状態になり、さらに、「もはやいかなる回避措置も講じることができず、損害を甘受せざるを得ない時点

における「急迫性」（刑法36条1項）と「現在性」（盗犯等防止法1条1項）とが同一に解されるべきだとしても、そのことからは、緊急避難における「現在性」までもが同一に解されるべきとの帰結を導くことはできない。

90)　橋爪・前掲注88）348頁においては、侵害の急迫性につき時間的切迫性を厳格に要求する理由として、「『現場に滞留する利益』も実質的に危殆化されうる」ことが挙げられているが、論者によれば、「現場に滞留する利益」は、正当防衛と緊急避難との差異を基礎づける要素である（橋爪・前掲注88）352頁）。正当防衛独自の要素を考慮して侵害の急迫性を厳格に解するのであれば、緊急避難の危難の現在性については、むしろ緩やかに解する方が理論的には一貫するはずであろう。

91)　第1章第2節Ⅲ2(1)〔本書20頁〕参照。

92)　ドイツにおける継続的危険の判断枠組み(b)に対応する。

93)　ドイツにおける継続的危険の判断枠組み(c)に対応する。

94)　例えば、裁判例③にしても、「いつ重罰に処されてもおかしくない」という状況であれば、①の場合に属するともいい得る。

144 第2章　我が国における解釈論的展開

（a時点）」に至る。b時点においては、いつa時点に至るかはもはや分からない以上、この段階で危難が現在化していると解するのが前述の①の場合である。

　これに対して、c時点においては、なお行為者はb時点に至るまで待つべきであるとの価値判断もあり得る。しかし、c時点からb時点まで行為者を待たせておくことで生じるのは、採り得る回避手段が限定され、かつ、その実効性が失われる可能性の増大である。すなわち、c時点で行為者は既に、何らの回避手段を講じない限り、もはや損害を回避できない強制状況にあり、c時点からb時点への時間は、行為者が有する回避手段の実効性が低下する（あるいは実効性を失う）時間に他ならない。例えば、ドイツにおいて問題となった偽証事例[95]を想起すれば分かるように、偽証しなければ殺すと脅迫を受けていた被告人が公判廷で偽証した時点（これがc時点にあたる）では、なお犯人やその仲間から暴行を加えられることはないが、一たび被告人が法廷を出れば（これがb時点にあたる）、いつなんどき暴行を加えられるか分からないという事例においては、公判廷で偽証しない限りは、もはやそれ以降では損害を回避できないといえよう。行為者が当該行為を行った時点では、「いつ損害に転化してもおかしくない」とまではいえないものの、その時点で一定の回避手段を講じない限り、損害を実効的に回避し得ない場合に、なお行為者に待機を強いるのは、損害の甘受を強いるのと同義であろう。したがって、前述の②の場合にもなお危難の現在性を認めるべきである。

　なお、本書のように、危難の現在性において時間的切迫性を要求せず、一定の回避手段を採らない限りは損害が回避し得ない時点に至れば足りるとする見解に対しては、危険の現在性と補充性とが同一の判断に帰することになるとの批判が予想される。しかし、既にドイツの議論において論じたように[96]、危難の現在性は、その時点において、その場から逃げるという手段、第三者の利益を侵害する手段、あるいは被害者の利益を侵害する手段など、危難の回避に資する様々な手段のうち、何らかの手段を講じない限り、もはや損害

---

95)　RGSt 66, 222; BGHSt 5, 371.

96)　第1章第2節Ⅲ2(2)〔本書21頁以下〕参照。

を甘受せざるを得なくなる場合に肯定される。すなわち、損害を甘受しないためには、その時点で何らかの手段を採らざるを得ないという意味での強制状態に陥っている場合に、危険の現在性が肯定される。これに対して、補充性要件は、かかる危難の現在性が認められた後に、危難の回避に資する何らかの手段のうち、最も侵害性の少ない手段を選択しなければならないという要請であるから、なお危難の現在性とは異なる要件である。[97] このように、刑法37条1項は、利益衝突状況あるいは二律背反状況を、危難の現在性および回避手段の補充性という2つの要件によって記述したものと解することができる。

(3) 若干のあてはめ

以上の見解を、判例・裁判例で問題となった事案[98]に即して検討する。腐朽した橋の架け替えを村当局に行わせるために橋をダイナマイトで爆破した事案（いわゆる「堰根橋（関根橋）事件」）において、「右吊橋は200貫ないし300

---

97) 本文のような説明につき、危難の「現在性」を必要とする論拠としては不十分と批判するものとして、小林・前掲注26) 146頁。

98) なお、道路交通における局面では、危難の現在性が比較的肯定される傾向にある。例えば、盲腸炎のため一刻も早く入院治療を要する状態にあった者を病院に搬送し、駐車禁止区域に自動車を駐車した事案で、生命、身体に対する危難があるとしたもの（帯広簡判昭和33・1・31一審刑集1巻1号155頁）、中央線を越えて高速度で対向してくる自動車を発見したために、ハンドルを左に切って約1メートル左に寄り、後続する自動二輪車と衝突した事案につき、「自己の生命身体に対する現在の危険な状態にあった」とするもの（大阪高判昭和45・5・1高刑集23巻2号367頁）、通行区分違反を犯した少年につき、対向車が交通法規に反し道路左側部分を進行していたとして、「対向車との衝突による現在の危難」を肯定したもの（長崎家佐世保支決昭和49・4・11家7巻1号165頁）、酒乱で粗暴癖のある被告人の弟が、飲酒酩酊の上、自動車を運転して被告人方へ鎌を持って暴れ込み、逃げた被告人をさらに自動車で追いかけようとしたため、やむなく被告人は酒気帯びのままで警察署まで自動車を運転したという事案で、被告人が警察署に到着するまでの間は、「被告人の生命、身体に対する危険の現に切迫した客観的状況が継続していた」とするもの（東京高判昭57・11・29刑月14巻11=12号804頁）、被告人が自動車で自宅に向かって走行中に、後部座席の次女が高熱を発したために、かかりつけの病院に急ごうとして最高速度を超過して運転した事案で、次女の病状は「身体に対する現在の危難」にあたるとしたもの（堺簡判昭和61・8・27判タ618号181頁）、被告人運転の乗用車が交差点を右折した際に、交差点からほぼ同じ頃に発進したワゴン車に接触しそうになったことから、ワゴン車が被告人車の進路前方に割り込むように停車し、降りてきた暴力団員風の男に怒鳴られ被告人車を蹴られる等されたために、発進右折して逃げようとしたところ、自動二輪車と衝突して被害者を死亡させたという事案で、「被告人及び同乗者の身体に対する危難が間近に迫っていた」とするもの（大阪高判平成7・12・22判タ926号256頁。ただし、緊急避難を認めた原審に対して、補充性および相当性を否定して破棄有罪とした）がある。

146　第2章　我が国における解釈論的展開

貫の荷馬車が通る場合には極めて危険であったが、人の通行には差支えなく（中略）、しかも右の荷馬車も、村当局の重量制限を犯して時に通行する者があった程度であった」ため、「本件吊橋の動揺による危険は、少くとも本件犯行当時たる（中略）冬期においては原審の認定するほどに切迫したものではなかった」として、緊急避難および過剰避難の成立を否定したものがある。[99]

　本件では、腐朽した木造の吊橋が問題となっており、ドイツにおける継続的危険の議論で事例として挙げられる「いつ壊れるか分からない家」と類似の問題状況といえる。このような理解からすれば、本件でも、いつ壊れてもおかしくない本件吊橋については、一旦壊れたらもはや利用者の生命・身体に対する危難の回避はできないという意味で、その危険が継続しているため、被告人らの行為の時点で、既に危難の「現在」性が肯定され得たのではないかが問題となる。

　しかし、最高裁が示した事実認定を前提にすると、本件では、村による吊橋の重量制限が既に課されていたことの評価が重要となる。すなわち、村によって既に吊橋の重量制限がなされているところ、こうした制限は、吊橋を利用することによる危険性と吊橋を利用することによる便益などの対立する諸利益を事前に調整した結果、「人の通行」のみを許容したものと解するべきである。したがって、規範的にみれば、「荷馬車の通行」で生じる吊橋の動揺による危険性については原則として「危難」と評価することができないことになる。他方で、本件吊橋は、「人の通行には差支えな」い以上、「人の通行」で生じる吊橋の動揺による危険は、事実的にみてもなお抽象的にしか存在しないとみることができる。したがって、「人の通行」を前提とする限りでは、当該吊橋の崩落の危険性は、なお抽象的なものにとどまり、「現在の危難」と評価することはできない。

---

99)　最判昭和35・2・4刑集14巻1号61頁。なお、本件では、ダイナマイトによる橋の爆破という爆発物取締罰則1条の構成要件に該当する行為が問題となっている。本罪の法定刑は「死刑又ハ無期若クハ七年以上ノ懲役又ハ禁錮」と極めて重いため、酌量減軽のみでは3年6月の懲役（または禁錮）という実刑判決となる。本件の差戻控訴審（仙台高秋田支判昭和34・4・1刑集14巻1号77頁）は、過剰避難の成立を肯定し、法定減軽および酌量減軽を行うことで、懲役2年執行猶予3年という判決を下したが、本件最高裁判決は、本文で述べたように「現在の危難」を否定することで、緊急避難・過剰避難の成立を否定した。

これに対して、宗教団体におけるリンチ殺害事件が問題となった前出の東京地判平成 8 ・ 6 ・26では、被告人にとっては、もはや自己の生命に対する危険を回避できない状態に至ったと評価すべきであり、被害者の殺害を拒み続けて自己の生命に対する危険が時間的に切迫するまで被告人を待機させる理由は存在しないので、生命に対する現在の危難を認めるべきであろう。[100]

4 強要緊急避難

⑴ 問題の所在

強要者が被強要者を脅迫して、法益侵害行為を行うように強制する場合、強要緊急避難が問題となる。例えば、自分の子Bを誘拐された父親Yが、誘拐犯人Xから「子供を殺されたくなかったら、銀行強盗をして1億円強奪しろ」と脅迫されたため、やむなく銀行Aに対して強盗を行った事例（銀行強盗事例）において、緊急避難が成立するかが問題となる。[101]

⑵ 判例・裁判例の分析・検討

判例・裁判例においては、例えば、被告人が、共犯者から犯行を一緒にしなければ殺すぞと脅迫されたために強盗をした事案で、「脅迫を受けたとしてもそれが被告人の生命、身体に対する現在の危難であるともいえない」としたもの[102]があるが、この事例を強要緊急避難だという理由で緊急避難の成立を否定したものと位置づけることはできない。また、ある宗教団体の教団施設の一室において、教団代表者から、被害者を殺害しなければ被告人自身を殺害する旨脅迫されたために、被告人が被害者を殺害した事案で、過剰避難の成立が肯定されている。[103]

さらに、強要緊急避難に関する裁判例として注目されるのが、被告人が覚せい剤の自己使用を強要された事案に関するものである。[104] 事案は、被告人が、覚せい剤を使用してその影響下にある捜査対象者から、拳銃を右こめかみに

---

100) 大嶋・前掲注77）146頁参照。
101) 井上・前掲注3）104頁以下参照。
102) 最判昭和24・10・13刑集3巻10号1655頁。
103) 前掲注71）・東京地判平成8・6・26。
104) 東京高判平成24・12・18判時2212号123頁。

148　第2章　我が国における解釈論的展開

突き付けられて、目の前にある覚せい剤を注射するよう迫られたというもの
であり、東京高判は、「被告人の生命及び身体に対する危険が切迫してい
た」として現在の危難を肯定し、かつ、他の成立要件も認めて、緊急避難の[105]
成立を肯定した。

　このように、判例・裁判例においては、法益侵害行為が強要される場合で
あっても、強要緊急避難として特殊な取扱いをすることなく、「現在の危
難」が肯定されているものといえよう。[106]

(3)　学説の分析・検討

　学説においては、上述の銀行強盗事例において、Xに強盗罪の間接正犯が
成立する場合には、Xに当該犯罪との関係で不法があり、Yはこれに加担し
ているので、YとXの不法の客観的な一体性が認められ、したがってAは
かかる不法なYとの間に社会連帯を有しないとして、Yの緊急避難の成立を
否定する（すなわち、AはYに対しても正当防衛で対抗し得る）との見解も主[107]
張されている。しかし、この見解が、Xが直接利用する場合のみ、被強要者
Yが強要者Xの不法に加担するとしている理由は必ずしも明らかではない。
すなわち、なぜXに間接正犯が成立する場合にのみ、このような不法の加
担が肯定されるのであろうか。

　この点に関して、Xが第三者Yの壺をAに投げつけたときに、AがこのY
の壺に対して正当防衛で対抗できるとされるのと同様に、XがYを道具とし
て直接利用しているような場合（間接正犯が成立する場合）には、AはYに
対して正当防衛で対抗し得るのだとする論拠も主張されているが、前者の事[108]
例においては、Yの壺についてYの行為性を想定し得ず、したがって緊急避

---

105)　本件では、「やむを得ずにした行為」についても肯定されているが、そこでなされている相
　　当性判断については後述する。
106)　井上宜裕「判批」『平成26年度重要判例解説』（有斐閣・2015年）160頁。これに対して、橋
　　田久「判批」刑事法ジャーナル38号（2013年）86頁は、前掲注104）・東京高判平成24・12・18を
　　もって裁判実務が強要緊急避難の全面的な正当化に踏み出したと捉えるのは早計であるとするが、
　　少なくとも「現在の危難」要件においては、強要緊急避難の特殊性は存在しないものと思われる。
　　それ以外の要件において特殊な考慮を行うべきかについては、相当性要件の項で詳述する。
107)　橋田久「強制による行為の法的性質(1)」論叢131巻1号（1992年）108頁、橋田・前掲注7）
　　62頁以下。
108)　橋田・前掲注7）66頁。

難の成立も問題とならないのに対し、後者の事例においては、Ｙの行為について緊急避難の成立が独自に問題となるため、そもそも事例が異なると反論し得る。[109]

　また、頭のよい犯罪者がみなこのような方法で利益を取得することになり不当であるとの観点から、利益衝突を媒介するのがＸの意思のみにかかるような場合には緊急避難が成立しないとする見解もある。[110]しかし、落ち度のないＹとＡとの間に利益衝突状況が生じていることは否定しようがなく、そのような状況を設定・維持しているのがＸだということをもって、Ｙの緊急避難の成立が否定されるとはいえない。したがって、Ｙについては危難の現在性や補充性などの要件が充足される限り緊急避難が成立し、Ａは正当防衛では対抗できないと解するべきである。[111]

Ⅲ　「やむを得ずにした」要件について

1　判例・裁判例の分析・検討

⑴　判例・裁判例の動向

　判例は、「やむを得ずにした行為」とは、「当該避難行為をする以外には他に方法がなく、かかる行動に出たことが条理上肯定し得る場合を意味する」[112]としている。すなわち、①危難を避けるために当該行為の他に採るべきより侵害性の少ない手段が存在しないことを補充性として要求し、[113]かつ、②当該避難行為に出たことが条理上肯定され得るということを相当性として要求している。

　補充性について判例・裁判例は、より侵害性の少ない他に採り得る手段の有無を客観的に判断しつつ、[114]その判断においては、行為者の身体能力などの

---

109)　島田聡一郎「適法行為を利用する違法行為」立教法学55号（2000年）29頁。
110)　松宮・前掲注78）161頁。
111)　山口・前掲注２）151頁、佐伯（仁）・前掲注７）190頁。
112)　前掲注67）・最大判昭和24・5・18。
113)　大判昭和8・9・27刑集12巻1654頁参照。
114)　前掲注65）・大判昭和8・11・30、前掲注71）・東京地判平成8・6・26。

150　第2章　我が国における解釈論的展開

一般的能力を考慮している[115]。また、判例においては、継続的危険という概念が認められておらず、したがって、継続的危険と補充性との関係を示した判例も見当たらないが、腐朽した橋の架け替えを村当局に行わせるために橋をダイナマイトで爆破した前述の事案で、仮に、橋がいつ落下するかも知れ[116]ないために通行者の生命・身体などに対する危難の現在性が肯定されたとしても、「その危険を防止するためには、通行制限の強化その他適当な手段、方法を講ずる余地のないことは」ないとして補充性が否定されている[117]。

　次に、相当性に関しては、判例・裁判例においては主として、侵害利益と保全利益との不均衡が著しい場合を念頭に論じられている。例えば、暴力団事務所で事実上監禁状態に置かれていた被告人が、監禁から脱出するために事務所に放火した事案につき、被告人の行動の自由の侵害の程度は甚だしいものではなく、身体の安全についても比較的軽い暴行のみが想定されていたのであって、「右のような程度の害を避けるために本件のごとき灯油の火力を利用した危険な態様の放火行為により不特定多数の生命、身体、財産の安全、すなわち公共の安全を現実に犠牲にすることは、法益の均衡を著しく失する」ものであって「条理上も是認し得るものではない」とされている[118]。

　これに対して、より多様な事情を考慮しつつ、条理上肯定され得るか否かを判断する裁判例もある。例えば、被告人が捜査対象者から覚せい剤の自己使用を強要された前述の事案で、「本件において危難にさらされていた法益の重大性、危難の切迫度の大きさ、避難行為は覚せい剤を自己の身体に注射するというものであることのほか、本件において被告人が捜査対象者に接触

---

115)　大阪高判平成10・6・24高刑集51巻2号116頁。暴力団事務所で事実上監禁状態に置かれていた被告人が、監禁から脱出するために事務所に放火した事案につき、「被告人は（中略）左足首を骨折したが、その後の治療により本件当時は歩行に支障がないほどに回復しており、現に、本件放火の前後に被告人が機敏に行動している事実からすると、（中略）左足首に暴行を受けていたとはいえ、当時逃走が困難となるほど歩行能力が低下していたとは認めがたいところ、組員らによる監視の程度は（中略）厳しいものではなく、その隙を突いて被告人がほぼ終日座っていたソファー近くの組事務所表出入口の門錠を外して逃走し、あるいは、（中略）裏口からの逃走によることも不可能ではなかった」と判示されている。

116)　この点は、ドイツの判例における判断枠組み(b)、すなわち危険がいつでも損害に転化し得る場合として、継続的危険とみることができよう。

117)　前掲注99)・最判昭和35・2・4。

118)　前掲注115)・大阪高判平成10・6・24。さらに、前掲注71)・東京地判平成8・6・26参照。

第 3 節　緊急避難規定の要件解釈　　*151*

した経緯、動機、捜査対象者による本件強要行為が被告人に予測可能であったとはいえないこと等に照らす」と、本件行為が「条理上も肯定できないものとはいえない」としたものがある。[119]

⑵　判例・裁判例の検討

　補充性の有無を客観的に判断しつつ、行為者の身体的能力のような一般的能力は考慮するという判断枠組みは、ドイツやスイスの判例においても採用[120][121]されているものであるが、客観的な要件である補充性を判断する際の枠組みとして、基本的に支持可能である。このような判断枠組みは、第 3 章第 1 節で検討する DV 反撃殺人事例において、行為者が長年の DV 被害によって身体的能力が著しく低下している場合や、行為者が未成年者で十分に身体的に成長していない場合などにおいては特に意義を有する。なお、放火のような重大犯罪においても、補充性判断は客観的に行われており、他に採り得る手[122]段の認定に際して危険甘受の期待可能性といった規範的考慮を行っていない[123]点で支持できる。

　これに対して、前掲・最判昭和35・2・4 では、仮に「現在の危難」が肯定されればという、仮定の場合に関する判断においてではあるが、吊橋の動揺による危険が継続していると評価できるにもかかわらず、単なる危険の一時凌ぎや結果発生の先延ばしではない手段、すなわち継続的保護を可能とする手段の検討が十分になされていない点については、なお不十分なものがあるといえよう。

　次に、相当性という規範的判断において、侵害利益と保全利益とが著しく不均衡な場合を問題とするのは、免責的緊急避難における危険甘受の期待可能性判断において、ドイツの判例・学説においてもなされている判断である。[124]とはいえ、我が国の判例・裁判例における相当性判断は、刑法37条 1 項本文

---

119)　前掲注104)・東京高判平成24・12・18。
120)　BGHSt 48, 255.
121)　BGE 125 Ⅳ 49.
122)　前掲注115)・大阪高判平成10・6・24。
123)　ドイツの判例がこのような規範的考慮を行っていることに対する批判は、第 1 章第 2 節Ⅳ 3 ⑶〔本書53頁以下〕参照。
124)　第 1 章第 2 節Ⅳ 3⑵〔本書51頁以下〕参照。

の「やむを得ずにした行為」の要件に関するものとしてなされており、刑法37条1項本文の法的性質を違法阻却事由と解する限り、両者の判断枠組みは似て非なるものであるようにも見える。

しかし、判例・裁判例の相当性判断は、補充性判断とは異なり、刑法37条1項本文の成立要件としては独自の意味を有さない。というのは、刑法37条1項本文においては害の衡量が規定されており、侵害利益と保全利益とが著しく不均衡な場合は、当然に害の衡量も否定されるからである。

むしろ、相当性判断は、刑法37条1項本文の緊急避難の成立と同時に、刑法37条1項ただし書の過剰避難の成立をも否定する点に、その機能的意義がある。そして、後に詳細に検討するように、過剰避難の実質は、免責的緊急避難（責任減少的緊急避難）に他ならないとすると、我が国の判例が行っている相当性判断の実質は、免責的緊急避難としての過剰避難の成立を否定するものであって、ドイツ語圏各国の免責的緊急避難において問題となる著しい不均衡事例に対する判断と同じものだと評価し得る。こうした、著しい不均衡事例において安易に処罰からの解放を認めることは不当であるとの問題意識自体は十分に理由があり、したがって、判例が相当性の枠内でこうした判断を行うこと自体は理解可能である。[125]

これに対して、一部の裁判例が、相当性判断の枠組みにおいて、著しい害の不均衡を超えて、より多様な事情を考慮しているように見える点は、なお慎重な検討が必要である。覚せい剤の自己使用強要に関する東京高判平成24・12・18は、前述のように、「避難行為は覚せい剤を自己の身体に注射するというものである」ことを相当性判断において考慮している。しかし、仮に自己ではなく第三者の身体に注射することを強要された場合には相当性が否定されるという趣旨であれば、覚せい剤自己使用罪で捕捉される法益侵害、すなわち公衆の健康といった抽象的な法益を超える法益侵害、すなわち第三者の身体などへの危険性が考慮されているようにも思われる。しかし、この場合にはなぜ相当性が否定されるのかは、なお不明確といわざるを得ない。

また、本判決は、「本件において被告人が捜査対象者に接触した経緯、動

---

125) その限りでは、西田ほか編・前掲注79) 493頁〔深町〕の分析はなお不十分である。

第3節　緊急避難規定の要件解釈　*153*

機、捜査対象者による本件強要行為が被告人に予測可能であったとはいえないこと」といった点も挙げているが、これらの事情はむしろ、危難の自招性に関するものと位置づけることができよう[126]。本書の立場からすれば、こうした事情は、「現在の危難」の有無という観点から論じるべきであり、相当性要件において雑多な考慮を行うことは必ずしも妥当ではないように思われる。なお、こうした危難の自招性は、強要緊急避難であるか否かを問わず問題となるものであり、本判決が強要緊急避難である点を理由として「慎重な留保」を付したと理解する[127]ことは、本判決の理解としては当を得ているとはいえないであろう。

2　学説の分析・検討

　学説においては、補充性の判断構造についてはさほど議論が深化しているとはいえず、特に、継続的危険との関係で具体的な判断枠組みを形成する上で参照し得る議論はほとんど提示されていない。こうした状況において、継続的危険の場合には、通常の危険（瞬間的危険）の場合に比べて、「危難排除の措置を文字どおり一瞬を争つてなすべき必要性があるとは、一般に考えられない」ため、補充性判断がより厳格となるとの見解[128]が示されているのが注目される。

　確かに、瞬間的危険に比して、継続的危険においては、時間的なスパンが長いため、行為者が採り得る選択肢が多様であり得る場合が多いことは否定できず、その限りでは、補充性判断が（事実として）厳格になることは十分にあり得る。しかし他方で、ドイツやスイスにおける議論で検討したように、瞬間的危険であれば、取り敢えずその場限りで危険を逃れれば足りる場合も多いのに対して、継続的危険は、危険源を抜本的に除去しない限り、単なる危険の一時凌ぎあるいは結果発生の先延ばしにしかならないことが多く、あるいは、不十分な回避手段により、危険源からの危険を増大させる場合も多い。こうした場合には、「継続的危険からの継続的保護」を可能とする実効

---

126)　橋田・前掲注106）84頁。
127)　橋田・前掲注106）86頁。
128)　森下忠「判批」判時226号附録（判評29号）（1960年）7頁。

154　第2章　我が国における解釈論的展開

性ある手段であれば、危険源を除去することによる法益侵害性が大きい場合であっても、なお補充性要件を充足すると考えるべきであろう。

　次に、相当性については、補充性要件や害の均衡要件などが充足されるとしてもなお緊急避難の成立を認めることに抵抗があるとされる事例を念頭において、前述のような補充性要件が充足されたとしても、「そのような避難行為をなすことが無理もないと認められること」という要件、すなわち相当性の要件を充たさないために緊急避難の成立が否定されている。[129]

　しかし、判例における相当性と学説における相当性とでは、問題となる局面がかなり異なる。すなわち、判例においては、相当性という規範的判断において、侵害利益と保全利益とが著しく不均衡な場合が問題となることが多いのに対して、学説においては、①金持ちが高価な服を着て歩いているところに雨が降ってきたので、自分の服を守るために、近くにいた粗末な服を着ている貧乏人の持っている傘を奪う事例（雨傘事例）、②患者Aの命を救うために、唯一Aと適合する臓器の持ち主Bから強制的に臓器を摘出してAに移植する事例（臓器移植事例）、③②の事例で必要となるのが血液であった事例（強制献血事例）などを念頭において、いずれも緊急避難を成立させるべきではないとの問題意識から議論がなされている。

　雨傘事例については、「傘が必要であれば傘を買うか借りるべき」[130]とするのは、傘を購入あるいは貸借可能な場合（これは補充性要件で考慮される）にのみ妥当する議論であり、（傘の所有者が交渉を拒む場合も含め）いずれも不可能である場合には、傘を奪うこともまた「やむを得ずにした行為」とされるべきである。この点では、豪雨湛水による稲の枯死を防ぐために板堰を破壊した事案において、「万策終に尽きて茲に非常手段に訴ふるの已むなきに至りしものと認むべく」[131]とした判例の議論がここでも妥当する。なお、問題となるのが雨傘ではない場合、例えば、高価な服を着たXが歩道を歩いていたところ、車道を通行中の自動車Yが泥水を撥ねそうになったので、と

---

129)　佐伯（千）・前掲注25）207頁、米田泰邦『緊急避難における相当性の研究』（司法研修所・1967年）91頁以下、橋田・前掲注7）73頁。

130)　佐伯（仁）・前掲注7）192頁。

131)　前掲注65）・大判昭和8・11・30。

っさにそばを歩いていたみすぼらしい服を着たＡを盾にして自分の服を守ったが、Ａの服は泥水で汚れたという事例においても、雨傘事例と同様に相当性が否定されるべきかは相当に疑わしい。このような場合にまで緊急避難の成立が否定されるべきだとするのであれば、財物のような経済的利益については保全利益から除外すべきとの見解に限りなく接近するであろう。

また、臓器移植事例や強制採血事例については、自己の生命に対する危難を避けるために、傍らにいた第三者を突き飛ばして骨折などの重傷を負わせる事例で緊急避難の成立を否定すべきではないことと平仄を合わせるべきである。こうした議論に対しては、臓器移植事例・強制採血事例は、身体法益を手段化・道具化するものであって、生命・身体の手段化禁止ルールに反するが、突き飛ばす事例はそうした手段化が肯定されないのであって、人間の尊厳という観点からはなお区別し得るとする反論が考えられる。しかし、どのような場合が手段化禁止ルールに反するような「手段化」といえるのかは、実は自明ではない。こうした手段化禁止ルールの妥当性については、第３章第２節の拷問による救助事例においてより詳細な検討を行うが、結論から先に述べれば、手段化禁止ルールは、何をもって手段化・道具化と判断するのかという点で極めて不明確であり、結論の先取りを広く許容する判断枠組みといわざるを得ない。

これに対して、判例・裁判例で問題とされているような不均衡事例については、学説においてはほとんど議論がなされていない。こうした不均衡事例については、過剰避難との関係で問題となるため、過剰避難の項において検討を加えることにする。

3　小　　括

判例・学説においては、「やむを得ずにした」要件において補充性および相当性が問題とされている。補充性に関しては、行為者の身体的能力などを

---

132)　前掲注98)・大阪高判昭和45・5・1も参照。

133)　例えば、飛んできた石を避けるために「人の陰に隠れた」と記述するか、「人を盾にして自分の身を守った」と記述するかで結論が変わる（前者であれば手段化が否定され、後者であれば手段化が肯定される）とすれば、それはまさに結論の先取りであろう。

156　第2章　我が国における解釈論的展開

考慮しつつも、客観的見地から、他に採り得るより侵害性の少ない手段の有無が問題とされている。他方、判例・学説においては、継続的危険と連動させた形での補充性判断、すなわち、「継続的危険からの継続的保護」という判断枠組みに対する認識が十分とはいえないが、問題となる危険との関係で補充性判断が変わることを適切に認識すべきである。

　また、相当性に関しては、判例・裁判例で問題とされているのは、主として著しい不均衡事例であり、このような事例については緊急避難のみならず過剰避難の成立をも否定すべきとの問題意識には十分に理由がある。これに対して、学説において問題とされているのは、手段化禁止ルールに代表される、緊急避難の成立を制約する多様な規範的な考慮である。しかし、結論の先取りとなるような視点を「相当性」の名の下に広汎に考慮することは、緊急避難規定の解釈にとっては決して生産的ではない。それぞれの考慮の実質を明らかにした上で、その当否を検討しなければならない。

Ⅳ　避難意思

1　判例・裁判例の概観

　判例・裁判例においては、避難意思が問題となる事案はほとんどない。僅かにあるものとして、①暴力団事務所で事実上監禁状態に置かれていた被告人が監禁から脱出するために事務所に放火した事案につき、「避難行為に藉口してことさら過剰な結果を意図して放火したとまでは認めがたく、本件放火が避難の意思をもって行われたとする原判決の説示が誤りであるとはいえない」[134]としたものや、②中国における一子政策の下、これに反して計画外妊娠をした被告人が、強制妊娠中絶がなされる危険を避けるために日本に不法入国した事案で、「被告人の密入国の目的は、日本で働いて金を稼ぐためであったと認めるのが相当である。その際、被告人に日本で安全に子供を産みたいと思う気持ちが全くなかったとはいえないが、それはあくまでも付随的

---

134)　前掲注115)・大阪高判平成10・6・24。

なものにすぎず、そのために密入国したと見ることはできない」として、「被告人が妊娠中の胎児の生命及び自分の身体の安全に対する危難を避けるため密入国したとは認めることができない」としたもの¹³⁵⁾がある。

　また、過失犯について緊急避難の成立を認めた裁判例においても、避難意思の存在を肯定したものがある。例えば、③道路中央線を越えて対向する自動車を認識し、当該自動車との衝突を避けるためにハンドルを左に切ったところ、後続する自動二輪車に衝突させて全治三週間の傷害を負わせた事案につき、「衝突の危険を避けんとして」ハンドルを左に切った行為は、「現在の危難を避けるため已むことを得ない行為」であるとした¹³⁶⁾。

2　学説の分析・検討

　緊急避難の成立に避難の意思が必要かについては、主観的正当化要素一般の問題として、基本的には防衛の意思の要否と同様に解されている¹³⁷⁾。しかし、正当防衛の本質との関係で防衛の意思の要否が基礎づけられていることからすれば、緊急避難においても同様に、緊急避難の本質との関係で避難の意思の要否が基礎づけられるべきであろう¹³⁸⁾。この観点からすると、緊急避難においては、一旦利益衝突状況が生じた場合には、行為者に避難の意思を要求しても、利益衝突状況の回避に何ら資さない以上、避難の意思を要求する理由はないことになるが、行為者に避難の意思が欠ける場合には、客体の不能の場合と同様に未遂処罰の余地はあろう。

　これに対して、過剰避難（刑法37条1項ただし書）においても同様に解すべきかは、なお検討の余地がある。というのは、本書の立場からは、過剰避難の本質は責任減少的な緊急避難であり、責任減少を基礎づける要素として、オーストリアで主張されているように¹³⁹⁾、避難の意図あるいは避難の目的が必

---

135)　前掲注55)・広島高松江支判平成13・10・17（ただし、判文中には避難の意思という用語は用いられていない）。
136)　前掲注98)・大阪高判昭和45・5・1。
137)　西田・前掲注23）146頁。
138)　深町晋也「主観的正当化要素について―同意の認識・避難意思を中心に」刑法雑誌44巻3号（2005年）317頁以下。
139)　第1章第4節Ⅲ3(3)〔本書103頁〕参照。

158 第2章 我が国における解釈論的展開

要となるかが問題となるからである。[140]この点は、過剰避難固有の問題であるため、過剰避難の項で検討することにする。

3 判例・裁判例の分析・検討

　裁判例①は、正当防衛における防衛の意思が「意図的な過剰行為」の場合に否定されることと平仄を合わせたものと理解することができる。[141]これに対して、裁判例②については、付随的にしろ子供を安全に産む目的がある以上、[142]むしろ避難の意思を認めるべき事案であったように思われる。また、そもそも防衛の意思をめぐって従来問題とされてきたのは、前述の通り、「意図的な過剰行為」の場合である。しかし、裁判例②で問題となっているのは、こうした「意図的な過剰行為」ではなく、既に検討したように、むしろ密入国事案のような場合には基本的には「現在の危難」を否定しようとする発想ではないかと思われる。裁判例②では、被告人が「現在の危難」に直面していたか否かを明示的に示すことなく、「避難するため」の要件を否定することで、緊急避難および過剰避難の成立を否定している。しかし、本件のような事案では、まずは現在の危難の存否を確定すべきであろう。

　さらに、裁判例③のように、過失犯と緊急避難の成否を論じるにあたっても、事案の多くは、自動車運転者が衝突などを避けるために避難行為を行ったものであり、避難意思を肯定し得る事案である。[143]なお、過失犯の場合には、注意義務違反と補充性との関係が問題となる。すなわち、他の回避措置を採り得たとして注意義務違反を肯定された場合に、そうした措置を採らなかったことが補充性を逸脱するとして緊急避難・過剰避難が成立しないことになるのかが問題となる。[144]緊急避難については、補充性を欠く場合には成立しな

---

140)　内藤・前掲注38）432頁も参照。

141)　安廣文夫「解説」『最高裁判所判例解説 昭和60年度』145頁（法曹会・1989年）。

142)　したがって、過剰避難については避難の意図または目的が必要であるとする立場からしても、本件については害の均衡を充足せず緊急避難が成立しないと解する場合であっても、過剰避難はなお成立し得る。

143)　東京地判平成21・1・13判タ1307号309頁（過剰避難を肯定して刑を免除）、前掲注98）・大阪高判平成7・12・22（避難意思は肯定しつつ、補充性・相当性を否定）参照。

144)　注意義務違反を否定する際に、緊急避難の趣旨を考慮する裁判例として、前掲注98）・大阪高判昭和45・5・1参照。

いことになるが、過剰避難については議論の余地がある。[145]

V　害の衡量（法益権衡）

1　概　説

　緊急避難が成立するためには、避難行為によって生じた害が、避けようとした害の程度を超えないことが必要である。このような害の衡量においては、①いかなる基準で衡量を行うべきか、②いかなる利益を考慮することができるか、がそれぞれ問題となる。

2　衡量の基準

(1)　具体的衡量

　衡量の基準については、一般的には、問題となる法益を保護する各罪の法定刑、および本条での列挙の順序（生命は身体よりも、身体は財産よりも価値が高い）といったものを考慮することになろうが、実際には、当該法益の具体的な保護価値に従って衡量するほかない。例えば、僅少の身体的法益よりも莫大な財産的法益が優越することは認められるべきであろう。

(2)　判例・裁判例の概観

　判例・裁判例において、財産が問題となったものとしては、例えば、被告人が英セッター種の猟犬（価格600円相当）を伴い、Ａ方道路に差し掛かったところ、Ａ方の番犬（価格150円相当）が猟犬を咬み伏せ、被告人はＡ方家人に番犬の制止を求めたがそのまま放置されたため、猟銃を発射して番犬を負傷させた前出の事案で、被告人の猟犬とＡ方の番犬とで害の均衡を充たすとされたもの[146]、稲苗を守るために板堰を破壊した事案で、被告人らの耕地合計約90段の稲と板堰（価格40円）とで害の均衡を充たすとされたものがある。[147]

---

145)　肯定するものとして、前掲注143)・東京地判平成21・1・13。否定するものとして、前掲注98)・大阪高判平成7・12・22。この点については過剰避難の項で再度検討する。

146)　前掲注43)・大判昭和12・11・6。なお、本件では、銃砲火薬類取締法施行規則違反も問題となっているが、許可を受けずに狩猟以外の用途に充てた点についても害の均衡を充たすとされた。この点につき、荘子邦雄『刑法総論［第3版］』（青林書院・1996年）240頁注(3)参照。

147)　前掲注65)・大判昭和8・11・30。

160 第2章 我が国における解釈論的展開

　また、生命・身体が問題となったものとしては、中央線を越えて高速度で対向してくる自動車を発見したために、ハンドルを左に切って約1メートル左に寄り、後続する自動二輪車と衝突した事案で、被害者に与えた第三中指骨折（加療約3週間）は対向車との正面衝突により発生すべき損害を超えるものとは考えられないとされたもの、[148]宗教団体におけるリンチ殺人が問題とされた事案で、被告人の身体の自由と被害者の生命とでは害の衡量を充たさないとされたものがある。[149]

　さらに、判例・裁判例においては、個人的法益と国家的・社会的法益など異なる種類の法益の衡量についても問題となっている。例えば、酒乱の弟からの攻撃を避けるために酒気帯びで自動車を運転した事案で、被告人が自宅の前から酒気帯び運転の行為に出たことは、被告人の生命、身体に対する危難を避けるためのものであり、「その行為から生じた害は、避けようとした害の程度を超えない」としたもの、[150]被告人が自動車で自宅に向かって走行中に、後部座席の次女が高熱を発したために、かかりつけの病院に急ごうとして最高速度を超過して運転した事案で、最高速度超過運転によって害される法益が、これによって保全される次女の身体に対する危難の程度より重いということはできないとしたもの、[151]覚せい剤を使用してその影響下にある者から、拳銃を右こめかみに突き付けられて、目の前にある覚せい剤を注射するように迫られたために被告人が覚せい剤を自己使用した事案で、「被告人の覚せい剤使用行為により生じた害が、避けようとした被告人の生命及び身体に対する害の程度を超えない」ことは明らかとしたものがある。[152]

　これらの判例・裁判例は、原則として、避けようとした害が生命・身体に対する害で、生じた害が国家的・社会的法益の一時的なあるいは軽微な侵害である場合には、害の均衡が肯定されているものといえ、その判断は妥当で

---

148) 前掲注98)・大阪高判昭和45・5・1（正確には、生命・身体に対する損害が想定されている）。

149) 前掲注71)・東京地判平成8・6・26（ただし、危難の現在性は否定しつつも、被告人の生命に対する侵害の可能性も考慮している）。

150) 前掲注98)・東京高判昭和57・11・29。

151) 前掲注98)・堺簡判昭和61・8・27。

152) 前掲注104)・東京高判平成24・12・18。

ある。ただし、前出の大判昭和12・11・6では、財産的法益に対する害を回避するために、猟銃の目的外使用という社会的法益に対する侵害を生じさせたものであり、直ちに害の均衡を認めてよいかにつき、なお疑問の余地がある。

3　衡量の際に問題となる利益の範囲

(1)　いかなる利益を考慮すべきか

衡量の際に問題となる利益の範囲については、対立する諸利益を広く考慮し、衝突する法益の具体的状況における要保護性に関する全ての事情を具体的に衡量すべきとの立場が有力に主張されている[153]。しかし、いかなる要素が法益の要保護性に関係するのかを明確にしない限り、この見解は結論先取りに至るであろう。この観点から特に検討すべきとなるのが、侵害利益の範囲の問題と侵害利益の要保護性の問題である。

(2)　侵害利益の範囲

侵害利益の範囲を考えるにあたって、被侵害者の「自律性」を広く考慮し、これを侵害利益の側に上乗せする見解がドイツ刑法の影響を受けて主張されている[154]。例えば10の利益を保全するために6の利益を侵害する場合には、侵害利益にさらに5の自律性侵害が上乗せされているので、10＜11となって害の均衡を充たさない、したがって、保全利益が侵害利益に著しく優越している場合に初めて害の均衡を充たすとするのである。

しかし、このような自律性を具体的にどの程度の質・量を有する利益として考慮すべきなのかは、この見解からは直ちに明らかではない。そもそも、自律性が「量化」可能であるのかについても、既に検討したように、ドイツにおいても議論の対立がある[155]。また、このような自律性は侵害法益の構成部分であり、新たに付加される別個の利益ではないともいえよう[156]。

次に、侵害利益を考慮するにあたり、主観的価値を考慮すべきとの見解が

---

153)　内藤・前掲注38）421頁、小名木・前掲注66）25頁。
154)　小田直樹「緊急避難と個人の自律」刑法雑誌34巻3号（1995年）337頁以下参照。
155)　第1章第2節Ⅳ2(2)〔本書42頁〕参照。
156)　山口・前掲注2）103頁。

162 第2章 我が国における解釈論的展開

主張されている。[157]この見解においては、同一主体における法益衝突の場合に法益主体の意思を尊重することを超えて、異なる法益主体に属する法益が衝突する場合にも、当該法益に対して有している「愛着」などを考慮すべきとされる。しかし、主観的価値を有する場合に財物性を肯定すべきか否かという問題においても、法益主体が有する主観的価値が全て考慮されているわけではない。例えば、被害者が道端で拾ってきた雑種の犬につき1億円でも売却しないと考えていたとして、この犬を窃取した者が、時価1億円のダイヤモンドを窃取した場合と同様に処罰されるべきだとはおよそいえない。もちろん、異なる法益主体に属する法益衝突においても、一方の法益主体が自己の法益を放棄していたような場合には、当該法益の要保護性を否定されるが、法益主体の意思を法益の価値を「かさ上げ」する方向で考慮することは否定すべきである。

　さらに、当該法益の侵害を理由として構成要件該当性が肯定され、違法阻却が問題となる以上、侵害利益として考慮できるのは当該構成要件の枠内に含まれる法益侵害に限定されるとの見解が主張されている。[158]しかしこの見解が、複数の構成要件該当事実を実現している場合にまでこの趣旨を徹底するとすれば疑問がある。すなわち、この見解によれば、例えば、Aの10の利益を保全するために、Bの6の利益とCの6の利益を同時に侵害する必要がある場合に、Bの利益とCの利益を合算して考慮することを否定することになるが、その帰結には疑問がある。処罰対象とならない利益侵害を広く取り込むことを拒絶するという趣旨からすれば、個々の処罰規定で保護されている法益の侵害を取り込むことまで拒絶すべきではないし、保全利益を救うためには侵害利益を合わせて侵害せざるを得ない以上、侵害利益は合算された形で衡量の秤に乗せられているのである。こうした理解からは、前出の大判昭和12・11・6では、保全利益は被告人の猟犬（価格600円相当）であるのに対し、侵害利益はA方の番犬（価格150円相当）に加えて猟銃の目的外使用

---

157)　佐伯（仁）・前掲注7）196頁以下。
158)　山口厚『刑法総論［第2版］』（有斐閣・2007年）145頁以下。ただし、第3版では、本文のような批判を受けて、複数の構成要件該当事実の「合算」を肯定する見解を採用している（山口・前掲注2）156頁以下）。

という社会的法益も合わせて考慮されることになる。

⑶ **侵害利益の要保護性**

侵害利益の要保護性に関しては、ドイツ刑法の影響を受けて、侵害利益の帰属主体が危険源である場合には、侵害利益の要保護性が減少するため、害の均衡が通常の緊急避難よりも緩やかな形で妥当するとの見解[159]が主張されている（防御的緊急避難論）。しかし、対物防衛を広く肯定するのであれば、防御的緊急避難を認めるべき多くの事例では対物防衛が認められることとなろう[160]。

これに対して、本書のように、緊急避難における危難の「現在」性を正当防衛の「急迫」性よりも緩やかに捉える立場からすれば、ドイツにおける議論のように、侵害の「急迫」性を欠く場合にもなお防御的緊急避難を認める余地が生じる。しかし、既に論じたように[161]、侵害利益の帰属主体が危険源である場合に、常にその要保護性が減少するのか、特に、侵害利益が生命である場合にもその要保護性が減少することを認めてよいのかについては、なお疑問の余地がある。

---

159)　吉田宣之『違法性の本質と行為無価値』（成文堂・1992年）102頁以下、小田・前掲注154）337頁以下。

160)　山口・前掲注2）157頁、橋爪隆「正当防衛論」川端博ほか編『理論刑法学の探究1』（成文堂・2008年）105頁以下。

161)　第1章第2節Ⅳ2⑷〔本書47頁以下〕参照。

第4節　過剰避難規定の要件解釈

Ⅰ　概　　説

　刑法37条1項ただし書は、「その程度を超えた行為」について、情状によりその刑を減軽または免除することができる旨規定している。既に本章第2節で論じたように、緊急避難と過剰避難とは連動した制度であり、緊急避難の成立要件、すなわち、①現在の危難、②やむを得ずにした行為、③避難意思、④害の衡量のうち、①から③の要件を充たしつつも、④の要件を充たさなかった場合が過剰避難にあたるとするのが、条文の文言に沿った解釈といえる。

　こうした過剰避難規定をめぐっては、まずは刑の減免根拠が問題となる。従来は、専ら過剰防衛の刑の減免根拠と連動させた形で論じられていたが、緊急避難制度全体において、緊急避難と過剰避難との連動性を考慮した上で、過剰避難固有の刑の減免根拠論を展開する必要があろう。また、刑の減免根拠との関係で重要となるのが、ただし書が規定する「情状」である。ただし書は、「情状により、その刑を減軽し、又は免除することができる」と規定しており、いかなる場合に刑が減免されるのか、特に、その重大な法的効果に鑑みて「刑の免除」はいかなる場合に認められるのかといった点を考慮しつつ、「情状」の解釈について一定の指針・枠組みを示すことが重要である。いわゆる不均衡事例の解決や避難意思の要否についても、こうした判断枠組みの下でなされる必要がある。

　さらに、過剰避難の成立範囲という観点から、「その程度を超えた行為」とは、害の均衡を超えた行為のみを指すのか、それとも補充性を逸脱した行為をも含むのかが実務上、大きな問題となっている。[162)]これは、補充性要件の内容が、緊急避難と過剰避難とで異なるのかという問題と言い換えることも

できよう。そこで、緊急避難と過剰避難とがどこまで連動する制度なのかという観点から、この問題についても検討を加えることにする。最後に、誤想過剰避難に関しても、ごく簡単にではあるが論じることにする。

II　刑の減免根拠とその解釈論的帰結

1　従来の見解

過剰避難の刑の減免根拠について、判例がいかなる見解なのかは明らかではない。これに対して、学説においては、過剰防衛の刑の減免根拠と同様に解されており、(A) 違法減少説[163]、(B) 責任減少説[164]、(C) 違法・責任減少説[165]が主張されている[166]。

2　本書の見解

(1)　違法・責任減少説の採用

既に検討したように、過剰避難を責任減少的緊急避難として理解する場合には、過剰避難の刑の減免根拠について、ドイツ語圏各国における免責的緊急避難の免責根拠に関する議論が大きな示唆を与える。第1章で詳述した通り、ドイツ刑法やスイス刑法においては、正当化的緊急避難と免責的緊急避難とは、危険の現在性（ドイツ）あるいは直接性（スイス）、および補充性が客観的に要件とされている点では一致している。そして、免責的緊急避難においても、利益衝突状況において保全利益を保全したことを理由とした不法減少を前提としつつ、心理的圧迫を理由とした責任減少をも併せて考慮する不法・責任減少説が有力に主張されている[167]。

翻って、我が国の過剰避難規定は、刑法37条1項本文の規定する要件のう

---

162)　中山研一「判批」判評438号（判時1531号）（1995年）158頁参照。
163)　山本輝之「判批」『刑法判例百選I［第6版］』（有斐閣・2008年）63頁。
164)　西田・前掲注23）151頁以下。
165)　内藤・前掲注38）440頁、山口・前掲注2）161頁以下。
166)　過剰避難を包括的に扱う近時の論稿として、永井紹裕「過剰避難の減免根拠と要件について(1)(2・完)」早稲田大学大学院法研論集153号（2015年）241頁以下、同154号（2015年）205頁以下参照。
167)　第1章第2節IV 3(1)および第3節IV 1〔本書50頁以下および77頁〕参照。

166 第2章 我が国における解釈論的展開

ち、害の衡量を充たさなかった場合を捕捉するものであり、ドイツやスイスと同様、「現在の危難」や補充性要件については、客観的に存在することが前提となっている。もちろん、オーストリア刑法における免責的緊急避難のように、客観的に現在の危険を要求するとしても、そうした危険を主観的に認識すると心理的圧迫が生じる限りで意義を有するのだと解することは不可能ではない。仮に、そのような理解を前提として、我が国において過剰避難の刑の減免根拠として責任減少説を主張するとすれば、一定の理由はあろう。

しかし、こうした理解を採用すると、緊急避難における危難の現在性の解釈においては、（本書の立場からは）時間的な切迫性は必ずしも必要とはされないのに対して、過剰避難における危難の現在性に関しては、まさに心理的圧迫が生じるような差し迫った危険として限定的な解釈に至るのが筋であるように思われる[168]。こうした解釈は、我が国の刑法37条1項本文とただし書とが連続的な規定として設けられている趣旨からすると、必ずしも合理的ではない。したがって、我が国の規定の解釈としては、過剰避難の刑の減免根拠につき、違法・責任減少説を採用すべきであろう。

(2) **違法・責任減少に関する一般条項としての「情状」**

ドイツ語圏各国における免責的緊急避難の規定は、いずれも危険甘受などの期待可能性に関する一般条項的な規定を有している。ただし、ドイツ刑法35条は、そうした一般条項による調整に委ねるにとどまらず、保全利益の限定や避難行為の人的範囲の限定など、予め免責の範囲を限定する規定を設けている。これに対して、オーストリア刑法10条やスイス刑法18条は、こうした限定的な規定を設けていない。

我が国の刑法37条1項ただし書をみる限りでは、オーストリアやスイスと同様、保全利益や避難行為の人的範囲などの限定は規定されていない。しかし、こうした要素を、「情状」という一般条項的規定において考慮することは十分にあり得ることであろう。すなわち、ただし書の「情状」は、適法行為の期待可能性に関する考慮要素をも含む規定として解釈することができる。

---

168) オーストリア刑法10条の免責的緊急避難における危険の現在性がこのように解されている点につき、第1章第4節Ⅲ2(3)〔本書97頁以下〕参照。

第 4 節　過剰避難規定の要件解釈　*167*

こうした理解からは、近親者ではない第三者の利益を保全するために、害[169]の均衡を超えた侵害を行った場合には、以下のように解決されることになる。まず、ドイツ刑法35条のように、近親者ではない場合に一律に過剰避難の適用を排除することは妥当ではない。したがって、行為者と第三者との関係性などを考慮しつつ、いかなる動機で避難行為を行ったかといった点をも検討し、責任減少の程度を評価することになる。例えば、保全利益の主体が、近親者ではないとしても友人のような一定の親密な関係にある場合には、そうではない場合よりも、そうした者に対する危難に直面した行為者の心理的圧迫の度合いは通常大きいものといえる。それに対して、全くの第三者であるような場合には、その動機などにも着目しつつ、心理的圧迫の度合いを慎重に判断することになろう。このような判断の結果として、心理的圧迫の程度がさほど重大なものではないと判断される場合には、行為者の責任減少の程度が小さいとして、刑の免除はおよそ認めないといった判断も十分にあり得るものである。

他方で、違法減少に関する考慮要素としても「情状」は意義を有する。第2章第2節Ⅱ3(3)（本書124頁）で示したように、刑法上の緊急避難が成立するとしても、なお行為者には民事上の損害賠償責任が生じ得る。こうした損害賠償責任は、刑法上の緊急避難という制度を支える1つの法的な仕組みと解するべきであり、損害賠償がなされることは、被害者に生じた害の量を事後的にではあれ減少させたとみることができる。したがって、生じさせた害が避けようとした害の程度を超えたことでもたらされる過剰避難としての違法性が、損害賠償責任の適切な履行によって減少し、その結果として、緊急避難の効果（不可罰）に類似した効果としての刑の免除をもたらす場合があるといえる。このように、事後的に損害回復がなされているという事情は、刑の減軽のみならず、免除を認める方向に働く事由といえよう。[170]

---

169)　逆に、近親者の利益を保全するために過剰避難を行った場合には、通常、責任減少の程度が大きいものといえよう。補充性を逸脱した事案であるが、前掲注98)・堺簡判昭和61・8・27が刑の免除を肯定したのは、被告人が自分の娘を病院に運ぶために最高速度を超過したという点について責任減少が大きいものと評価されたためともいえよう。

170)　保険による損害賠償がなされたという事情をも挙げて、刑の免除を認めた前掲注143)・東京地判平成21・1・13参照。

168 第2章 我が国における解釈論的展開

　我が国の刑法37条1項ただし書が「情状により」刑の任意的減免を行うと
規定されていることに対しては、現行刑法の制定直後から既に、裁判官の自
由裁量により恣意的な減免がなされるとの強い批判がなされていた[171]。このよ
うな批判は正当なものであり、過剰避難における刑の減免根拠論との関係で、
「情状」において考慮される要素を明確化する必要があるといえよう。

Ⅲ　情状に関連する諸問題

1　不均衡事例の解決

　違法・責任減少説の観点からすると、ドイツ語圏各国で免責的緊急避難に
おいて問題となり、また、我が国でも緊急避難の相当性において問題となっ
ている、侵害利益と保全利益とが著しく不均衡な事例の処理をどのように行
うべきかが重要な論点となる。

　保全利益に比して侵害利益が著しく重大な場合、例えば、僅かな身体的自
由を保全するために人の生命を侵害するような場合には、もはや違法減少が
ほとんど生じていないとすら評価し得る。このような場合には、いかに行為
者が心理的に圧迫されていても、それのみで直ちに刑の免除を認めるべきと
はいいがたい。これに対して、心理的圧迫の強さを考慮して、刑の減軽を認
めることはなお可能であって、減軽の余地までも一律に否定する必要はない[172]。

　このように解すると、判例・裁判例が、緊急避難の成立要件としての相当
性において、著しい不均衡事例を扱うのは、他の「情状」に関する事情を考
慮するまでもなく、およそ減軽の余地も否定されるほどに害が不均衡であり、
かつ心理的圧迫に乏しい事例のみを、予め刑法37条1項本文の枠内で処理す
ることに他ならない。しかし、かかる事例のみを敢えて刑法37条1項本文で

---

171)　Oetker, Notwehr und Notstand, in: Vergleichende Darstellung des deutschen und
　　ausländischen Strafrechts Allgemeiner Teil Ⅱ. Band (1908), S. 384.
172)　こうした理解は、刑の必要的減軽については不法減少を、免責については不法・責任減少を
　　根拠とするスイスにおける有力説ではなく、むしろドイツにおける二重の責任減少説に近い。著
　　しい不均衡事例について、ドイツの通説が、ドイツ刑法35条1項2文により免責を否定するもの
　　の、なお任意的減軽の余地を認めている点につき、第1章第2節Ⅳ3(2)〔本書51頁以下〕参照。

独立に扱う必要性には乏しく、同条1項ただし書の過剰避難の枠組みで任意的減軽も否定すれば足りよう。[173]

2 過剰避難における避難意思

違法阻却事由としての緊急避難（刑法37条1項本文）については、既に第2章第3節で論じたように避難意思はおよそ不要であるとしても、責任減少的緊急避難としての過剰避難（刑法37条1項ただし書）については、なお避難意思が必要ではないかが問題となる。

刑法37条1項本文とただし書の条文構造、すなわち、害の衡量以外については、後述する補充性要件も含めて全ての要件が共通することからすると、このように避難意思の要否に差異を設けることは妥当ではないとも思われる。また、過剰避難の刑の減免根拠として違法減少にも言及する限り、こうした違法減少の前提となる緊急避難状況（利益衝突状況）において避難意思は意味を有しない点で、緊急避難と過剰避難は共通する。

しかし、ドイツやオーストリアにおいては、正当化的緊急避難と免責的緊急避難とで、避難意思の内容は必ずしも同一ではないとする見解が有力である。[174]こうした比較法的な議論の背景にあるのは、免責的緊急避難の避難意思に関しては、免責の本質を考慮しなければならないという理解である。[175]このような理解には相応の説得力があり、過剰避難における責任減少の有無を判断するにあたっても、こうした観点を考慮しなければならないであろう。

本書が依拠する違法・責任減少説の立場からすると、既に論じたように、

---

173) なお、実務的には、任意的減軽事由によって刑の減軽をするのは、法定刑の下限を下回る刑で処断する必要がある場合に限ってこれを行うのが通例であるとされている（井上宜裕「判批」『刑法判例百選Ⅰ総論［第7版］』〔有斐閣・2014年〕69頁）ことからすれば、刑の減軽を行わない場合に、わざわざ刑法37条1項ただし書を適用しつつ減軽を否定するという論理を判決で明示することは通常はなされないであろう。ただし、誤想過剰防衛の成立を認めつつ、刑の減免を否定する旨明示した裁判例として、東京地判昭和51・3・26判タ341号310頁および東京地判平成5・1・11判時1462号159頁があり、このような取扱いをすれば足りる。

174) 特に、ドイツにおいては、ドイツ刑法34条と35条とで、避難意思について全く同一の文言が採用されているにもかかわらず、かかる見解が有力に主張されている点について、第1章第2節Ⅳ3(6)〔本書60頁以下〕参照。

175) 第1章第4節Ⅲ3(3)〔本書103頁〕参照。

170　第 2 章　我が国における解釈論的展開

違法減少の観点からすれば、緊急避難と過剰避難とでは、緊急避難状況に関わる要件は同一に解されるべきであり、したがって、過剰避難の成立要件としては、避難意思はなお不要である。これに対して、「情状により」刑の減免、特に免除という効果までをも肯定するためには、十分な違法・責任の減少が肯定される必要がある。そして、オーストリアにおける議論が示すように、緊急避難状況を認識したことによって行為者の心理面に圧迫が生じ、かかる圧迫に基づいて避難行為を行ったからこそ、このような十分な責任減少が肯定されるのである。したがって、現在の危難を認識しつつ、これを回避しようとする意思としての避難意思が、刑の減免、特に免除に関する「情状」を基礎づける事情として必要となる。

　なお、避難意思がおよそ存在しなくとも、違法減少は生じ得るために、その限りでは刑の減軽の基礎は一定程度存在するともいえる。しかし、責任減少の契機が存在しない場合に、単体として刑の減軽を肯定するに足るほどの違法減少が肯定されない場合も多いであろう。こうした場合には、過剰避難の成立要件としては避難意思が不要であるために、過剰避難の成立は肯定しつつも、刑の減免を肯定するほどの違法・責任減少が存在しない（「情状により」に関する判断）として、任意的減免を否定することになる。実務的には、こうした場合には敢えて過剰避難の成立を肯定しないという処理[176)]もあり得るところであるが、不均衡事例において述べたことが、ここでも妥当しよう。

Ⅳ　補充性要件を充足しない場合

1　判例・裁判例の概観

(1)　過剰避難の成立を肯定した判例・裁判例

　補充性要件を充足しない場合に、過剰避難が成立するかについて、判例・裁判例においては見解が分かれている。1)被告人等が隧道通過にあたり三割減車を行うのみならず職場放棄をした事案について、「全面的に職場を放棄するが如きことは少なくとも判示危難を避くる為め已むを得ざるに出でたる

---

176)　前掲注173）参照。

行為としての程度を超えたるものである」としたもの、2)酒乱の弟からの攻撃を避けるために酒気帯びで自動車を運転した事案につき、橋を渡って市街地に入った後は、弟車両の追跡を確かめることが不可能ではなく、適当な場所で運転をやめて電話連絡などの方法で警察の助けを求めることが不可能ではなかったとして、「被告人の一連の避難行為が一部過剰なものを含むことは否定できない」が、本件行為を分断してその刑責を決するのは妥当ではなく、「全体としての刑責の有無を決すべき」とし、「自己の生命、身体に対する現在の危難を避けるためにやむを得ず行なったものではあるが、その程度を超えた」としたもの、3)被告人が自動車で自宅に向かって走行中に、後部座席の次女が高熱を発したために、かかりつけの病院に急ごうとして最高速度を超過して運転した事案で、病院までは自動車で7、8分くらいであったのであり、許されるスピードで運転すれば足りたとして、「本件行為の如きは判示危難を避くるため、やむことを得ざるに出でたる行為としての程度を超えた」としたもの、4)進路前方の第1車両通行帯に停止して並んでいた数台の自動車の先頭に近い位置にいた青色乗用車が、突然、第2車両通行帯の中央付近まで進出してきたため、同車両との衝突による自己の身体の危険を感じ、同車両との衝突を回避するために右方にハンドルを切って進路を変更しようとしたが、その際に、「同車両通行帯への進出を必要最小限にとどめるべき自動車運転上の注意義務」を怠って、後方から進行してきた被害者Yの自動二輪車の進路前方を塞ぐ程度まで第3車両通行帯に進出させた過失によって、被害者に被告人車両との衝突を避けるために急制動させて路上に転倒させ、全治6週間の傷害を負わせた行為につき、「青色乗用車との衝突を回避して身体に対する危難を避けるためには、急制動その他の方法は確実なものではなく、ハンドルを右に切って進路変更することが唯一確実な方法であった。被告人は、この避難のための回避手段の行使の方法を誤り、回避に必要な程度を超えて進出し、Yに傷害を負わせた」としたものがある。これ

---

177) 最判昭和28・12・25刑集7巻13号2671頁。
178) 前掲注98)・東京高判昭和57・11・29（刑の免除を肯定）。
179) 前掲注98)・堺簡判昭和61・8・27（刑の免除を肯定）。
180) 前掲注143)・東京地判平成21・1・13（刑の免除を肯定）。

172　第2章　我が国における解釈論的展開

らの判例・裁判例はいずれも、補充性の逸脱についても過剰避難の適用を認めたものといえよう。

　なお、事案を詳細にみると、裁判例2)は、一連の避難行為のうちの一部について補充性が欠ける行為が含まれるとしているものであり、いわば緊急避難における量的過剰の事案として考えることができよう。この場合に、一連の行為といえる限りで全体的評価を行い、違法・責任減少を肯定することは十分に可能である。そして、酒乱の弟の「追跡を逃れ助けを求めるため（中略）警察署まで酒気帯び運転を続けたことには、無理からぬ点がある」という点を特に責任が減少する事情として「情状」において考慮し、刑の免除を認めることにも十分に理由があるものといえる。

　これに対して、裁判例4)は、確かに被害者との衝突自体は回避可能であった（それゆえに注意義務違反が肯定される）としても、「ハンドルを右に切って進路変更することが唯一確実な方法であった」として、「ハンドルを右に切ることによる回避措置」という限度では補充性ある手段であったともいえる。被告人はいわば「ハンドルを切り過ぎた」という意味で過剰な行為をしたとして、過剰避難を肯定したものといえよう。[181)]

(2) 過剰避難の成立を否定した判例・裁判例

　過剰避難の適用を否定した事案の多くは、そもそも現在の危難も存在しないとしつつ、補充性についても検討を加えて否定しているか、[182)] そもそも緊急避難の成立を否定した後に過剰避難の成否に言及していない。[183)] 補充性自体の逸脱を理由としたものとしては、5)住み込みの人夫Aが胃けいれんで苦しんだため、被告人が無免許運転で病院まで搬送したという事案で、「胃けいれんのような案件でも救急車が出動することは記録上明らかであるから、被告人としては、救急車の出動を要請すべきであったといわれても、致し方がないところである。してみると、本件の場合、本件運転のみがAの危難を

---

181)　なお、刑の免除の理由としては、被告人の過失が悪質ではないことや前科の不存在の他、「被害者に対しては、被告人の勤務先の保険により、人身損害及び物的損害の賠償がなされており、示談が成立している」点が挙げられている。既に論じたように、損害賠償がなされている点は、違法減少を基礎づける事実として「情状」で考慮され、刑の免除を認める方向に働く。

182)　前掲注99)・最判昭和35・2・4、前掲注63)・仙台高判昭和26・6・20。

183)　福岡高判昭和26・11・28判特19巻43頁、東京高判昭和29・1・13東時5巻1号1頁。

避ける唯一の手段、方法であったとはいいがたいので、緊急避難を認める余地はなく、従って過剰避難も成立しえない」としたもの、6）暴力団事務所で事実上監禁状態に置かれていた被告人が監禁から脱出するために事務所に放火した事案で、「過剰避難の規定における『その程度を超えた行為』（中略）とは、『やむを得ずにした行為』としての要件を備えながらも、その行為により生じた害が避けようとした害を超えた場合をいうものと解するのが緊急避難の趣旨及び文理に照らして自然な解釈であって、当該避難行為が『やむを得ずにした行為』に該当することが過剰避難の規定の適用の前提である」としたものがある。[185]

2　違法・責任減少説からの帰結

　過剰避難の減免根拠につき責任減少説を採るのであれば、補充性の逸脱の場合にも過剰避難の余地を認めることが可能となる。[186]これに対して、本書のように、違法・責任減少説を採る場合には、違法減少と補充性との関係が再度問題となる。

　この問題は、いかなる場合に違法減少を認めることが可能かに帰着する。すなわち、過剰避難規定が想定する違法減少が生じない場合には、少なくとも過剰避難の直接適用はできない。その観点からは、①およそ他の利益を侵害することなく危難を回避できた場合には、保全利益はいかなる利益とも二律背反状況に陥っていないので、そもそも違法性の減少は起こり得ず、したがって過剰避難も成立しない。これに対して、②他の利益を侵害することなく危難を回避することはできないが、より侵害性の低い手段があった場合には、保全利益Ａは、より侵害性の少ない手段によって侵害される利益Ｂとは二律背反状況に陥る（すなわち、いずれにしても利益Ｂに相当する部分についてはもはや救うことができない）ので、現実に侵害された利益Ｃのうち、法益Ｂに該当する違法性は減少し、したがって過剰避難が成立し得ることに

184）　東京高判昭和46・5・24東時22巻5号182頁。
185）　前掲注115）・大阪高判平成10・6・24。
186）　西田・前掲注23）152頁。

174 第2章 我が国における解釈論的展開

なる。[187]

　また、③裁判例4)のように、「その手段しか採るべき方法がない」という意味では一応の補充性はあるものの、その中で「やり過ぎた」事案については、侵害客体に対する法益侵害のリスクを生じさせずに危難を回避することはできなかったという点で、①よりも②に類似したものと理解すべきである。すなわち、裁判例4)の事案でいえば、いわばとっさの判断でハンドルを右に切るしかないために、(たとえ結果回避可能性自体は肯定されるとしても[188]) 被害者の自動二輪車に衝突させる一定のリスクを生じさせることまでは回避できなかったと解するべきであろう。その点に、違法減少の基礎を求めることが可能である。したがって、裁判例4)の場合もなお過剰避難の成立を肯定することができる。[189]

　上記の見解に対して、違法(・責任)減少説に立ちつつ、結果的に法益が保全されたことを理由として①の場合にまで過剰避難を認める見解も有力に[190]主張されている。しかし、緊急避難と過剰避難との連動性という観点から、緊急避難状況が存在することを両者の共通の枠組みと考える限り、補充性要件をおよそ不要とすることはできない。したがって、①の場合に属する裁判例3)についてまで過剰避難を肯定することは妥当とはいえないことになる。[191]

---

187) 橋田久「避難行為の補充性の不存在と過剰避難」産大法学34巻3号(2000年)201頁以下、橋爪隆「判批」判例セレクト99(有斐閣・2000年)28頁、佐伯(仁)・前掲注7)198頁参照。

188) 裁判例4)は、注意義務それ自体は客観的に設定されるという立場から、被告人の置かれた状況におけるその主観面(心理的圧迫)を捨象して、「同車両通行帯への進出を必要最小限にとどめるべき自動車運転上の注意義務」を設定しつつ、量刑においてはかかる事情も考慮の上で、(過剰避難が成立することを前提に)刑の免除を肯定したものと思われる。しかし、被害者が陥ったパニック状態を前提にして注意義務を設定すべきという視点(樋口亮介「注意義務の内容確定プロセスを基礎に置く過失犯の判断枠組み(1)」法曹時報69巻12号〔2017年〕47頁以下参照)からすると、本件事案で被告人の注意義務違反が肯定されるのかについては、(判文から窺える限りでは)より慎重な検討が必要であったようにも思われる。

189) 林・前掲注13)217頁および大塚仁ほか編『大コンメンタール刑法[第3版]第2巻』(青林書院・2016年)710頁〔安田拓人〕も参照。

190) 山本・前掲注163)63頁、山口・前掲注2)161頁以下。

191) 大塚ほか編・前掲注189)709頁〔安田〕も参照。

V 誤想過剰避難

1 問題の所在

行為者が危難の現在性や補充性の存在を誤信した場合には、およそ刑法37条1項本文（緊急避難）・ただし書（過剰避難）は成立しないが、緊急避難状況の誤信として誤想避難が成立する[192]。これに対して、侵害利益と保全利益とが害の均衡を充足しない場合には、いわゆる誤想過剰避難が問題となる。こうした中でも特に重要となるのは、補充性の存在について誤信していた場合の誤想過剰避難についてである。

2 誤想過剰避難の処理

下級審裁判例においては、現在の危難を誤信しつつ避難行為を行った被告人につき、「他に避難の方法がないと思って本件所為に出たものではない」として、刑法37条1項ただし書の適用が認められたものがあり、誤想過剰避難に対しても過剰避難規定が適用されている[193]。

学説においては、基本的には誤想過剰防衛の場合と同様に処理されている[194]が、刑法36条2項の過剰防衛規定と刑法37条1項ただし書の過剰避難規定とで、刑の減免根拠が同一だと解する限りにおいて、こうした取扱いは是認されるであろう。

本書のように、過剰避難規定の刑の減免根拠を、違法・責任減少説に求める場合には、補充性が存在しない場合の違法減少の有無が問題となる。既に論じたように、①およそ他の利益を侵害することなく危難を回避できた場合

---

192) 誤想避難の成否が問題となった裁判例として、ある宗教の信者であった被告人が、未成年者である長女を教団施設まで連行して監禁した事案で、地震が発生するとの教団教祖の予言を信じ、長女を手元に置いておきたいとの思いもあって本件犯行に及んだとしつつ、「このような荒唐むけいな予言を信じて、将来地震が起こるとの主観的予測を持ったからといって、危難を誤想したとは言えず、いわゆる誤想危難として故意が阻却される場合に該当しない」としたものがある（東京地判平成8・1・17判時1563号152頁）。

193) 大阪簡判昭和60・12・11判時1204号161頁。

194) 詳細な検討として、井上・前掲注3）241頁参照。

176 第2章 我が国における解釈論的展開

には、保全利益はいかなる利益とも二律背反状況に陥っていないので、違法
性の減少は起こり得ず、したがって過剰避難も成立しないが、②他の利益を
侵害することなく危難を回避することはできないが、より侵害性の低い手段
があった場合には、保全利益Aはより侵害性の少ない手段によって侵害さ
れる利益Bと二律背反状況に陥るので、現実に侵害された利益Cのうち、
利益Bに該当する違法性は減少し、したがって過剰避難が成立し得ること
になる。

　そして、補充性が存在しないにもかかわらずその存在を誤信した場合には、
②の場合であればなお過剰避難規定の直接適用を肯定し得るが、①の場合に
は、客観的な違法減少がおよそ存在しない以上、もはや直接適用を認めるこ
とはできない。しかし、仮に行為者が、およそ他の法益を侵害することなく
危険を回避し得る手段の存在について認識していなかった場合には、客観的
な違法減少を基礎づける事実について誤信したのであるから、その点につい
ての故意責任を認めることはできない。この限りにおいては、なお過剰避難
規定を準用する余地はある。しかし、補充性を誤信したことにつき過失があ
る場合（他に採り得る手段の存否について検討する義務に反した場合）には、な
お処罰に値する違法・責任が残っているといえる[195]。したがって、刑の免除を
行うことはできず[196]、減軽を認め得るにとどまると解するべきであろう。逆に、
補充性を誤信したことにつき過失がない場合には、過剰避難規定を完全に準
用することが可能となり、刑の免除も可能となる[197]。

195）　問題となる故意犯について、過失犯処罰規定がない場合であっても、なお同様に解するべき
　　であろう。
196）　責任減少説からの立場ではあるが、平野・前掲注78）247頁も参照。
197）　この限りでは、ドイツやスイスにおける、誤信についての回避可能性がない場合の処理とパ
　　ラレルである。

第5節 小　　括

　本章では、我が国における緊急避難規定（刑法37条1項）の構造を明らか
にした上で、具体的な要件を詳細に検討し、その内容を明確化した。そこで
本節では、本書の立場を改めてまとめることで、読者の理解の一助としたい。

Ⅰ　二元的構成の採用とその意義

　我が国の刑法37条1項本文は緊急避難を、ただし書は過剰避難を規定する
が、この両者は、ドイツ語圏各国で広く採用されているのと同様に、緊急避
難を二元的に構成するものと理解することができる。すなわち、前者は違法
阻却事由としての緊急避難を、後者は責任減少事由としての緊急避難を規定
するものと解する。両者は、緊急避難状況を規律する要件については共通し、
害の最小化を規律する要件についてのみ異なる。すなわち、緊急避難状況を
規律する要件が充足されて初めて過剰避難の成否が問題となる。

　違法阻却事由としての緊急避難は、2つの方向から規律される。1つ目は、
緊急避難状況に関する規律である。利益衝突状況（二律背反状況）の下では、
刑法は、両方の利益が保全されるように介入することはできない以上、いず
れかの利益が失われることについては、もはや否定的評価を下すことはでき
ない。このような利益衝突状況としての緊急避難状況を記述するのが、「現
在の危難」および「やむを得ずにした（補充性）」要件である。

　2つ目は、害の最小化に関する規律である。刑法は、本来期待し得る利益
の量を下回る事態が生じる場合に、その事態を違法と評価するため、いずれ
かの利益が失われざるを得ない状況においては、より大きな利益が失われる
場合に限って違法評価を行うことが可能となる。この点を記述するのが、害
の衡量の要件である。

　これに対して、過剰避難（責任減少事由としての緊急避難）は、緊急避難状

況が存在するものの、害の衡量要件の充足に失敗した場合に、その成否が問題となる。緊急避難状況に関する要件が充足されている以上、一定の違法減少を認めることができるが、害の衡量を充足しなくともなお刑の減免、特に免除が肯定される理由としては、緊急避難状況に直面したことによる心理的圧迫、すなわち責任減少に求められる。過剰避難は、違法・責任減少説の立場からその刑の減免根拠が説明されることになる。

Ⅱ　違法阻却事由としての緊急避難の要件と解釈

1　緊急避難状況を規律する要件

　緊急避難・過剰避難に共通する、緊急避難状況に関する要件としてまず問題となるのが「現在の危難」である。「危難」の有無に関して、特に問題となるのは、対立する利益状況の特別法などによる事前調整である。すなわち、特別法などにより一定のコンフリクトが既に「考慮済み」とされている場合には、そのようなコンフリクトはもはや規範的にみて「危難」として記述されないことになり、緊急避難はもちろん、過剰避難も成立しない。

　また、危難の「現在」性については、瞬間的な危険のみならず、その時点で何らかの措置を講じない限り、将来の危険を回避できない場合（継続的危険）にも、なおその充足が肯定される。というのは、そのような場合に回避手段を講じることを許容せず、危険が時間的に切迫する時点まで行為者に待機を強いることで生じるのは、回避手段の実効性が失われるという事態であり、結局は損害を甘受せよというのに等しくなるからである。

　次に、緊急避難状況に関する要件として問題となるのが、「やむを得ずにした」要件のうちの補充性要件である。より侵害性の少ない他に採り得る手段が存在したか否かについて、行為者の身体的能力などを考慮しつつ、客観的に判断されることになる。また、問題となる危険の性質に応じて、危険の回避に関する補充性判断も異なる。特に、「継続的危険からの継続的保護」という視点が、DV反撃殺人事例においては重要となる。

　これに対して、「やむを得ずにした」要件において問題となる相当性要件は、緊急避難状況を基礎づける要件ではなく、むしろ、著しい不均衡事例を

めぐって過剰避難の成立を否定する事情である。著しい不均衡事例で問題となっているのは、およそ過剰避難として刑の減免の余地を否定するほどに違法減少・責任減少の余地が小さい事例である。すなわち、過剰避難規定における「情状」を考慮してもなお刑の減免に値しない事例といえる。他方、学説では、手段化禁止ルールなどの多様なルールが相当性要件において考慮されるが、このような雑多な考慮を、厳密な基礎づけを欠いたままで相当性の名の下に行うことは、単なる結論先取りに至るであろう。

　最後に、緊急避難状況に関する要件として問題となるのが、避難意思の要件である。しかし、避難意思の有無は、緊急避難状況の発生とは無関係であり、このような意思を緊急避難の要件として要求することはできない。

2　害の最小化を規律する要件

　以上で検討した要件に対して、害の衡量要件は、緊急避難と過剰避難とを区別する要件であり、緊急避難状況が存在するにもかかわらず、害の衡量の充足に失敗した場合に過剰避難が問題となる。害の衡量については、保全利益および侵害利益の具体的な価値やその侵害の範囲の他、侵害利益の要保護性に関する様々な考慮が問題となり得るが、侵害利益の主体の主観的価値を、侵害利益の価値をかさ上げする方向で考慮することは否定されるべきである。また、防御的緊急避難論に依拠して侵害利益の要保護性を減少させる議論もあるが、侵害利益が財物である場合を超えて、広くこうした議論が妥当するかには疑問がある。

Ⅲ　責任減少事由としての緊急避難（過剰避難）の要件と解釈

1　刑の減免根拠と「情状」の意義

　既に述べたように、刑法37条1項本文の緊急避難とただし書の過剰避難とは、緊急避難状況を規律する要件に関しては共通しており、害の衡量のみが異なる。このような現行法の構造を説明するのが違法・責任減少説である。

　これに加えて、過剰避難規定を規律する要素として問題となるのが、「情状」である。刑法37条1項ただし書は、「情状により」刑の減免が可能であ

る旨を規定するところ、このような「情状」を基礎づける事実につき、過剰避難規定の刑の減免根拠との関係で明確化する必要がある。すなわち、違法・責任減少が過剰避難の刑の減免根拠であることからすれば、「情状」についても、緊急避難において問題となるような違法・責任減少に関する事情を積極的に類型化すべきである。

このような観点から特に問題となるのは、責任減少に関する事情としては、緊急避難状況に直面した行為者の心理的圧迫の程度（適法行為の期待可能性の程度）に関する事情であり、違法減少に関する事情としては、害の衡量を逸脱した行為者が損害賠償を履行することで事後的に損害を填補したという事情である。このような事情を考慮することで、刑の減軽のみならず、免除をも肯定することが可能となる。

2　害の衡量以外に問題となる要素

害の衡量を逸脱した場合以外にも、補充性を充足しない場合になお過剰避難の成立が肯定され得るのかが問題となる。問題となる侵害利益との関係では補充性を充足しないとしても、一定の利益を侵害しないで（または一定の利益をリスクに晒さないで）危難を回避することができなかった場合には、その限度で利益衝突状況を肯定することが可能である。このような場合には、害の衡量を逸脱した場合と同様に、過剰避難が成立する。なお、行為者が、およそ他の利益を侵害せずとも危難を回避できたにもかかわらず、そのような手段が存在しないと考えていた場合、すなわち補充性の存在を誤信した場合には、過剰避難の成立要件である補充性を誤信したものとして、誤想過剰避難となり、過剰避難規定が準用されることになる。

また、緊急避難状況の規律において避難意思は不要であるが、過剰避難において責任減少を肯定するためには、避難意思が必要である。すなわち、緊急避難状況に直面したことで、心理的圧迫が生じ、当該危難を回避する意思としての避難意思があって初めて、責任減少を肯定することが可能である。このような意味での避難意思がない場合であっても、なお違法減少は存在するため、「情状により」刑の減軽はあり得ないではないが、刑の免除を基礎づける事情としては、こうした避難意思が必要となる。

第3章

緊急避難規定のアクチュアリティ

　緊急避難規定は、その法的性質をめぐる抽象的な議論にとどまることなく、現実の事案の中で常にその意義が問われる存在でもある。本章では、そのような緊急避難が問題となる諸事例のうち、古典的な問いが現代的な形で新たに問題となっているという点に着目し、第1節でDV反撃殺人事例、第2節で拷問による救助事例、そして第3節で自動走行車と生命法益のディレンマ事例を扱うことにする。これらの事例の解決にあたっては、第2章までに得られた帰結を用いて具体的な要件の分析をも行うため、本章は、第2章までの議論を具体的事案に当てはめるための、いわばケースブック的な意味も有している。

　また、特に第3節で明確となる特別立法の要否という問題につき、第4節でごく簡単にではあるが扱うことにする。第2章では、緊急避難の規範的な制約という観点から、特別立法が存在する場合を論じたが、本章第4節は、むしろ特別立法が必要となる場合があるのではないかという問題関心に基づくものである。

第1節　DV反撃殺人事例

Ⅰ　DVとDV反撃殺人事例

　家庭内における暴力（DV）に対する法的規制、とりわけ、DV被害者の保護に関する法的枠組みは、2000年代に入ってから急速に整備されてきている。

例えば、2000年には児童虐待の防止等に関する法律（以下、児童虐待防止法と略）が、また、2001年には配偶者からの暴力の防止及び被害者の保護に関する法律（現在の「配偶者からの暴力の防止及び被害者の保護等に関する法律」。以下、DV防止法と略）が制定され、家庭内における暴力のうち、特に重要な類型についての規制がなされている。

こうした状況は、本書で比較対象とされるドイツにおいても同様であり、例えば、2001年には、いわゆる暴力保護法（暴力行為及び追跡からの民事上の保護に関する法律）が制定されている。また、スイスでは、連邦レベルではかかる法律は制定されていないものの¹⁾、州レベルでは制定されており、例えば、チューリッヒ州では2006年に暴力保護法が制定されている。

このようなDVが行き着く終着点の1つは、もちろんDV加害者がDV被害者を殺害することであり、このような事例はドイツ語圏各国にとどまらず、世界各国で共通してみられる現象である。他方、もう1つの終着点は、DV被害者がDV加害者の継続的な暴力・虐待に耐えかねた結果、DV加害者を殺害することである。本書がDV反撃殺人事例と述べるのは、後者の事例を指す²⁾。

DV反撃殺人事例は、DV加害者とDV被害者の支配―被支配関係の中で行われるものであり、DV被害者は、DV加害者に面と向かって対峙することが困難である場合がむしろ通常である。したがって、DV被害者は、DV加害者が酩酊中・睡眠中などの無抵抗な状態にある場合に反撃することが多い³⁾。既に述べたように、このような事例は、DV加害者による殺人と同様に、洋の東西を問わず普遍的にみられる現象であるが⁴⁾、どのように法的な評価を

1）　2007年改正により、スイス民法には、暴力行為等からの保護のためになされる、申立人・申立人住居への加害者の接近禁止命令や共通の住居からの加害者の退去命令に関する規定（スイス民法28条ｂ）が導入されるなど、暴力保護法と同趣旨の規定が連邦レベルで制定されてはいる。なお、2009年4月30日には、連邦レベルでの暴力保護法の制定を求める動議がSusanne Leutenegger Oberholzerから提出されたが、6月3日に国民議会で否決されている。

2）　ドイツ語圏各国では、こうした事例を「家庭内の暴君事例（Haustyrannen-Fall）」と呼ぶ。

3）　こうした事例は、アメリカにおいては「非対峙型（non-confrontational）」と呼ばれ、家庭内暴力の主体が無抵抗状態にはない場合（「対峙型〔confrontational〕」）と区別されている（ヨシュア・ドレスラー〔星周一郎訳〕『アメリカ刑法』〔レクシスネクシスジャパン・2008年〕351頁）。本書でも以下、DV反撃殺人事例につき、対峙型・非対峙型という類型で区別することがある。

行うかに関しては、必ずしも共通した状況にあるわけではない。多くの国においては、正当防衛（・過剰防衛）の成立が主張されるものの、特に非対峙型の DV 反撃殺人事例については、そうした主張が容れられることはほとんどない[5]。これに対して、第 1 章で紹介したように、ドイツやスイスの判例・学説は、この問題を正当防衛ではなく、緊急避難の問題として位置づけている[6][7]。

　我が国においても、DV 反撃殺人事例は、古典的でありつつ、アクチュアルな問題でもある。いわゆる被虐待女性の反撃行為に正当防衛が成立するかをめぐっては、複数の裁判例が存在するところであって、議論の素材自体は[8]

4）　例えば、DV 反撃殺人事例の事案解決に関するヨーロッパの各国比較を行ったものとして、Eser/Perron, Strukturvergleich strafrechtlicher Verantwortlichkeit und Sanktionierung in Europa(2015) がある。また、2012年にフランスで起こった「ジャクリーヌ・ソヴァージュ（Jacqueline Sauvage）事件については、深町晋也「家族と刑法──家庭は犯罪の温床か？　第 1 回 DV の被害者が加害者に反撃するとき（その 1 ）」書斎の窓651号（2017年）23頁以下参照。

5）　アメリカにおいては、DV 反撃殺人事例は、いわゆる被虐待女性症候群（battered woman syndrome）あるいは被虐待配偶者症候群（battered spouse syndrome）との関係で、主として自己防衛の成否という文脈で活発な議論がなされている（Lenore E.A. Walker, Battered Women Syndrome and Self-Defence, 6 Notre Dame J.L. Ethics & Public Policy(1992) 321）。また、正当防衛の成否という文脈で論じるものとして、中国における DV 反撃殺人事例については、張光雲「中国における DV 法的規制と DV 反撃殺傷行為の刑事法上の課題」日本法学82巻 2 号（2016年）493頁以下を、台湾における DV 反撃殺人事例については、高鳳仙編著『家庭暴力防治法規専論［増訂第 3 版］』（五南圖書・2015年）187頁以下参照。さらに、カナダにおける DV 反撃殺人事例としては、DV 被害者であった被告人がおとり捜査官の扮するヒットマンに対して、DV 加害者であった夫の殺害を依頼するといういわゆる「ライアン・ケース」をめぐり、自己防衛ではなく強制（duress）の抗弁が主張され、第 1 審および第 2 審がこれを認めたのに対して、カナダ連邦最高裁判所は、自己防衛を適用できない場合に、強制の抗弁を拡張して適用することはできないとして、この主張を退けた（R. v. Ryan, 2013 SCC 3）。本ケースの紹介・検討として、上野芳久「外国判例研究 DV 被害者である妻が、加害者である夫を殺害するためにヒットマンを雇った事案──カナダ最高裁2013年 1 月18日判決」関東学院法学23巻 1 号（2013年）129頁以下。なお、岡本昌子「ドメスティック・バイオレンスと刑法」同志社法学69巻 7 号（2018年）1147頁以下も参照。

6）　ドイツの判例・学説を詳細に紹介したものとして、友田博之「DV 被害者による『眠っている』加害者に対する反撃について」立正法学46巻 1 = 2 号（2013年）59頁以下。

7）　これに対して、オーストリアにおいては、DV 反撃殺人事例は緊急避難の問題として扱われていない。第 1 章第 4 節Ⅲ 2(3)〔本書97頁注283）〕参照。

8）　東京高判昭和45・ 5 ・12刑集27巻 3 号327頁、京都地判昭和53・12・21判タ402号153頁、大阪高判昭和54・ 9 ・20判タ402号155頁（前出京都地判昭和53・12・21の控訴審判決）、名古屋地判平成 7 ・ 7 ・11判時1539号143頁、神戸地判平成15・ 4 ・24公刊物未登載（LEX/DB 28085640）、函館地判平成19・ 5 ・15公刊物未登載（LEX/DB 28135289）、札幌高判平成19・11・13季刊刑事

同様に存在する。特に、刑法旧200条の合憲性が問題となった、いわゆる尊属殺違憲判決[9]の事案は、被告人が継続的に殺人の被害者たる父親から（性的虐待を含む）虐待を受けていたという典型的な DV 反撃殺人事例であり、第1審は過剰防衛の成立を認めて刑を免除するとの判決を下したにもかかわらず、第2審がこの点を否定して3年6月の実刑判決を下した[10]。この事案については、最高裁大法廷が、刑法旧200条の尊属殺規定は憲法14条1項に反して違憲無効であるとして、刑法199条の通常殺人罪を適用するという解決を行ったこともあり、ドイツ・スイスのように DV 反撃殺人事例に関する自覚的な議論がなされる契機とはならなかった。

　このように、我が国においても、問題となる事象が同様に生じているにもかかわらず、法的な解決という点では大きく異なるのはなぜであろうか。こうした疑問に答えるためには、そもそもなぜドイツにおいては DV 反撃殺人事例が重要な議論対象として認識されているのか、を理解しなければならないであろう。また、スイスにおいて、ドイツの判例を明示的に受容しつつ、DV 反撃殺人事例の解決を図った背景について検討することもまた、日本における状況をより深く理解するために有益であると考えられる。こうした検討を通じて、我が国においても、DV 反撃殺人事例を正面から採り上げて論じる意義を明確化する必要がある。

　以下では、このような問題意識を背景としつつ、まずⅡで、DV 反撃殺人事例が、ドイツにおいて刑法全体の中でどのように扱われているのかを詳細に検討・分析する。すなわち、DV 反撃殺人事例が、いかなる犯罪構成要件に該当するのかを検討し、また、なぜ基本的には正当防衛（ドイツ刑法32条）の問題として論じられていないのかにつき、正当防衛の成立要件、特に現在の侵害（gegenwärtiger Angriff）要件との関係で概観する。その後、第1章第2節におけるドイツ刑法34条（正当化的緊急避難）・35条（免責的緊急避難）の分析を踏まえた上で、緊急避難による解決の可否について論じる。

　　弁護58号198頁（前出函館地判平成19・5・15の控訴審判決）、東京地判平成20・10・27判タ1299
　　号313頁など参照。
9）　最大判昭和48・4・4刑集27巻3号265頁。
10）　宇都宮地判昭和44・5・29刑集27巻3号318頁。

次に、Ⅲでは、スイスにおける DV 反撃殺人事例に関する議論状況を検討
する。スイスにおいては、従来、DV 反撃殺人事例についてはさほど自覚的
に論じられてはいなかったものの、1990年代になって、スイス連邦最高裁判
所が相次いでドイツ刑法における解釈論を援用しつつ判断を示したこともあ
り、学説においても、ドイツ刑法を参照しつつ、本事例を特に緊急避難論と
の関係で自覚的に論じるようになっている。そこで、Ⅲにおいては、スイス
におけるこうした議論状況を検討しつつ、なぜ従来は、DV 反撃殺人事例が
ドイツのように重要な議論対象とされていなかったのか、また、近時の議論
状況は、ドイツ刑法を参照しつつどのように展開されているのか、を明らか
にしたい。

　また、Ⅳでは、アメリカにおける DV 反撃殺人事例に関する議論状況を検
討する。従来、我が国においては、本事例は専ら正当防衛・過剰防衛の成否
という文脈で論じられており、正当防衛論による解決の可能性を探るために、
本事例を自己防衛の枠内で扱うアメリカ法における議論を参照する。

　さらに、Ⅴでは、ⅡからⅣにおける比較法的検討から得られた示唆を元に、
我が国において、DV 反撃殺人事例をいかに解決すべきか、について論じる。
本書の主張は、既に第2章までの検討でも一部明らかになっているが、我が
国においても、DV 反撃殺人事件につき、緊急避難・過剰避難による解決が
あり得るのではないかというものである。こうした検討の過程で、第2章で
論じた我が国の緊急避難規定の要件解釈をより具体化させることも意図して
いる。

　最後に、Ⅵにおいて、アクチュアルに生じている DV 反撃殺人事例に関し
て、本書の立場から分析・検討を行うことで、本書の主張が具体的事例の解
決にも資することを示すことにする。

---

11)　BGE122 Ⅳ 1（以下、1995年判決）; BGE 125 Ⅳ 49（以下、1999年判決）.
12)　スイスにおいて、DV 反撃殺人事例を包括的に論じたものとして、Martin, Defensivnotstand
　　unter besonderer Berücksichitigung der «Haustyrannentötung»(2010), S. 1 ff を参照。

186　第 3 章　緊急避難規定のアクチュアリティ

II　ドイツにおける議論状況の分析

1　議論の前提

(1)　DV 反撃殺人事例とその特徴

ドイツにおいて、DV 反撃殺人事例として論じられているのは、大要以下のような事例である。[13]

【事例】長年にわたり、A は家庭内で暴君として君臨し、ちょっとしたきっかけがあればすぐに妻 X や娘 B に暴力を振るっていた。ある日、A は X に対して激しい暴行を加えた後、「起きたら死ぬような目に合わせてやる」と言い捨てて就寝した。X は、A が起きたら今度こそ自分に対して命にかかわるような暴行が加えられると考え、睡眠中の A を台所の包丁で刺殺した。

DV 反撃殺人事例は、概ね以下の特徴を有する。

第 1 ：A は日頃から家族に対して暴行に及んでおり、X が A を殺害するのに時間的に先行した時点（例えば数時間前）にも、A による暴行があったこと（事前の暴行の存在）

第 2 ：X が A を殺害した時点では、A は睡眠中であることなどにより無抵抗の状態であること（行為時の被害者の無抵抗状態＝非対峙型）

第 3 ：A が目覚めれば、いつ X に対して再度暴行に及ぶか分からないこと（再度の暴行の蓋然性）

(2)　問題となる犯罪構成要件

以上の特徴のうち、第 2 の点、すなわち行為時の被害者の無抵抗状態（非対峙型）は、DV 反撃殺人事例について成立する構成要件に関して決定的な意義を有する。というのは、ドイツ刑法においては、殺人罪につき、（法定刑が無期自由刑しか存在しない）[14]謀殺罪（ドイツ刑法211条）と（より法定刑の軽い）故殺罪（ドイツ刑法212条）とが区別されて規定されており、かつ、睡眠

---

13)　RGSt 60, 318および BGHSt 48, 255の事案を参考にしつつ単純化したものである。

14)　なお、1953年改正までは、謀殺罪の法定刑としては死刑しか存在しなかった。

中といった無抵抗状態における殺害は、前者の謀殺罪が成立するための要件（謀殺要件）に該当するからである。すなわち、謀殺罪が成立するには、ドイツ刑法211条が規定する謀殺要件に該当しなければならないところ、睡眠中といった無抵抗状態における殺害は、「不意打ちの（heimtückisch）」という謀殺要件に該当するのである。[15]

　ドイツにおける判例は、「不意打ち」要件につき、被害者の①無警戒および②無防備を（意識的に）利用するという定義を採用している。[16] ここで、①の無警戒については、行為時に、被害者が自己の生命に対する侵害を予測していなかったことが、[17] ②の無防備については、かかる無警戒に基づいて、被害者が自己を防衛することができないか防衛困難な状況になっていること[18] が必要とされる。そして、睡眠中の者は、意識不明の者とは異なり、自分には何も起こらないとの信頼の下で睡眠に就き（無警戒）、こうした信頼の下で自らを無防備な状態に晒しているのであるから、基本的には「不意打ち」要件が充足されることになる。[19]

　これに対して、【事例】のように、被害者Ａが日頃から行為者Ｘに対して暴行に及んでいるような場合では、ＡとＸが公然と敵対関係に立ち、Ａとしても、Ｘの攻撃を想定し得たのではないか、が問題となり得る。[20] しかし、本事例では、多くの場合、Ｘは日頃のＡからの暴行を甘受しているため、Ａとしては、Ｘが自分におよそ逆らえないと考えており、睡眠中にＸから攻撃されることを想定し得ないといえる。[21] したがって、本事例においては、「不意打ち」要件の充足が認められ、Ｘには謀殺罪の構成要件が成立することになる。

---

15)　詳細については、山本光英『ドイツ謀殺罪研究』（尚学社・1998年）89頁以下、小池信太郎「ドイツにおける殺人処罰規定の改革をめぐる議論の動向」『理論刑法学の探究 4』（成文堂・2011年）237頁以下参照。

16)　Vgl. RGSt 77, 41; BGHSt 2, 251; BGHSt 7, 218.

17)　BGHSt 7, 218.

18)　BGHSt 11, 139.

19)　Vgl. BGHSt 23, 119. ただし、判例は、意識的な利用の判断に際しては、利用意思の有無を慎重に検討すべきとしている（BGH NStZ 1984, 20）。

20)　このような場合には、判例は無警戒ではなかったとする（vgl. BGHSt 20, 301）。

21)　Vgl. BGHSt 48, 255.

188　第3章　緊急避難規定のアクチュアリティ

　しかし、DV反撃殺人を行った被告人につき、謀殺罪が成立して常に無期自由刑が科される[22]とすれば、極めて硬直的かつ過酷な帰結であるとの批判を免れがたい。こうした帰結を回避するためには、正当化事由や免責事由の検討が不可欠となる。こうした観点からまず問題となるのは、正当防衛の成否である。

(3)　正当防衛の成否

　DV反撃殺人事例の特徴第2で述べたように、【事例】においてXが攻撃を行った時点においては、Aは睡眠中であり、Aによる現在の侵害があったといえるかが問題となる。特徴第1（事前の暴行の存在）で述べたように、Aは日頃からXに対して暴行を加え、かつ、Xが攻撃を行うに先立って、AはXに対して暴行を加えていたが、こうした事情は、それ自体としてみる限りは、過去の侵害にすぎない。また、特徴第3（再度の暴行の蓋然性）で述べたように、Aは睡眠から目覚めれば、またいつXに対して暴行を加えるか分からないという事情があるものの、こうした未来の侵害を理由に、正当防衛の成立を認めることができるであろうか。この点に答えるためには、ドイツ刑法32条の規定する侵害の「現在性」の内容を検討する必要がある。

　侵害の現在性につき、判例は、①まだ侵害行為には出ていなくとも、直ちに侵害行為に切り替える（umschlagen）ことができるために直接的な法益侵害発生の危険が認められる状況にあり、防衛行為を先延ばしにすればその効果が危ぶまれる場合には「現在性」を認めている[23]。また、②一旦侵害行為に出た場合には、これが既遂（Vollendung）に至っても終了（Beendigung）するまでは、なお「現在性」を認めている[24]。

---

22)　なお、ドイツ刑法213条は、後に検討するスイス刑法113条とは異なり、あくまでも故殺罪（ドイツ刑法212条）の減軽を規定している（Eser, in: Schönke/Schröder Strafgesetzbuch Kommentar 29. Aufl. (2014), §213 Rn. 2)。したがって、DV反撃殺人事例において、一旦謀殺罪と判断された場合には、このような減軽規定を適用することによって妥当な解決を図ることはできない（vgl. Schramm, Ehe und Familie im Strafrecht (2012), S. 134)。ただし、BGHSt 30, 105は、謀殺罪に関し、無期自由刑を科すとすれば、行為者の責任に比してあまりにも不均衡となる例外的事情がある場合には、法定の減軽事由が存在しない場合であっても、なおドイツ刑法49条1項の類推適用を認めるという量刑による調整を肯定し、謀殺罪の法定刑の厳格さ・硬直さを一定程度緩和する判断を示している。

23)　RGSt 67, 337; BGH NJW 1973, 255.

24)　特に財産犯に関しては、犯人が財物を持って逃走しているような場合には、犯罪は既遂に達

そして、学説においても、基本的には判例に従う見解が通説的といえる。①については、通説は、厳格な意味での未遂段階には達していなくとも、未遂開始に直接に前置されるような予備段階の行為についても、なお侵害の現在性を認めている[25]。また、②については、通説は、一旦侵害行為に出た場合には、侵害が最終的に放棄されたか侵害結果が最終的に生じたため、更なる損害の回避がもはやあり得ない場合には現在性を否定し、逆に、侵害が終了するまではなお侵害の持続（Fortdauern）を認め、現在性を肯定している[26][27]。

以上で検討した判例・通説の判断枠組みを【事例】に適用すると、特徴第1（事前の暴行の存在）につき、日頃からＡによる暴行があったとしても、特徴第2（行為時の被害者の無抵抗状態）で述べたように、Ｘの攻撃の時点ではＡは睡眠中であり、Ａによる暴行が持続していると評価することはできない。すなわち、Ａによる暴行は既に終了しているのであって、侵害の現在性を充たさない。また、特徴第3（再度の暴行の蓋然性）についても、確かにＡが目を覚ませば、またいつなんどきＸに対して暴行を加えるかもしれないが、なおＡが睡眠中の時点においては、未遂開始に直接に前置されるような（すなわち、未遂行為の一歩手前といえるような）予備段階の行為があるとはいいがたいため、侵害の現在性を充たさない。

したがって、DV反撃殺人事例は、判例・通説においては、正当防衛によっては解決できず、緊急避難に委ねられることになる[28]。

していたとしても、なお侵害が持続しており、終了していないとされる（vgl. RGSt 55, 82; BGH NJW 1979, 2053; BGHSt 48, 207）。

25) Roxin, Strafrecht AT Band 1, 4. Aufl. (2006), §15 Rn. 24.; Perron, in: Schönke/Schröder, Strafgesetzbuch Kommentar 29. Aufl. (2014), §32 Rn. 14; Rengier, Strafrecht Allgemeiner Teil 8. Aufl. (2016), §18 Rn. 20.; Kindhäuser, Nomos Kommentar Band 1, 4. Aufl. (2013), §32 Rn. 53.

26) Roxin, a. a. O.(Anm. 25), §15 Rn. 28; Schönke/Schröder/Perron, a. a. O.(Anm. 25), §32 Rn. 15; Rengier, a. a. O.(Anm. 25), §18 Rn. 24 f.; Kindhäuser, a. a. O.(Anm. 25), §32 Rn. 53.

27) これに対して、①につき、判例が述べる防衛行為の効果という点を強調し、防衛行為を先延ばしにすると、もはや侵害に対する防衛が不可能になる（あるいは困難な条件でのみ可能となる）場合には、侵害が既に現在性を有するとの見解も主張されている（Schmidhäuser, Strafrecht Allgemeiner Teil, Lehrbuch 2. Aufl.(1975), 9/94）。この見解は、正当防衛の場合にも、「現在性」の判断を緩やかに解するものであるが、これについては、スイスにおける議論（第3章第1節Ⅲ4〔本書201頁以下〕）を参照。

28) なお、念のため付言すると、DV反撃殺人事例は、家庭内暴力の被害者による反撃行為の事例の全てを包摂するものではない。特に、DV反撃殺人事例の特徴第2が存在しない場合（すなわ

2 緊急避難による解決

(1) 判例の概観

ドイツにおいては、既に1926年にライヒ裁判所（RG）においてDV反撃殺人事例が扱われているが[29]、それ以降も繰り返して、最上級審において本事例が問題となっている[30]。本事例についてのリーディングケースといえるRGSt 60, 318では、日頃から些細なきっかけで家族に虐待を加えていた被害者Aが、最後にその妻Bや娘Cに対して虐待を加えてから20時間後に、Aの息子である被告人Xが、ベッドから起き上がっていない状態のAをピストルで射殺した。この少し前に、Aを起こそうとしたBに対してAが酷い虐待を行う旨脅したため、Xは、心臓に重い疾患を有するBがそのような虐待を受ければ心臓発作で倒れるか、あるいは自殺してしまうと危惧し、Bが外出している間にAを射殺した。RGは、本件につき、ドイツ刑法旧54条の緊急避難の成立要件、特に危険の現在性および補充性について詳細に検討した結果、本件については緊急避難が成立すると判示した。この点で、本判決は、DV反撃殺人事例を緊急避難によって解決するという判断枠組みを確立したものと評価し得る[31]。

第2次世界大戦後も、ドイツ連邦通常裁判所（BGH）は、DV反撃殺人事例に関して、緊急避難による解決があり得ることを示してきた。例えば、BGH NJW 1966, 1823は、ドイツ刑法旧54条の成立要件のうちの補充性要件を否定した原審を破棄しており、また、ドイツ刑法典が1975年に改正された後に出されたBGH NStZ 1984, 20は、正当化事由や免責的緊急避難（ドイツ刑法35条）の成否を検討しなかった原審を破棄している。

ち「対峙型」の場合）には、正当防衛の成否が正面から問題となる。こうした事例について、ドイツで特に問題となっているのは、夫婦間のような緊密な人的関係にある場合に正当防衛権が制限されるか否かである。この問題については、森本陽美「正当防衛の制限と被虐待女性」法学研究論集（明治大学）第4号（1996年）299頁以下参照。

29) RGSt 60, 318.

30) Schramm, a. a. O.（Anm. 22), S. 122 ff.

31) なお、厳密にいえば、1941年改正前のドイツ刑法旧211条においては、「不意打ち」要件を規定しておらず、本件は謀殺罪ではなく故殺罪（ドイツ刑法212条）が問題となる事案であった（vgl. Schramm, a. a. O.（Anm. 22), S. 122 f.)。しかし、その場合にもなお緊急避難論による解決が必要となるという点では、第3章第1節Ⅲで検討するスイスにおける議論と通底するものがある。

このような状況下で、DV 反撃殺人事例につき、緊急避難の成否を正面から論じたのが、2003年に出された BGHSt 48, 255である。既に検討したよう[32]に、本件においては、DV 反撃殺人事例で問題となる全ての点が論じられているといってよい。そこで以下では、第1章第2節での検討を踏まえて、BGHSt 48, 255における要点を示すことにする。

(2) **BGHSt 48, 255の概略**

(a) **事案**　被告人Xは、夫Aからの長年にわたり、日増しに増大する暴力および侮辱により重大な侵害を被っていた。ある日、Xは、自らおよび2人の娘を更なるAの行為から守るためには他に手段がないと考えて、寝ているAをピストルで射殺した[33]。原審は、Xの行為は謀殺罪に該当し、かつ正当防衛には該当しないとしつつ、他の正当化事由および免責事由については検討しなかった。これに対して、BGH は、以下のように述べて、原判決を破棄して差し戻した。

(b) **判旨の要点**

a) 侵害利益が生命であるために正当化的緊急避難は成立しない

b) 正当防衛における「現在の侵害」とは異なり、免責的緊急避難における「危険の現在性」は、継続的危険が存在する場合には肯定される

c) 免責的緊急避難の成立を妨げる例外的事情である危険甘受の期待可能性は存在しない

d) 補充性要件について、侵害利益が生命である場合には判断が厳格化するために、基本的に他に採るべき手段が存在することとなる

e) 免責的緊急避難の誤信の成否に関し、誤信の回避可能性においては誠実な検討義務が問題となる

(3) **検討**

既に論じたように[34]、学説においては、判例の判断枠組みに基本的には従いつつ、DV 反撃殺人事例についても、継続的危険が認められる場合には緊急避難の問題とする見解が通説的である。ただし、学説においては、判旨の要

---

32)　第1章第2節Ⅱ〔本書13頁以下〕参照。

33)　事案の詳細な紹介は、BGH NJW 2003, 2464を参照。

34)　第1章第2節Ⅲ2(2)〔本書20頁以下〕参照。

192　第3章　緊急避難規定のアクチュアリティ

点a)に反対し、いわゆる防御的緊急避難の場合には、侵害利益が生命である場合でもなお正当化的緊急避難の成立を認める見解が有力である。これに対して本書は、防御的緊急避難の議論が、侵害利益が生命の場合にまで及ぶかについて疑問を呈しつつ、少なくとも免責的緊急避難の成立の余地は肯定される旨論じた[36]。

　こうした立場から特に重要となるのは、ドイツの判例が、免責的緊急避難における補充性判断で、侵害利益が生命の場合にその判断を厳格化させる点（判旨の要点d)）[37]である。【事例】で検討すると、必ずしも警察当局や保護施設などに介入・助力を求めることや、あるいはDV加害者であるAから逃げることが実効的な手段であったとはいえない場合があり、その場合には、これらの手段の侵害性がいくら低い（あるいは侵害性が存在しない）としても、そうした手段を強いることは無意味である。また、継続的危険という点からすると、Aが生きている限り、暴力の危険は存在し続けるのであって、たとえ逃げても所在を突き止められるなどして、危険を完全に除去できるとはいいがたい上、中途半端に被告人XがAに反抗することは却ってAによる暴力の危険を増大させかねない。このような観点からすると、逃げる、あるいは警察当局などの介入・助力を求めるといった他に採り得る手段の実効性が低い場合には、Aを殺害するという手段もまた、「継続的危険からの継続的保護」のための手段としての実効性の高さからすれば、補充性が肯定されよう。

　他方、判旨の要点d)によって補充性が否定されたとしても、なお免責的緊急避難の誤信（ドイツ刑法35条2項）が問題となる点には注意が必要である（判旨の要点e)）。すなわち、【事例】において、被告人Xが、自己や近親者Bの生命・身体に対する危険の現在性や補充性につき誤信した場合には、

---

35)　第1章第2節Ⅳ2(2)〔本書43頁〕参照。

36)　第1章第2節Ⅳ2(4)〔本書47頁〕参照。

37)　これに対して、判旨の要点c)については、DV反撃殺人事例が、危険甘受の期待可能性の認められる典型例である惹起類型に該当することは想定しがたい。被告人Xは、被害者であるAと同居を続けているが、そのことが緊急避難状況を惹起したとは評価できないからである。また、XがAによるDVの被害者であるという構図においては、緊急避難状況を惹起しているのはむしろAであるとの評価すら可能であろう。したがって、危険をXが甘受することは期待し得ず、免責が否定される理由はない。

当該誤信の回避可能性が問題となる。一方で、被害者 A の生命法益が侵害されている以上、A による生命・身体に対する危険が現在していたか否か、殺害以外に回避し得る手段が存在したか否かについて特に慎重に判断する義務が生じるが、他方で、X や B の生存の危機が問題となる場合には、X が十分な判断能力を発揮し得ない精神的状況にある場合も多いであろう。特に、DV の被害者である X は、長年にわたる虐待によって、精神状態が極めて追い詰められていることを考えれば、慎重な検討義務を要求するにも限界があろう。具体的には、BGHSt 48, 255が述べるように、X が慎重な判断を行う十分な時間的余裕があったか、X の精神状態がいかなるものであったか、などといった様々な事情を考慮して判断することになろう。

Ⅲ　スイスにおける議論状況の分析

1　議論の前提

　既に検討したように、ドイツにおいては、DV 反撃殺人事例は激しい議論の対象となっている。その最大の理由は、本事例では謀殺罪（ドイツ刑法211条）の謀殺要件である「不意打ち」要件が充足されるため、本罪の構成要件が成立するところ、本罪の法定刑は無期自由刑のみが規定されているため、行為者には原則として無期自由刑が科されることになるが、その帰結がいかにも不当に感じられることにある。

　これに対して、スイス刑法においては、謀殺罪（スイス刑法112条）の法定刑自体が、無期および10年以上の自由刑とされており、法定刑の硬直性という点で、ドイツ刑法と大きく異なる。[38]また、謀殺要件についても、より抽象的な「全く良心の呵責なく（besonders skrupellos）」という文言が用いられており、DV 反撃殺人事例が直ちに本罪の構成要件を充足するとは限らない。[39]

38）　ただし、1989年改正前は、本条は無期自由刑のみを規定するものであり、ドイツ刑法211条と同様であった。しかし、法定刑が過酷すぎることや、無期自由刑の宣告を回避するために裁判所が技巧的な減軽事由を認めることがままあることなどの弊害が指摘され、10年以上の自由刑を併せて規定することとなった（vgl. BBl 1985 Ⅱ 1022）。

39）　Vgl. Ringelmann, Der Mord an der Grenze von Unrecht und Schuld, in: Grenzen des rechtfertigenden Notstands（2006）, S. 208.　ドイツ刑法211条が規定する謀殺要件と比較すると、

194　第3章　緊急避難規定のアクチュアリティ

　しかし、スイスにおいて、DV反撃殺人事例が従来はさほど問題として顕在化しなかった最大の理由は、スイス刑法113条にあるといえる。本条は、明文で故殺（ドイツ刑法212条）の場合に適用が限定されているドイツ刑法213条とは異なり、故殺のみならず、謀殺行為についても、免責可能な激しい情動や大きな精神的負荷の下でなされた場合について、1年以上10年以下の自由刑を規定するものである。そして、DV反撃殺人事例における被告人は、大きな精神的負荷の下でDV加害者を殺害しているためにスイス刑法113条に該当し、最終的には極めて軽い処断刑が宣告されることもあり得るのである。

　以上を要すれば、量刑的な調整という観点からは、DV反撃殺人事例で問題となる多くの事例はスイス刑法113条で解決可能だともいい得るのであり、敢えて本事例を議論対象とする必要がないようにも見える。

　そこで以下では、まずは議論の前提として、スイス刑法113条がいかなる規定であるのかを検討し、DV反撃殺人事例との関係で、本規定の射程やその限界について考察する。次に、1995年判決および1999年判決について詳細に紹介・検討を行い、最後に、スイスの学説の状況についても検討を加えることにする。かかる検討を通じて、スイスにおける本事例をめぐる議論を正確に理解することは、ドイツにおける議論を相対化しつつ、より深く理解することに資するであろう。また、ドイツと比較すると、殺人罪の法定刑の幅が極めて広いために、柔軟な取扱いが可能となっている我が国において、DV反撃殺人事例を論じることの意義について考察するためにも、前述のよ

　　スイス刑法112条が規定する謀殺要件は抽象的であって、柔軟な解釈を許容する余地があるといえる。

40)　Martin, a. a. O.(Anm. 12), S. 207; Trechsel, Haustyrannen»mord« —ein Akt der Notwehr? in: Winfried Hassemer zum sechzigsten Geburtstag (2000), S. 184.

41)　より正確にいえば、本条の規定する要件を充たす場合には、そもそもスイス刑法112条の「全く良心の呵責なく」という要件を充足せず、したがって両者は競合しないと解するのが通説である（vgl. Stratenwerth/Jenny/Bommer, Schweizerisches Strafrecht BT Ⅰ (2010), § 1 Rn. 34; Schwarzenegger, in: Basler Kommentar zum Strafgesetzbuch Ⅱ, Art. 111-392 StGB, 3. Aufl.(2013), Art. 112 Rn. 32; Pozo, Droit pénal Partie spécial (2009), Rn. 153)。これに対して、BGE 81 IV 150は、本条の適用をスイス刑法111条の故殺に限定している（siehe auch Walder, Vorsätzliche Tötung, Mord und Totschlag, StrGB Art. 111-113, ZStrR 96 (1979), S. 157)。

42)　Schwarzenegger, a. a. O.(Anm. 41), Art. 113 Rn. 20.

第 1 節　DV 反撃殺人事例　*195*

うにドイツに比して極めて柔軟な法定刑を規定するスイスの議論動向は参照
に値しよう。

2　スイス刑法113条と DV 反撃殺人事例

⑴　スイス刑法113条の内容

　本条は、行為者が、①免責可能な激しい情動において、あるいは②大きな
精神的負荷の下で殺人を行った場合につき、1年以上10年以下の自由刑を規
定したものであり、スイス刑法111条（故殺）および112条（謀殺）に対する
必要的減軽を規定したものである。行為者が、①あるいは②の状態にある場
合には、行動制御能力が限定的にしか働かない点で、責任が減少していると
いい得る。これに加えて、①あるいは②の状態につき、被害者にも責任があ
る場合、特に被害者が挑発をしたような場合には、行為の不法性も減少する
といえ、この点において、本条が敢えて特別な減軽事由を設けた根拠がある
とされている。[43]

　本条の①類型では、あらゆる種類の情動が捕捉されている。[44]しかし、免責
可能な情動でなければならない。免責可能性要件においては、行為者が陥っ
た情動が「正当化される」か否かが倫理的・規範的見地から判断される。[45]こ
の判断においては、行為者が情動に陥ったのが自己の責によらないことは要
件とはされていないものの、専らあるいは主として自己の責によってかかる
情動に陥った場合には、本条の適用は否定される。[46]また、免責可能性の判断
においては、行為者の属する共同体における平均人が、行為者が置かれたの
と同じ状況にあったとしたら、容易に同様の情動に陥ったか否かが基準とさ

---

43)　Schwarzenegger, a. a. O.(Anm. 41), Art. 113 Rn. 2.

44)　①類型は、スイス刑法16条2項やドイツ刑法33条が規定する過剰防衛の場合とは異なり、パ
　　ニックや狼狽といった、いわゆる「弱化させる情動（asthenische Affekte）」のみならず、憤激や
　　憎悪といった、いわゆる「強化させる情動（sthenische Affekte）」についても捕捉している。

45)　BGE 82 IV 86; BGE 100 IV 150. これに対して、「正当化される」というよりは、むしろ、客観
　　的にみて「理解可能なものである」といえるかが問題となるとするものとして、Schwarzenegger,
　　a. a. O.(Anm. 41), Art. 113 Rn. 9参照。また、倫理的見地からの判断の不明確さを批判するものと
　　して、Walder, a. a. O.(Anm. 41), S. 164参照。

46)　Walder, a. a. O.(Anm. 41), S. 164.

196 第3章 緊急避難規定のアクチュアリティ

れる[47]。

これに対して、②類型は、1989年改正（1990年施行）で新たに導入された類型であり、①類型に比して、より長期的に形成された精神的負荷に基づいて、もはや殺人を行うしかないと考えるに至るまで追い詰められたような場合を捕捉するものである[48]。②類型についても、条文上は明示的に規定されてはいないものの、免責可能性が要求されている[49]。

(2) DV反撃殺人事例に対するスイス刑法113条の適用

1989年改正以前においては、DV反撃殺人事例は、①類型において処理されていたものの[50]、1989年改正後は、むしろ②類型で処理されている[51]。被害者の長年の暴力により、強い精神的負荷をかけられていた被告人が、もはや被害者を殺すしかないと考えるまで追い詰められたものである点からすれば、本事例は、まさに②類型にあたるものといえよう。

具体的にみると、DV反撃殺人事例においては、被害者が強い精神的負荷を有するに至ったのは、倫理的あるいは規範的観点からして、まさに「正当化される」あるいは「理解可能なものである」といえる。そもそも、こうした強い精神的負荷は、被害者が被告人に対して長年の虐待を行っていたことによるものであり、まさしく被害者が誘発したものである。また、被告人の

---

47) Walder, a. a. O.（Anm. 41）, S. 163; Schwarzenegger, a. a. O.（Anm. 41）, Art. 113 Rn. 9 ff.

48) 典型的に想定されているのは、重大な障害を有する子を持つ両親が、我が子を長年育てたものの、自分たちが死んだ後の我が子の将来を悲観して殺害するような事例である。とはいえ、こういった事例は、既に1989年改正前から、①類型において捕捉されていたのであり、②類型は、従来は①類型で捕捉していた事例類型を明示的に規定したものである。Schwarzenegger, a. a. O.（Anm. 41）, Art. 113 Rn. 15.

49) Schwarzenegger, a. a. O.（Anm. 41）, Art. 113 Rn. 16; Stratenwerth/Wohlers, Schweizerisches Strafgesetzbuch Handkommentar, 3. Aufl.（2013）, Art. 113 Rn. 7.

50) Vgl. BGE 100 IV 150. ただし、本件は、典型的なDV反撃殺人事例からはやや外れる。すなわち、被害者である義理の兄弟Aと性的な関係を長年有していた被告人Xが、夫への愛情から当該関係を断とうとしたところ、Aから激しい暴力を何度も日常的に受け、性交することを強いられた。ある日、X宅にAがいつものように訪ねてきたところ両者は激しい喧嘩となり、AがXを激しく侮辱したため、Xがテーブルの上に置いてあったナイフでAを何度も刺して殺害したという事案である。原審が、侮辱された事実のみならず、被告人の意思に反して暴力によって性交が強いられた事実を挙げて、被告人の態度が被害者によって誘発されたものだと認定してスイス刑法113条の成立を認めたところ、スイス連邦最高裁判所はこの判断を是認した。

51) Schwarzenegger, a. a. O.（Anm. 41）, Art. 113 Rn. 20.

属する共同体における平均人が、被告人の立場に置かれたとしたら、容易に
同様の精神的負荷を受けると判断し得る。したがって、免責可能性要件も肯
定されることになる。以上の検討から明らかなように、DV反撃殺人事例は、
スイス刑法113条により必要的減軽がなされ、比較的軽い自由刑が科される
ことになる。

⑶　スイス刑法113条による解決の限界

しかし、本条の適用によるだけでは、なお不十分な場合もある。本条のよ
うな量刑的な調整では、なお被告人は殺人という犯罪を行った者と評価され
るのであって、かかる評価すら不当と感じられる場合もあろう[52]。また、本条
が適用されても、自由刑から解放されるわけではなく、比較的軽いとはいえ、
なお自由刑が宣告されることになる[53]。さらに、（全部）執行猶予は、2年を
超える自由刑に対しては付すことができない（スイス刑法42条1項）。このよ
うな諸点に鑑みると、むしろ、正面から不可罰と判断すべき場合があるので
はないかが問題となる。

このような観点からすると、1995年判決が、DV反撃殺人事例に対して、
正面から緊急避難の成否を論じたのは、極めて大きな意義があることになる。

3　判例の分析・検討

既に検討したように[54]、スイスにおいては、1995年判決によって、明示的に
ドイツの判例を援用した上で、DV反撃殺人事例について、緊急避難の適用
による解決が示された。また、引き続く1999年判決によって、本事例につい
て、誤想避難に関する判断が示されている。以下では、それぞれの判断につ
いて簡単にみていくことにする。

---

52)　Vgl. Trechsel, a. a. O.(Anm. 40), S. 184.
53)　ただし、被告人に刑の減軽事由が存在する場合には、法定刑の下限の拘束が存在しなくなる
　　（スイス刑法48条a）。したがって、（DV被害者にままみられるように、）被告人が限定責任能力
　　（スイス刑法19条2項）の状態にあったときには、本条の適用がなくとも（すなわち、謀殺罪が
　　成立するとしても）、理論的には科料、公益的労働、罰金、自由刑といった広範な刑種について
　　法定刑として拡張されることになる。この点につき、クリスティアン・シュワルツェネッガー
　　〔小池信太郎ほか訳〕「スイスの刑事制裁制度」慶應法学36号（2016年）253頁以下〔藪中悠訳〕。
54)　第1章第3節Ⅱ〔本書67頁以下〕参照。

198　第3章　緊急避難規定のアクチュアリティ

(1)　1995年判決

(a)　事案　　被告人Ｘおよびその夫Ａはコソボ出身であり、夫婦間には
5人の子がいた。夫婦仲は1989年以降悪化し、ＡはＸを酷く虐待するよう
になった。1993年1月になって、ＡはＸを掃除機のコードで激しく殴りつけ、
また、Ａは長女に対して、「お母さんは今年中には死ぬだろう」と述べ、さ
らに、ＡはＸのパスポートを破り捨てて、Ｘに対して、「お前をコソボに送
り返してやる」と脅した（コソボに戻れば、Ｘが殺される状況にあった）。その
後、1月末になってＡはＸに肉切り包丁を投げつけ、Ｘは1週間の入院を
余儀なくされた。その後、3月になって、仕事から帰ったＡは拳銃をＸの
鼻先に突きつけ、「お前のためにこれを買ったんだよ」と述べた。そして、
Ａが寝る際に、拳銃を枕の下においているのをＸは目撃した。それ以降、Ｘ
は、Ａが自分のことを殺すであろうと確信した。犯行当夜、Ａが寝た後、Ｘ
は20分にわたって考えた後、Ａの拳銃を取り出してＡを射殺した。

　第1審は、被告人をスイス刑法113条の殺人罪として、3年の自由刑を宣
告し、未決拘留期間192日分を控除した。これに対して被告人は控訴したが、
原審は、スイス刑法113条の「大きな精神的負荷」があったと認め、かつ正
当防衛の成立を否定して第1審判決を維持したため、被告人は誤想防衛（ス
イス刑法旧33条2項）を主張して上告した。スイス連邦最高裁は、緊急避難・
誤想避難の成立を検討しなかったとして、原判決を破棄差戻しとした。

(b)　判旨[55]

a)正当化的緊急避難と免責的緊急避難との区別を認めつつ、本件は後者
　に該当し得るとする

b)ドイツの判例を援用しつつ、緊急避難における危険の直接性は、正
　当防衛における侵害の直接性よりも時間的に広い概念であることを認
　める

c)補充性判断において、継続的危険を回避する手段としての実効性を正
　面から問題にしている

d)免責的緊急避難は、侵害利益と保全利益とが同価値の場合に認めら

---

55)　判旨の詳細は、第1章第3節Ⅱ1(2)〔本書67頁以下〕参照。

れるとする

⑵ 1999年判決

⒜ **事案**　被告人Ｘは被害者Ａと結婚して３人の子を産んだ。その後、Ａは別の女性である被告人Ｙと知り合い、Ｙを自分のアパートメントに住まわせるようになった。Ａは日常的にＸ・Ｙやその子らに対して激しい虐待を加えたため、ＸとＡの長男であるＺは、Ａと激しく衝突するようになり、Ａから家を追い出された後、Ａに対する殺意を募らせていき、Ｘ・Ｙに対してもＡを殺害する意図を告げたが、Ｘ・ＹはＺを止めなかった。ＺはＡの不在の隙を衝いて、Ａが武器を置いている部屋に入ってＹの面前で武器を持ち出し、さらに、家を出る際にＸに会った時に、「全ては間もなく終わる」旨述べた。ＺはＡが商用で使用していたガレージに入り、議論の最中のＡを射殺した[56]。

第１審がＸ・ＹによるＺの殺人に対する幇助につき、緊急避難の成立を認めて不可罰としたのに対して、原審はこれを破棄して誤想避難[57]を認め、拘禁３月[58]（執行猶予２年）に処した。その理由として、Ｘ・Ｙは身体の完全性に対する継続的危険に晒されており、危険の切迫性は充たすものの、当該危険が他の方法で回避し得る（すなわち補充性がない）にもかかわらず、回避し得ないと誤信し、その誤信は回避可能であったことが認定されている。これに対して、Ｘ・Ｙは、誤信が回避不能であったとして上告したところ、原判決が破棄差戻しとされた。

⒝ **判旨**　スイス連邦最高裁は、1995年判決の判断枠組みを前提とし

---

56)　なお、この事案では、Ｚの友人ＢもＺの犯行に関与しており、仮にＢについて犯罪の成否が問題となったとすれば、Ｘ・Ｙと同様に、免責的緊急避難の成否が問題となり得る。

57)　ここでいう誤想避難とは、免責的緊急避難に関する誤信を意味するが、ドイツ刑法35条２項のような明文規定が、スイス刑法においては存在しない。判例・学説においては、禁止の錯誤として扱う見解と、事実の錯誤として扱う見解とが対立しているが、1995年判決は、スイス刑法旧19条（現13条。事実の錯誤に関する条文）を挙げつつも、結論としては禁止の錯誤として扱う立場を示した（vgl. Stratenwerth, Schweizerisches Strafrecht Allgemeiner Teil Ⅰ (2011), §11 Rn. 83)。

58)　なお、2007年改正により、６月未満の自由刑は原則として科せなくなった（スイス刑法旧40条・41条）が、2015年改正により、再び短期自由刑が導入され、自由刑の下限は３日とされた（スイス刑法40条１項）。ただし、罰金刑が優先される（同41条２項）。シュワルツェネッガー・前掲注53）232頁（横濱和弥訳）参照。

つつ、①被告人らはスイス刑法（旧）34条1項にいう切迫した危険に晒されていたこと、②被告人らはスイスに生まれ、完全にスイスに同化しており、また、被害者によって外部とのコンタクトを禁止されておらず、かつ、しばしば被害者は家を留守にしていたのであるから、被告人らには専門機関などに訴えるなどの他に危険を回避する手段が存在したこと、③被告人らは、当該危険は被害者を殺害する以外に回避し得ないと行為当時に誤信していたことについて、原審の判断を是認した。

しかし、当該誤信が回避し得たか否かについて、スイス連邦最高裁は以下の諸点を挙げて、被告人らの当該誤信が回避可能だとした原判決は連邦法に違反し、破棄差戻しとなるとした。すなわち、原審は、①行為時の状況や被告人の人的状態からして、被害者の殺害以外の手段があると被告人が認識しなかった点につき非難し得るか否かを検討しておらず、また、②被告人らが精神的な問題によって、他の手段の存在を認識する能力にどの程度影響が及ぼされたのかについても検討をしておらず、かつ、③原審は、被告人らが専門機関などに訴えることができたと指摘するにとどまり、より詳細な検討を行っていない。特に、原審は、地方当局、家族の診察をしていた医師、Ｚの学校当局などがこれまでおよそ介入してこなかった事実から、被害者Ａを殺害することが唯一の有効な手段であると被告人Ｘ・Ｙが考えた点につき検討していない。

(3) 判例の検討

スイスの判例は、ドイツの判例を明示的に援用しつつ、DV反撃殺人事例について、緊急避難の枠組みで解決することを示している。また、緊急避難における補充性要件が充足されない場合に、誤想避難が問題となり、誤信の回避可能性を検討する点においても、ドイツの判例の判断枠組みを正確に継承するものといえる。したがって、ドイツの判例について検討したことが、スイスの判例でも同様に問題となる。

ただし、スイス刑法18条は、ドイツ刑法35条とは異なり、避難行為の人的範囲について特段の制限を設けていない。したがって、1999年判決の事案において、Ｚの友人Ｂについても、犯行に関与したとして共犯の責任を問われた場合には、Ｘ・Ｙという全くの第三者の身体に対する危険を回避したとし

第1節　DV反撃殺人事例　*201*

て、免責的緊急避難・誤想避難の成立を問題とし得ることになる。DV反撃
殺人事例について、家族構成員以外の第三者が関与する場合は十分にあり得
るのであって、本事例において正当化的緊急避難を認めないスイスの判例の
立場からすれば、行為者が保全利益の主体との関係では全くの第三者である
場合にも、免責的緊急避難・誤想避難の余地を残しておくことは重要な意義
がある。[59]

4　継続的侵害という構成の可否

⑴　概説

以上で検討したスイスの判例について、スイスの学説は基本的に肯定的で
ある。[60]しかし、なぜ正当防衛の侵害の「直接性」とは異なり、緊急避難の危
険の「直接性」のみを緩やかに解釈し得るのかをめぐっては、学説において
も有力な疑義が提示されている。その中でも特に重要となるのは、正当防衛
の侵害の「直接性」についても、「継続的侵害」を肯定することで、時間的
な切迫性を緩和することが可能ではないかという見解である。[61]そこで以下で
は、こうした見解について検討することにする。

⑵　継続的侵害に依拠する見解

この見解は、DV反撃殺人事例に対して緊急避難のみが成立するとすれば、
違法な行為を行う「家庭内の暴君」に対する反撃という性格が失われ、正当
防衛と緊急避難の区分が不明確になり、ひいては正義感覚に反すると主張す
る。そして、正当防衛における侵害とは、瞬間的な、間近に迫った侵害のみ
ならず、「継続的侵害（Dauerangriff）」をも含むべきだとする。家庭内の暴
君は、日常的に配偶者や子どもに対して虐待を行っており、かかる物理的な
暴力によって、被虐待者の精神的完全性（psychische Integrität）に対する重
大な継続的侵害を行っている。こうした精神的暴力は、長期にわたって被虐

---

59)　スイス刑法18条の成立が一定の人的範囲に限定されるか否かについては、第1章第3節Ⅳ2
　〔本書78頁以下〕参照。

60)　Donatsch/Tag, Strafrecht Ⅰ 9. Aufl. (2013), S. 231; Stratenwerth, a. a. O.(Anm. 57), §10 Rn.
　42: Seelmann, in: Basler Kommentar Strafrecht Ⅰ, Art. 1-110 StGB, Aufl. (2013), Art. 17. Rn. 5.

61)　Trechsel, a. a. O.(Anm. 40), S. 185 ff.

待者にとって現在するものといえる。こうした長期にわたる継続的侵害においては、継続的な強要という要素が存在するのであり、（正当防衛が完全に認められる）監禁罪のような継続犯に比するものといえる[62]。

　ただし、継続的侵害は、通常の瞬間的な侵害に比べると、時間的な余裕があるため、反撃以外の代替手段の選択について、より重い要求が課されることになる（正当防衛権の範囲の限定）。すなわち、DV反撃殺人事例では、親族や友人、あるいは当局の保護・介入を求めることが可能な場合には、当該手段を選ばなければならない。同時に、あくまでも正当防衛が問題となっている以上、防衛者は、代替手段の選択に関して、自己の生命に対するリスクを引き受ける必要はない[63]。

(3)　検討

　こうした「継続的侵害」の構成は、DV反撃殺人事例の実体を正当防衛として評価すべきであるとの価値観を前提としており、それ自体は十分に理解し得るものである。しかし、正当防衛で問題となる「侵害」をあくまでも人間の行為と関連させて理解するスイスの判例[64]・通説[65]からすれば、こうした構成を採用することは困難である。確かに、被虐待者における精神的負荷は常に存在するであろうが、それは、「家庭内の暴君」による物理的暴力がもたらす「効果」にすぎず、かかる「効果」を行為それ自体と関連させて、継続的な強要として構成することは困難である[66]。

　また、この見解は、継続的危険における正当防衛権の範囲を限定しており、その限りでは、もはや防御的緊急避難を認める場合と特に異なることはない。そして、他者の保護・介入を求めることが可能な場合には、もはや防衛行為

---

62)　Trechsel, a. a. O.(Anm. 40), S. 186 ff.

63)　Trechsel, a. a. O.(Anm. 40), S. 189.

64)　BGE 102 IV 1.

65)　Seelmann, a. a. O.(Anm. 60), Art. 15 Rn. 4; Dupuis et al., Petit Commentaire Code pénal 2e édition(2017),　N10 ad art. 15..

66)　住居権者の退去要求にもかかわらず、店を退去しなかった者につき、店に留まることによって住居権に対する継続的な侵害を行っているとして、侵害の切迫性を認めた BGE102 IV 1においても、「その場に留まる」という行為が継続している。これに対して、DV反撃殺人事例においては、「家庭内の暴君」が存在するという事実が配偶者や子どもに対する精神的負荷を維持しているのであるが、存在することをもって行為の継続性を認めることはできないであろう。

は許容されないと解する以上、正当防衛権の最も強力な権能の１つである厳格な補充性の不存在[67]という点が否定されているのであるから、そもそも正当防衛権の時間的制約を厳格に判断する必要性はないのだともいえよう。しかし、このように理解された正当防衛権は、もはや完全な正当防衛権とはいえず、この見解が出発点とするような、正当防衛と緊急避難との区別の維持という観点とは必ずしも調和するものではない[68]。

　他方、この見解は、代替手段の選択に関して不明確な状況下で、生命に対するリスクを行為者に引き受けさせるべきではないとしており、この点は、正当防衛構成のメリットともいえる。しかし、緊急避難として構成した場合には、常にこうした代替手段の選択の不明確さに基づくリスクについて、行為者が負担しなければならないかは疑問である。

　以上を要するに、この見解は、正当防衛と正当化的緊急避難との中間類型に属するような正当化事由を、正当防衛に含めて説明するものと評価し得る。しかし、この見解が前提とするような侵害の直接性についての理解は、スイスの判例・通説において採用されておらず、こうした理解を採ることによって、正当防衛の成立範囲が過度に拡大する恐れがあるとの批判が可能であろう。

Ⅳ　アメリカにおける議論状況の分析

1　DV反撃殺人事例と自己防衛の成否

　既に検討したように、DV反撃殺人事例のうち、特に非対峙型については、ドイツやスイスでは、正当防衛による解決はおよそ採用されていない。これに対してアメリカでは、非対峙型に関して、謀殺罪の成否をめぐり、自己防衛（self-defence）の成否が大きな論点とされている。そこで、こうしたアメリカの議論状況について概観することで、我が国におけるDV反撃殺人事例を正当防衛によって解決することが可能かという点について検討することに

---

67)　もう１つは害の衡量が不要な点である。
68)　Martin, a. a. O. (Anm. 12), S. 226.

204　第 3 章　緊急避難規定のアクチュアリティ

する。

2　判例の概観

　コモンローにおいては、被告人が自己防衛の抗弁を陪審に説示するために
は、不正な侵害が「急迫した（imminent）」ものであると行為者が合理的に
（reasonably）確信したことが必要であるとされている[69]。ここで重要なことは、
コモンローにおいては、①急迫の侵害が客観的に存在することは要求されて
いないが、②急迫の侵害が存在すると行為者が確信したことにつき、相当な
理由がある（合理的である）といえなければならないことである。そして、
行為者の確信が合理的といえるか否かをどのように判断するかをめぐって、
以下で検討するように、客観説と主観説とが激しく対立している。

　非対峙型の DV 反撃殺人事例の典型例ともいえる State v. Norman 事件に[70]
おいて、ノースカロライナ州最高裁は、最も明確な形で客観説を採用した。
本件は、長年にわたり被害者が被告人に対して虐待を行ってきたところ、あ
る日、虐待が終わって被害者が就寝した後に、被告人は自分の母親の家に行
き、ピストルを持って再び戻り、睡眠中の被害者を射殺したという事案であ
る。

　ノースカロライナ州最高裁は、「自己防衛における殺害の権利は、急迫し
た自己の生命あるいは重大な身体への害から自己を守るために不正な侵害者
を殺害することが、現実に必要であるか、あるいは必要であるように見える
ことにつき相当な理由があることに基づく」とし、被告人が侵害の急迫性を
確信したことにつき、「通常人においても被告人が置かれた当該状況の下で
は当該確信を有するに至るような場合」に合理性を認める旨判示した[71]。そし
て、被告人が外出してピストルを持って戻って来た時に被害者は睡眠中であ
ったこと、被告人には将来の虐待を避けるために他の手段を採る十分な時間
や機会があったこと、陪審が被告人の確信について合理的な理由を見出し得
るような被害者の行為は存在しなかったこと、睡眠の直前にも被害者のかか

---

69)　ドレスラー（星訳）・前掲注 3 ）345頁。

70)　State v. Norman, 378 S. E. 2d 8.

71)　Norman, supra, 378 S. E. 2d 8, 12.

る行為は存在しなかったことを挙げて、被告人の確信は合理的ではなかったと判断した。

これに対して、State v. Leidholm 事件[72]において、ノースダコタ州最高裁は、明確に主観説を採用した。本件は、長年にわたり被告人が被害者から虐待を受けていたところ、事件当日、両者は相当量の飲酒の後に言い争いになり、被害者は被告人を何度か押し倒し、その後被害者は就寝したが、被告人は台所から肉切り包丁を持ち出して被害者を刺して殺害したという事案である。

ノースダコタ州最高裁は、「当該状況からして、急迫の侵害から自己を守るためには暴力を用いることが必要であると被告人が合理的に確信するに至るに十分であるか否かを判断するためには、事実認定者は、被告人の立場から被告人が暴力を用いるに至った当該状況を観察しなければならない」とし、具体的には、「被告人の行為は、被告人と同様の精神的・肉体的性質を有し、被告人の認識及び知識と同様の認識・知識を有した者の立場から判断されなければならない」旨述べた[73]。そして、事実審裁判所における陪審への説示は客観説的立場からのものであり、不適切であったとして、破棄差戻しとした。

なお、仮に被告人の確信が合理的ではなかったとしても、州法によっては、いわゆる不完全自己防衛（imperfect self-defence）が成立する余地がある。不完全自己防衛とは、相当な理由なく、被告人が自己の行為が正当化されると確信した場合に、謀殺ではなく故殺が成立するというものである。例えば、State v. Peterson 事件[74]でメリーランド州特別控訴裁判所は、伝統的な自己防衛（あるいは完全自己防衛）においては、被告人が客観的に合理的な確信を有していなければならないが、不完全自己防衛においては、被告人が主観的に合理的確信を有していれば足りると判示している[75]。

---

72) State v. Leidholm, 334 N. W. 2d 811. こうした主観説の嚆矢といえるのが、男性に反撃を行った体格の劣る女性の被告人について、主観的基準を採用する旨述べた State v. Wanrow, 559 P.2d 548である。

73) Leidholm, supra, 334 N.W. 2d 811, 817-818.

74) State v. Peterson, 857 A. 2d 1132.

75) Peterson, supra, 857 A. 2d 1132, 1147-1148.

206 第3章 緊急避難規定のアクチュアリティ

3 学説の概観

　学説においては、そもそも自己防衛につき急迫性の要件自体が不要であるとする見解も主張されている。このような理解は、模範刑法典3.04条において、急迫性の代わりに「現場において（中略）自己防衛のために即時に（immediately）必要」との要件が規定されていることにも表れている[76]。

　こうした見解は、特にフェミニズムの立場から、従来の自己防衛ルールは男性対男性の争いを規定するものであり、DV被害者である女性が男性から自己の身を守るという場面を想定していないとの理解に基づいて主張されることがある[77]。DV被害者は、長年の虐待によりDV加害者の暴行パターンを熟知しているために、通常の人間では察知できない更なる暴行の危険を察知でき、また、DV加害者がたとえ睡眠中であっても、いつ目を覚ますか分からないという事情もあるため、なお攻撃の危険があると認識している[78]。こうした理解からは、合理性判断は、単なる通常人ではなく、DV被害者を標準とすべきことになる[79]。この見解からは[80]、DV反撃殺人事例においては、DV加害者の長年の虐待によってDV被害者である行為者が精神的・肉体的に疲弊しているといった事情をも考慮して、自己防衛のために必要であったと合理的に行為者が確信していたといえるか否かが判断されることになる。

4 検　討

　非対峙型のDV反撃殺人事例において、謀殺罪の成立を限定しようとする発想自体は、ドイツやスイスと同様に（あるいはそれ以上に）、アメリカにおいても存在するが、具体的な解決をまずは自己防衛において図ろうとする点において、ドイツやスイスとは異なる。このような差異は、既に検討したこ

76）　ドレスラー（星訳）・前掲注3）362頁。

77）　See Cathryn Jo Rosen, The Excuse of Self-Defense, 36 Am.U. L. Rev.(1986) 11, 34.

78）　Walker, supra note 5 at 324.

79）　Rosen, supra note 77 at 37-39.

80）　こうした主張を行う際に重要となるのが、いわゆる「被虐待女性症候群」についての専門家証言であり（岡田久美子「DV殺人と正当防衛」『比較判例ジェンダー法』〔信山社・2007年〕58頁以下参照）、法廷にかかる証言の提出を許すかが大きな問題となる（ドレスラー〔星訳〕・前掲注3）352頁以下）。See State v. Gallegos, 719 P.2d 1268 (1986), 1273-1275.

とから明らかなように、アメリカにおいては自己防衛の抗弁をなすにあたっては、急迫不正の侵害が客観的に存在することが要求されるのではなく、行為者がそのような確信を有したことが合理的か否かという、ドイツやスイスの議論からすれば、主観的な要素を大幅に重視した議論枠組みが採用されているためである。

　しかし、こうした議論枠組みを前提としても、非対峙型のDV反撃殺人事例に関しては、客観的に合理性判断を行う見解からは、基本的に自己防衛は成立せず、州法によっては不完全自己防衛が成立する（すなわち、謀殺ではなく故殺になる）にすぎない。これに対して、主観的に合理性判断を行う見解からは、本事例において自己防衛の成立範囲が広がることは確かである[81]が、それにとどまらず、あらゆる事例類型において自己防衛の成立範囲が拡大し、ひいては行為者の主観的確信のみで他者を殺害する権利が肯定されることに繋がりかねず[82]、正当防衛の過度の主観化を肯定することになりかねない。したがって、我が国において、こうした議論枠組みを採用することにはなお問題がある。

V　我が国におけるDV反撃殺人事例の解決

1　比較法的考察で得られる解釈論的視座

⑴　DV反撃殺人事例を論じる意義

　ドイツにおいて、DV反撃殺人事例が緊急避難との関係で大きな問題として論じられたのは、ドイツ刑法211条の規定する謀殺罪が極めて厳格かつ硬直的な法定刑を定めており、具体的事案において妥当な結論を導くことが困難であったことが大きな要因であった。これに対して、スイスにおいては、かかる厳格さ・硬直さを緩和する規定として、スイス刑法113条が存在し、

---

81)　ただし、非対峙型の中でも、被害者がソファやベッドに横になっていた、あるいは行為者とは反対の方向を向いて座っていたといったような事例ならばともかく、被害者が睡眠中の事例では、急迫性の存在についての行為者の確信の合理性判断について主観説に依拠したとしても、どの程度自己防衛の成立が肯定されるかは、なお明らかではない。その限りでは、主観説に依拠したとしても、なお自己防衛による解決のみでは不十分といえる。

82)　こうした危惧を直截に表明するものとして、Norman, supra, 378 S. E. 2d 8, 15-16参照。

量刑的な調整によって、妥当な結論を図ることが可能である。それにもかかわらず、スイスにおいてもなお、DV反撃殺人事例が緊急避難との関係で重要な問題とされるに至ったのは、量刑的な調整では、行為者を処罰から解放するという観点からしてなお不十分であるからである。他方、アメリカにおいては、DV反撃殺人事例の重大さを正面から受け止めつつ、自己防衛による解決を図ろうとしている点で、ドイツ・スイスとは大きな違いがみられる。

こうした比較法的な考察を元に、日本の状況に目を向けてみると、日本においては謀殺罪という犯罪類型は存在せず、殺人罪一般について、刑法199条は死刑、無期懲役および5年以上の懲役を規定するのみである。このような極めて広汎な法定刑の下では、情状酌量による刑の減軽（刑法66条）と合わせることで、執行猶予を付すことも可能となる（刑法25条1項参照）ため、問題となる事例の多くについては、量刑的な調整により妥当な結論を図ることが可能となる[83]。しかし、スイスにおいてそうであるように、量刑的調整のみでは、行為者を処罰から解放するという点ではなお不十分なものがあるといえよう。

この点に関して、かつて存在した尊属殺規定（刑法旧200条）においては、死刑または無期懲役という極めて厳格かつ硬直的な法定刑が定められており、ドイツの謀殺罪と類似した状況にあった。DV反撃殺人事例のいわば極限形態ともいえる、いわゆる尊属殺規定違憲事例をめぐり、最高裁大法廷は、こうした厳格かつ硬直的な法定刑それ自体が問題であるとして、本規定を違憲とした[84]。このように、厳格かつ硬直的な法定刑自体を改めるという手法それ自体は極めて重要であるものの[85]、他方で、処罰からの解放という観点からすれば、ドイツやスイス、アメリカのように、DV反撃殺人事例を正面から論じる必要があろう。

---

83) 「被害者による長年にわたる虐待」類型については、殺人罪の量刑が法定刑の最下限に集中し、執行猶予が付されることが多いと指摘される（坪井祐子「被害者・関係者・第三者の落ち度と量刑」大阪刑事実務研究会編著『量刑実務大系第2巻 犯情等に関する諸問題』〔判例タイムズ社・2011年〕312頁参照）。

84) 最大判昭和48・4・4刑集27巻3号265頁。

85) ドイツにおいても、謀殺罪（ドイツ刑法211条）の法定刑の厳格さ・硬直さを回避するために、判例（BGHSt 30, 105）によって量刑的な調整が行われ、ドイツ刑法49条1項の類推適用が肯定されている。

⑵　**正当防衛か緊急避難か**

　そこで、ドイツ・スイスのような緊急避難による解決と、アメリカのような自己防衛（正当防衛）による解決の、いずれを志向すべきかが問題となる。これまでの検討からは、アメリカにおける正当防衛による解決は、特に非対峙型のDV反撃殺人事例をめぐって、正当防衛を過度に主観化する恐れがあることが判明した。

　また、第2章で検討した我が国における一部の学説[86]や、本節で検討したスイスの学説で有力に主張されているような「継続的侵害」の構成についても、我が国の判例実務が、侵害の急迫性について厳格な時間的切迫性を要求している現状からすれば、理論的にあり得る見解というだけでは、なお選択肢としての合理性には乏しいであろう。

　もちろん、正当防衛論の側で、DV反撃殺人事例という類型に関して特に急迫性要件を緩和させていくための解釈論を展開する[87]ことの意義を否定するものではないし、そうした学説の発展はDV反撃殺人事例の適切な解決という視点から望ましいことでもある。また、DV反撃殺人事例のうち、特に対峙型に属する事例については、急迫不正の侵害の「継続」を認めやすいといえ、なお正当防衛による解決に馴染むものといえる[88]。しかし、非対峙型に関していえば、なお正当防衛による解決のみでは不十分であろう。したがって、

---

86)　第2章第3節Ⅱ3⑵〔本書140頁以下〕参照。

87)　近時、「家庭内の暴力的闘争の事案において正当防衛の成否が問題になった事案においては、正当防衛が認められる範囲を通常の事例よりも広く解するべき」との観点からこうした議論を展開するものとして、木崎峻輔「家庭内での暴力的闘争における正当防衛状況の判断基準」筑波法政71号（2017年）92頁以下参照。ただし、こうした議論によっても、必ずしも侵害の急迫性について時間的切迫性の要求が緩和されるわけではないようであり、非対峙型のような場合にまで、なお侵害の急迫性を肯定することが可能であるとはいえないであろう。

88)　前掲注8）・名古屋地判平成7・7・11は、辛うじて侵害の継続性が肯定できる事案といえるが、それは本判決が認定するように、被害者が「ゴルフクラブによる攻撃の後約3分間は攻撃を加えておらず、被告人の刺殺行為時においても、布団の上に仰向けに横たわって目を閉じていた」という極めて短時間の攻撃の停止があったにすぎないからである。また、東京高判平成27・7・15判時2301号137頁は、一般的な喧嘩闘争の事案において、事後的にみれば（外傷性くも膜下出血が生じた）侵害者からは攻撃能力が失われていたとしても、なお侵害の継続性を肯定しているが、この事案もまた、ほんのごくわずかな時間、攻撃の停止があったにすぎない事案である。これに対して、DV加害者が睡眠中であるといった非対峙型の多くの事例では、侵害の継続性を認めることは困難または不可能であろう。

210 第3章 緊急避難規定のアクチュアリティ

DV反撃殺人事例を緊急避難の枠組みで解決する解釈論を展開することにも十分に理由があると結論づけることができる。

2 具体的な判断枠組み

(1) 危難の現在性

まず、DV反撃殺人事例において、危難の現在性が肯定できるかが問題となる。既に第2章で検討したように、我が国においても、ドイツやスイスにおけるのと同様、「その時点で何らかの回避措置を採らない限り危険を回避できない」場合、すなわち継続的危険についても危難の現在性を肯定すべきである。したがって、DV反撃殺人事例についても、危難の現在性を肯定することが可能である。

なお、DV反撃殺人事例の特徴第1（事前の暴行の存在）や特徴第3（再度の暴行の蓋然性）は、被害者がいつ再度の暴行に出てもおかしくない、あるいは一旦被害者が目覚めるなどしたら行為者はもはや反撃できないとの判断[89]を基礎づけるための事実と解することができる。したがって、時間的切迫性の観点から侵害の急迫性が否定されたとしても、直ちに危難の現在性までもが否定されるわけではない。

(2) やむを得ずにした行為

次に、DV反撃殺人事例においては、被害者を殺害する行為がやむを得ずにした行為といえるか、具体的には補充性の有無が問題となる。補充性の判断に際しては、第2章第3節で検討したように、行為者の能力を考慮しつつ客観的な見地から、行為者の行った法益侵害行為の他に採り得る手段の存否を判断すべきことになる。DV反撃殺人事例においては、被害者が行為者に対して長年虐待や暴行を続けているという継続的危険が問題となっていることに鑑み、ドイツやスイスの議論で検討したように、被害者からの逃走や行政当局・支援施設などによる助力、特に我が国においては、DV防止法の定める諸施策（例えば10条が規定する保護命令）が、危険の一時凌ぎではなく、

---

89) この限りでは、「（目を覚ませばDV被害者に暴行を加えるであろう）DV加害者がいつ目を覚ますか分からない」ということは、「いつ壊れるか分からない」建物と同様、暴行の危険が継続していると評価できる。

「継続的危険からの継続的保護」を可能とするような実効的手段であるか否かが問題となる。

こうした観点からは、例えば、①これまで何度も逃亡しては連れ戻され、かつ行政当局・支援施設の助力も無力であったといったような事情や、②行為者が被害者による長年の虐待で心身が弱り、もはや逃亡することや助力を求めることも不可能ないし困難であったといった事情、あるいは③行為者が老親や子どもなどを連れて逃げることが不可能ないし困難であり、かと言って被害者の下に残せば老親や子どもの生命・身体への危険が著しく大きいといった事情がある場合には、被害者を殺害するという手段であっても補充性を充たすと考えることが可能であろう。

また、行為者が中途半端な反撃をしたのでは、却って被害者の逆恨みにより、これまで以上の攻撃を受ける危険性が高い[90]といった事情も、継続的な保護を図るためには、被害者を殺害する以外の手段はなかったと認定する方向に働く事情といえよう。

⑶　害の衡量

DV 反撃殺人事例の多くは、侵害利益が生命であるのに対して、保全利益は身体あるいは性的自己決定の自由などであり、その限りでは違法阻却事由としての緊急避難は成立しないことになる。これに対して、生命対生命の極限状態においては、行為者の社会侵害性は否定され、なお違法阻却事由としての緊急避難が成立することになる。

⑷　過剰避難

害の衡量を充たさないとしても、免責的緊急避難としての過剰避難の成否がなお検討されるべきことになる。DV 反撃殺人事例で問題となるのは、侵害利益と保全利益とが不均衡である場合であるが、侵害利益が生命である一方、保全利益も身体・性的自己決定の自由という重大な法益であることがほとんどであり、著しい不均衡として評価するほどではない。したがって、DV 反撃殺人事例の多くでは、十分な違法減少が認められる以上、行為時の

---

90)　齋藤実「DV における正当防衛の成否」法執行研究会編『法は DV 被害者を救えるか――法分野協働と国際比較』（商事法務・2013年）267頁参照。

心理的圧迫の程度なども慎重に考慮しつつ、十分な責任の減少が認められる場合には、刑の免除を認めることができよう。

そこで、いかなる場合に十分な責任減少を認めるに足る程度の心理的圧迫が存在するかが問題となる。もちろん、この点は具体的な事案によるが、長年被害者から虐待、暴力を受けているか否か、および、自己または近親者などの自己に近い立場にある者の利益が危難に晒されているか否かによって、心理的圧迫の程度に差が出るのは当然であろう。したがって、被害者から虐待を受けていた当事者、すなわちDVの被害者たる行為者が、自己または近親者などの生命、身体といった法益を保全するために被害者を殺害する場合と、それ以外の第三者が、虐待されている者の利益を保全するために被害者を殺害する場合とでは、なお異なるであろう。すなわち、前者についてはより刑の免除まで認められやすくなるのに対して、後者については、刑の免除が認められる場合は極めて限定されることになろう。

(5) 誤想過剰避難

DV反撃殺人事例においては、補充性を誤信しつつ被害者を殺害する事案のように、誤想過剰避難が特に問題となる。すなわち、行為者が、被害者からの逃亡や行政当局・支援施設の介入・保護の要請など、より侵害的ではない他に採り得る実効的な手段が存在するにもかかわらず、存在しないと誤信しつつ、かつ、被害者の殺害が、保全利益である自己の身体などと比較して害の均衡を失していることを認識している場合である。

こうした場合には、法益侵害を伴うことなく危難を回避する手段が存在する以上、客観的な違法減少がおよそ存在しないため、刑法37条1項ただし書の過剰避難規定を直接適用することはできない。しかし、行為者が、被害者からの虐待・暴力に対して、過去に様々な手段を講じたが全て無駄であったといったような事情がある場合には、たとえその後に他に採り得る実効的な手段が存在するに至ったとしても、行為時においてはもはや他の手段が存在しないと誤信し、かつ他の手段の存否について検討することを怠ったときであっても、補充性を誤信したことについて過失すら存在しない場合もあり得る。こうした場合には、過剰避難規定の準用を完全に認めつつ、行為者の心理的圧迫の程度に応じて、刑の減軽のみならず、刑の免除を行うことも可能

である。

逆に、こうした事情が存在せず、補充性を誤信したことについて過失があ
る場合には、刑の免除はできず、刑の減軽にとどまると解するべきである。

3　DV 加害者以外の者が攻撃される場合

⑴　**検討課題**

本書はここまでの検討において、DV 被害者（またはその近親者）が DV 加
害者に対して反撃する事例を念頭に議論を展開してきた。しかし、DV 反撃
殺人事例として問題となるのは、そのような事例には限られない。そこで、
以下では、DV 加害者以外の者に被害が及ぶ事例を検討する。

⑵　**想定される事例**

　長年にわたり、A は家庭内で暴君として君臨し、ちょっとしたきっかけがあ
ればすぐに妻 X や娘 B に暴力を振るっていた。ある日、A は X に対して激し
い暴行を加えた後、「俺の寝ている間に B に対して折檻しておけよ。もし俺が
起きるまでにしてなかったら、お前を死ぬような目に合わせてやる」と言い捨
てて就寝した。X は、A が起きたら今度こそ自分に対して命にかかわるような
暴行が加えられると考え、B に激しい折檻を加えて、全治 1 か月の重傷を負わ
せた。

⑶　**ドイツにおける議論状況**

前出の事例では、X は DV 加害者である A に対する反撃を行うのではなく、
無関係の B に対して害を転嫁している。このような場合にも、緊急避難が
成立する余地があるかが問題となる。

ドイツにおいては、既に BGH GA 1967, 113によって、こうした問題が顕
在化している。本件では、被告人 X は、その夫 A から暴行を伴う脅迫を受け、
当時12、3 歳であった自分の息子 B と性的関係を持つことを強制された。[91]
BGH は、大要以下のように判示して、ドイツ刑法旧52条の成立につき、危

---

91)　当時のドイツ刑法176条 1 項 3 号では、14歳未満の者とわいせつな行為を行った者に対しては、
10年以下の重懲役刑（Zuchthaus）が科されていた。なお、現在のドイツ刑法176条 1 項では、14
歳未満の児童に性的行為を行った者に対して、6 月以上10年以下の自由刑を科す旨規定されてい
る。

険の現在性および補充性を否定した原審を破棄している。

すなわち、BGH は、まず、X の身体に対する現在の危険を肯定した上で、補充性についても、警察の保護を求めること、あるいは家を出て A と離婚することが X に期待し得たか否かについては、原審は述べていないとし、X が A の命令に従わなかった場合には家を追い出されると恐れていたが、その場合には、B らが A の下におよそ保護もない状態で残されてしまうと X は危惧しており、そうした危惧はもっともなものである、とした。さらに、警察の保護を求めたとしても、その効果が持続的なものかどうか、また、X が最終的に強制状況から解放されるかといった点に関する検討も原審ではなされていないとした。

このように、ドイツにおいては、DV 加害者以外の者に害を転嫁する場合であっても、通常の DV 反撃殺人事例と同様の判断枠組みを採用しているものと評価し得る。これは、防御的緊急避難と攻撃的緊急避難とを区別しないドイツの判例における判断枠組みとしては一貫しているものといえよう。

⑷ DV 加害者以外の者に害を転嫁する場合の問題

生命法益が侵害利益である場合に防御的緊急避難を認めない本書のような立場からは、ドイツにおける判例のように、DV 加害者に対する反撃であっても、DV 加害者以外の者に対する害の転嫁であっても、基本的には同じような判断枠組みが妥当することになる。しかし、同一の判断枠組みではあっても、補充性要件の判断においては、事案の差異が特に顕著に現れる。

そもそも、DV 反撃殺人事例においては、「継続的危険に対する継続的保護」を可能とするような手段か否かが重要となる。その観点から、警察や家族など、他者の介入・救助を要請する、あるいは、DV 加害者から逃亡するといったより侵害性の少ない手段であっても、そうした手段の実効性という観点から、必ずしも補充性ある手段とはいえないことがあり得る。こうした手段の実効性という観点からして、B に害を転嫁するという手段がどの程度 A による攻撃を回避するための手段として意義があるのかが問題となる。

DV 加害者を殺害するという手段が補充性ある手段とされるのは、それによって、DV 加害者からの攻撃を継続的に回避できるという手段の実効性ゆえである。すなわち、手段の実効性が高ければ高いほど、その手段の侵害性

が高くともなお補充性ある手段として選択されるという関係にある。これに対して、Bに害を転嫁するという手段は、手段の侵害性が高い（Bの身体に対する重大な攻撃）にもかかわらず、その手段の実効性、すなわちAの攻撃を回避する手段としてはあくまでも一時凌ぎにすぎない。このような場合には、Aを攻撃するという手段に比して、Bに害を転嫁するという手段は、なお補充性ある手段とは言いがたいことになる。

　以上の検討からは、DV反撃殺人事例のようにDV加害者に対して反撃を行う場合に比して、第三者に害を転嫁する場合には、手段の補充性が認められにくいといえる。また、仮に手段の補充性が肯定された場合には、害の衡量が問題となる。この点については、想定される事例のような場合には、侵害利益がBの身体であるのに対して、保全利益はXの生命ではなく、身体であるとされることがほとんどであろう。その場合には、両利益が同等である（あるいは保全利益が優越する）と判断されれば緊急避難が成立し、侵害利益が上回ると判断されれば過剰避難の成否が問題となる。

　過剰避難の判断にあたっては、Xは自分の身体を保全するためとはいえ、いわば自分の子をAのために「犠牲に差し出す」ことの評価が問題となる。すなわち、XはBを保護すべき立場にあるにもかかわらず、Aに対する反撃ではなく、Bに対する害の転嫁を選択しており、いわばAに「おもねっている」ものともいえ、責任減少の程度が大きいとは評価しがたいであろう。ただし、Xが、Aによって他者との交流を制約され、長期間にわたる激しい暴行・虐待を繰り返し加えられるなどして、正常な判断能力が低下した結果としてBに対して暴行を加えたような場合には、そうした事情を一定程度[92]責任減少において考慮することは可能であろう。

---

92)　事案としては異なるものの、DV加害者による影響の下での被告人の行為（6人に対する殺人および1人に対する傷害致死など）について死刑選択が回避されたものとして、最決平成23・12・12判時2144号153頁参照。

216　第 3 章　緊急避難規定のアクチュアリティ

Ⅵ　具体的事例への適用

1　アクチュアルな問題としての DV 反撃殺人事例

　これまで論じた本書の議論は、我が国においてもアクチュアルに生じている DV 反撃殺人事例に対して一定の解決を提示するものである。以下では、本事例に関する近時の下級審裁判例を素材にして、本書で提示した議論の具体的な適用を示すことで、我が国における議論のまとめに代えることにする。

2　裁判例の紹介[93)94)]

(1)　事案

　被告人 X は、その母親 A とともに、A の内縁の夫である被害者 B から暴力・脅迫的言動を受けていたが、B は X の妹 C に対して性的虐待を繰り返すようになった。C からそのことを聞かされた A は B を殺害する意思を固め、これを聞かされた X も、B を殺害することを決意した。X と A は、B に睡眠薬を服用させて、眠らせた上で殺害することを取り決めたが、実行できないでいるうちに、平成18年10月16日に C が自己の在籍する中学校の教諭に B からの性的虐待につき相談し、同年10月18日に C は児童相談所に保護された。A は、B がこのことを知れば、A らに対してさらに激しい暴力を振るうのではないかと考えて、児童相談所に保護を止めるように掛け合ったものの、保護が解かれなかったことから、その日のうちに B を殺害することを決意した。同日午後 6 時頃に、A は B に睡眠薬を服用させ、B は午後 9 時頃に眠りにつき、19日午前 0 時30分頃、A は X と共同して、小刀で B の前胸部左側を突き刺し、さらに A が B の頸部を絞め、X が B の鼻口部をタオルで押さえつけ、よって B を頸部圧迫による窒息により殺害した。

---

93)　前掲注 8)・札幌高判平成19・11・13。なお、母親 A については原審で懲役 7 年とされたものの、高裁で破棄されて懲役 5 年とされた（中村勉「付添人レポート　控訴審で55条移送を獲得―DV 被害構造や心理学的手法を用いた弁護活動［札幌高等裁判所平成19.11.13判決］」季刊刑事弁護58号〔2009年〕124頁参照）。
94)　森川恭剛「DV 被害者の反撃と正当防衛」琉大法学80号（2008年） 3 頁以下の検討も参照。

第 1 節　DV反撃殺人事例　*217*

　弁護人は、過剰防衛が成立する旨主張したが、原審は、「被害者は、被告人らの刺突行為の 3 時間以上前から眠り続けていたのであるから、およそ、被告人らが被害者の殺害に及んだ際に被害者による急迫不正の侵害があったとはいえ」ないとし、さらに、17日にも B は C を強姦しようとした点を捉えて、X や A の生命・身体に対する急迫不正の侵害が継続している旨の主張に対しても、「被害者は本件被害に遭うまで 1 日以上の間、A や妹らに何らの侵害行為を行っておらず、その素振りさえも見せていないのであり、これが被害者の意思によるものかどうかにかかわらず、また、被告人の妹が児童相談所に保護されたことを被害者が知った場合には、A や被告人に対して何らかの危害を加える可能性が高かったであろうことを考慮しても、上記のような本件被害に遭うまでの被害者の状況に照らせば、被害者による侵害行為が継続していたとみる余地は全くな」いとして、過剰防衛の成立を否定した。⁹⁵⁾これに対して被告人側が控訴したところ、本判決は量刑不当を理由に原判決を破棄し、本件を函館家庭裁判所に移送した⁹⁶⁾。

　(2)　**判旨**

【侵害の急迫性について】

　（被告人らが丸一日にわたり、心理的圧迫を受け続けていたとの主張に対して）「被害者からの心理的圧迫があったとしても物理的攻撃が全くなかったのであるから、これをもって急迫不正の侵害行為に当たるとみる余地はない」。そして、「被害者は本件被害に遭うまで 1 日以上の間被告人らに対して侵害行為に及んでおらず、そうした態度も示していないのであるから、将来再び性的虐待に及ぶ意思が被害者にあり相応の蓋然性があったとしても、再攻撃またはその危険性が切迫していたとは到底いえず、被害者による侵害行為が継続していたともいえない」。したがって、「被害者による急迫不正の侵害行為があったとは認められ」ない。

【適法行為の期待可能性について】

　「被告人の妹はすでに児童相談所に保護されていて、被告人も母親ととも

---

95)　前掲注 8 ）・函館地判平成19・ 5 ・15。
96)　担当弁護士によれば、その後、被告人 X に対しては、中等少年院送致（長期相当）の決定がなされたとのことである（中村・前掲注93）128頁）。

に保護を受けることができる旨児童相談所の職員から告げられていた上、被害者は就寝していて被告人は自由に外出等できる状況にあり警察等の助けを求めることが可能であったが、警察に相談するかどうかについて母親との間で話し合ったことはなかったなど、本件当時被告人が置かれていた具体的事情のもとでは、被害者が捕まって刑務所に入るとしてもいずれ社会に出てくるから効果がないのではないかと考えて警察に相談しようとは思わなかった旨被告人が述べていること、被害者に対する強い恐怖心を抱いて追いつめられた心理状態にある母親が被害者殺害に向けて突き進もうとしているのを目の当たりにしていたことを考慮しても、被告人が被害者殺害等を決意した母親に同調するしかないとまで追いつめられた心理状態にあったとは認められず、被害者を殺害し、その死体を遺棄すること以外の適法行為を選択する余地が主観的にもあったと認められる。」

3　緊急避難・過剰避難規定の適用可能性

　本件は、長らく家庭内で暴君としてふるまってきた被害者Ｂが睡眠中に殺害されるという点で、典型的なＤＶ反撃殺人事例といえる。そして、本件の事情、例えばＢが睡眠中であることや、Ｂによって行われた最後の虐待行為から１日以上が経過しているなどといった事情は、まさしく刑法36条１項の侵害の急迫性（侵害の開始及び継続）を否定する事情といえよう[97]。

　本判決は、過剰防衛の成立を否定した後、適法行為の期待可能性の有無を検討しているが、そうした条文にない免責事由を考慮する前に、実定法の条文として存在する違法阻却事由あるいは免責事由を先に検討すべきであろう。このような観点からは、緊急避難（刑法37条１項）の成否が問題となる。ま

---

97)　こうした理解に対して、森川・前掲注94）22頁以下は、「ＤＶというある程度包括的・継続的な侵害行為により、反撃行為時に現在した不正の侵害を過小評価している」と批判する。かかる批判には相当の説得力があるものの、論者が援用する、過剰防衛の成立を認めて刑を免除した前掲注８）・名古屋地判平成７・７・11からしても、それ以前の虐待行為から１日が経過している場合に「侵害の一連一体性」を認めることは困難であろう。同判決の事案は、被告人による犯行の直前、被害者は布団の上に横になって目を閉じており、被害者がゴルフクラブで被告人を殴打する侵害行為をしてから約３分間は積極的攻撃をしていなかったというものであり、確かに非対峙型ではあるものの、侵害が一旦止んでから極めて短時間のうちに、被告人は反撃行為を行っている。

ず、危難の現在性についてであるが、侵害の急迫性とは異なり、時間的切迫性という観点から判断するのは妥当ではなく、むしろ、「その時点で何らかの回避措置を講じない限り危難を回避できない」といえるか否かこそが決定的な基準である。本判決および原判決の認定事実、すなわち、①これまでBはXやAに対しては暴力を、Cに対しては性的虐待を繰り返し行っていたこと、②本件犯行の1日前にもCに対して性的虐待を行おうとしたこと、③Cが児童相談所に保護されていることをBが知れば、XやAに対して暴力を振るうことにつき相当程度の蓋然性が存在していたこと、といった事情は、まさにDV反撃殺人事例の典型的な特徴に対応する。すなわち、①の点は事前の暴行の存在に、②の点は行為時の被害者の無抵抗状態に、③の点は再度の暴行の蓋然性にそれぞれ対応するものといえる。

そして、本件では、Bは睡眠薬で眠らされている以上、たとえその時点では起きなかったとしても、「その時点で何らかの回避措置を講じない限り、XやAの身体に対する危険を回避し得なかった」と認定することが可能であろう。[98]したがって、危難の現在性は肯定し得よう。

そこで問題となるのが、本判決が認定するように、「被告人の妹はすでに児童相談所に保護されていて、被告人も母親とともに保護を受けることができる旨児童相談所の職員から告げられていた上、被害者は就寝していて被告人は自由に外出等できる状況にあり警察等の助けを求めることが可能であった」場合に、なお被害者の殺害行為について補充性を認めることができるかである。こうした保護が、危険の一時凌ぎや結果発生の先延ばし、あるいは被害者による危険を増大させるものにしかならないような場合には、なお[99]「継続的危険からの継続的保護」を可能とするような実効的な手段であるとはいえない。この判断においては、児童相談所や警察といった機関がどの程度の期間にわたり保護を行うのか、どの程度の信頼性があるのかといった点

---

98) 仮に、睡眠薬で眠らされているとしても、「Bはいつでも目を覚ましてXやAに対する暴行に及び得る」と認定し得るのであれば、ドイツにおける判断枠組み(b)に該当するが、既に論じたように、「いつでも目を覚まし得る」か「今すぐには目を覚まさないが、しばらくすれば目を覚ます」かの差は、危険の現在性の判断においては重要ではない。

99) 中村・前掲注93) 127頁も参照。

220 第3章 緊急避難規定のアクチュアリティ

の評価が重要となる。この観点からは、原判決が認定するような、母親である A の働きかけによっても児童相談所が C の保護を解かなかったなどの事情は、児童相談所による保護が「継続的危険からの継続的保護」を可能とするような実効的な手段であるとの評価を支える事実となるであろう。

仮に本件においては、殺害行為について避難行為としての補充性が否定されたとしても、なお被告人らは、被害者を殺害するより他に、自己の身体などに対する危険を回避し得ないと誤信していたとして（侵害利益は B の生命で保全利益は X や A の身体）、誤想過剰避難の成否が問題となり得る。本件においては、X や A は、児童相談所の職員から、C のみならず自分たちについても保護の申し出があったにもかかわらずこれを断っており、その限りでは、そもそも、より侵害的ではない他に採り得る手段の存在を認識していたとも考えられる。

しかし、従来から被害者 B による暴力の下にあり、かつ、B が暴力団構成員であって、いわば「何をされるか分からない」という恐怖の下にあったこと、少年としての判断力の未熟さといったことも考え合わせると、被告人は、児童相談所からの保護の申し出についても正確にその実効性などを認識していなかった可能性がある。このような場合には、なお補充性についての誤信があったとして、誤想過剰避難を認めるべきであり、刑法37条1項ただし書を準用することが可能である。

この場合に問題となるのが、本判決の認定する、「警察に相談するかどうかについて母親との間で話し合ったことはなかった」というような、他に採り得る手段についての検討を被告人が十分に行っていなかった点である。こうした検討を行っていない場合には、原則としては、なお補充性の誤信について過失があるとされることになり、刑の免除までは認めがたい。他方、本件のように、B からの暴力による心理的圧迫下にあることに加えて、母親 A の自殺の可能性による心理的圧迫などが重なり、かつ、少年としての精神の未成熟などの事情も考慮すると、他に採り得る手段の存否についての検討義

---

100) 本判決も、この点について、「児童相談所からの保護の申出に対しても、それを受け入れることで得られる効果等について冷静に判断することができ」なかったと認定している。

第1節　DV反撃殺人事例　*221*

務を厳格に被告人に要求すべきかは、なお疑問の余地もある。[101]

　こうした観点からは、本判決が、DVという事案の背景事情について、DVの継続が被告人の心理状態や発育に与えた影響や、被告人の判断能力・社会適応性の未熟さも考慮した上で、「刑罰を科すよりも保護処分によってその健全育成を図ることが相当と認められる特段の事情がある」として、少年法55条による家庭裁判所への移送を肯定したのは、十分にあり得べき判断であったと評価することができよう。[102]

---

101)　これに対して、母親Aについては、心理的圧迫に至った過程や、成人としての判断能力などの様々な要素を考慮すると、刑の免除を認めるような事実があったとまでは認めがたいであろう。

102)　これに対して、むしろ正面から刑の減免を認めた方が妥当であるとの見解もあり得るが、この点は、少年法上の保護処分と刑罰との関係など、困難な問題を含むものであり、今後の課題としたい。

第2節 拷問による救助事例

I 概　説

　ドイツにおいては、21世紀に入ってから、国家機関に属する者による犯罪行為についての正当化の可否が、様々な問題領域において議論対象とされている[103]。その中でも特に、拷問による救助事例をめぐっては、既に1990年代にも一部の研究者による議論はあったものの[104]、2002年9月から10月にかけてフランクフルトで発生したいわゆるDaschner事件（Gäfgen事件）を契機として、激しい論争が今に至るまで続いている。

　拷問による救助事例において、主として想定されるのは、誘拐された人間（被拐取者）を助けるため、犯人グループに属する者に対して拷問を行い[105]、居場所を吐かせるという事例（誘拐事例）である。特に議論の対象とされて

---

103)　例えば、①航空機を奪取して行われるテロ行為を念頭に、当該航空機の撃墜を一定の要件下で肯定する航空安全法旧14条3項をめぐる問題（詳細は、森永真綱「テロ目的でハイジャックされた航空機を撃墜することの刑法上の正当化(1)(2)(3・完)」姫路法学41=42合併号〔2004年〕195頁以下、43号〔2005年〕150頁以下、45号〔2006年〕157頁以下を参照）、②覆面捜査官による犯罪行為につき、一定の場合に正当化的緊急避難により違法阻却されるのではないかという問題（児童ポルノに関する覆面捜査官の活動と34条との関係を検討したものとして、Michael Soinè, NStZ 2003, S. 225 ff. を、極右的音楽に関する警察協力者の活動とドイツ刑法34条との関係を検討したものとして、Michael Kubiciel, NStZ 2003, S. 57 ff. をそれぞれ参照）、③ドイツの兵士が国連の委任の下で外国に展開した際に行った武力行使がどのように違法阻却され得るかという問題（vgl. Frister/Korte/Kreß, Die strafrechtliche Rechtfertigung militärischer Gewalt in Auslandseinsätzen auf der Grundlage eines Mandats der Vereinten Nationen, JZ 2010 S. 10 ff.）などである。

104)　特に重要であるのは、拷問の絶対的禁止の妥当性に関するBruggerの問題提起である。Vgl. Brugger, Darf der Staat ausnahmweise foltern? Der Staat 1996, S. 67 ff.

105)　拷問の定義は必ずしも明確ではないが、本書では、差しあたって、国連拷問等禁止条約1条1項の定義規定に依拠し、①公務員等の公的資格で行動する者によって、②本人若しくは第三者から情報若しくは自白等を得るために行われる、③身体的又は精神的に故意に重い苦痛を与える行為、と定義しておくことにする。ただし、国連拷問等禁止条約1条1項は、処罰、強要、脅迫、差別を理由とする場合も拷問に含んでいる。

いるのは、こうした事例において、捜査機関の拷問行為が、犯罪構成要件を充足するとしても、ドイツ刑法32条（正当防衛）あるいはドイツ刑法34条（正当化的緊急避難）によって正当化されるか否か、である。こうした誘拐事例は、国家機関による公権的行為が問題となるのみならず、基本法上の「人間の尊厳」にかかわる「拷問禁止」の問題が関連しており、より複雑な問題を提起している。

　ドイツにおいては、「拷問（Folter）」それ自体を禁止する基本法上の規定は存在しないものの、基本法104条１項２文により、拘禁された者に対する精神的・肉体的虐待が禁じられており、かかる禁止は、基本法１条１項の人間の尊厳の不可侵性に裏打ちされているものと理解されている。かかる基本法上の規定との関係で、拷問による救助は、およそ許容されないのではないかが問題となっている。[106]すなわち、第１章第２節で既に検討したように、特別法による緊急避難規定の排除という規範的制約の有無が正面から問題となるのである。

　他方、拷問による救助事例の刑法上の規律を考えるにあたっては、単に拷問による救助の許容性ないし正当化の問題にとどまらず、刑法全体において、かかる事例がどのように取り扱われているのかを検討する必要がある。違法阻却のみならず、責任阻却や量刑まで考慮して初めて、ドイツにおいて、本事例がどのように刑法上取り扱われているのかについての正確な認識・理解を有することができるのである。

　本書では、このような観点から、拷問による救助の許容性のみならず、本事例が刑法全体においてどのように取り扱われているのかを紹介・分析するという観点から、前述のDaschner事件（Gäfgen事件）に関する判例・裁判例、および拷問による救助事例をめぐる議論を紹介・検討することにしたい。

---

106)　この点に関するドイツの議論の紹介・検討を行うものとして、飯島暢「救助のための拷問の刑法上の正当化について」香川法学29巻３＝４号（2010年）45頁以下、同「救助のための拷問、再び」『浅田和茂先生古稀祝賀論文集（上巻）』（成文堂・2016年）161頁以下、クリスチャン・イェーガー（野澤充訳）「国家の尊厳の表れとしての拷問の禁止」法政研究81巻１＝２号（2014年）85頁以下。憲法学からの紹介・検討として、玉蟲由樹「人間の尊厳と拷問の禁止」上智法学論集52巻１＝２号（2008年）225頁以下、川又伸彦「拷問禁止の絶対性について」社会科学論集（埼玉大学）133号（2011年）75頁以下。

224　第 3 章　緊急避難規定のアクチュアリティ

まず、Daschner 事件（Gäfgen 事件）の事案および判旨を紹介・検討し、そこで問題となった点を析出する。次に、かかる問題点についてのドイツにおける議論状況を明確化すべく、学説の代表的な見解について紹介・検討する。その上で、拷問による救助事例についての解決の指針を提示することにする。

Ⅱ　判例・裁判例の検討

1　事案および判旨

2002年 9 月から10月にかけてドイツで起きた誘拐事件をめぐっては、誘拐犯人である Gäfgen に対する裁判（Gäfgen 事件裁判）と、捜査を担当した警察副署長である Daschner らに対する裁判（Daschner 事件裁判）とがそれぞれ行われた。本書では、拷問による救助の検討という観点から重要な後者について紹介し、前者については補足的に紹介することにする。

⑴　Daschner 事件の事案[107]

G は、銀行家の子息である11歳の少年 J を誘拐し、そのまますぐに殺害した。G は、J の家族に対して身代金を要求したが、身代金の受渡しの時点で既に監視されており、その後逮捕された。取調べにおいては専ら J の居場所について尋問されたものの、G はそれに答えず、その間に、G の住居から、受け取った身代金の大半や犯行準備が記されたメモがみつかったため、G が誘拐の単独犯あるいは共同正犯であるとの疑いが強まった。G は、捜査機関を誤導するような供述を意識的に繰り返していたため、警察副署長である被告人 D は、今後の尋問においては、J の居場所を吐かせるために、物理的な強制手段（医師の監視の下で行われる、侵害を伴わない苦痛の付与）を用いて脅迫するように、取調官である被告人 E に指示した。D は、当該尋問結果を、犯罪行為の解明にではなく、専ら J の救出のために用いるつもりであった。E はこの指示に従って脅迫を行った結果、G は、J が既に死亡していること、および、J の死体がある場所について自供した。

---

107)　LG Frankfurt NJW 2005, 692.

フランクフルト地方裁判所は、E については強要罪（ドイツ刑法240条1項）[108]が、D については部下に対する犯罪行為への招致（ドイツ刑法357条）がそれぞれ成立するとし、いずれについても罰金刑の留保付き警告（ドイツ刑法59条1項）を行った。

⑵　**判旨**

フランクフルト地方裁判所は、本件において被告人らに成立する犯罪構成要件を検討し、かつ、警察法上の許容規定が存在しないことを論じた後、ドイツ刑法32条、34条および責任阻却事由の成否に関して、以下のように述べた。

「私人に適用される刑法上の違法阻却事由が、公権的行為についても適用可能だとの見解に立つとしても、両被告人の行為は、ドイツ刑法32条の緊急救助あるいはドイツ刑法34条の正当化的緊急避難によって違法阻却されない。」

「ドイツ刑法32条は、客観的に行為時に正当防衛状況があったことを要件とする。当該児童が既に死亡していた以上、こうした状況は存在しない」。両被告人は、当該児童の救助が可能であると考えていたが、それにもかかわらず、「被告人らにおいては、正当化事由の事実に関する故意を阻却する錯誤があったということはできない」。「防衛行為が一方では防衛に適しており、他方では最小限の対抗手段である場合には、ドイツ刑法32条でいう必要（erforderlich）にあたる。しかし、苦痛を加える旨の脅迫は、その種類・程度に照らして、このような最小手段ではない。というのは、段階的な捜査手

---

108)　ドイツ刑法240条4項の規定する「特に重大な事例」のうちの3号（自己の権限あるいは公務員としての地位を濫用した場合）に該当するものの、6月以上5年以下の自由刑という重い刑を科すのに相応しくない減軽事由（例えば、被告人らは専ら、かつ必死に〔dringend〕J の生命を救うために行動していることなど）が存在するとされたため、ドイツ刑法240条1項の刑の枠内で、罰金刑が選択され、D については1日に付き120ユーロの罰金額で90日分、E については1日につき60ユーロの罰金額で60日分の罰金が量定された。さらに、被告人らは、ドイツ刑法59条1項1文各号の規定する要件を充たす（ドイツ刑法59条1項1文2号については、主観的には被告人らは違法阻却事由あるいは責任阻却事由に近い状況にあったことなどから、本号の要件が充足されるとされた）ために、刑の留保付きの警告がなされた（ドイツ刑法59条1項）。なお、本件では、被告人らが G に対する捜査手続において供述を得る目的で強要を行ったわけではないとして、ドイツ刑法343条の供述強要罪の成立は否定された。

段の投入（Stufenkonzept）という観点からは、なお他の手段を用いることができたからである」。

「ドイツ刑法34条は、当該児童の生命に対する危険が他に回避し得ないこと、及び当該行為が適切な手段であることを要件とするが、両要件は充足されていない」。「本件では、例えば被害者Jの兄弟姉妹と会わせる（ことで供述を引き出す：筆者注）といった、より侵害性の少ない手段を用いることが可能であった」。

「更に、本件被告人らの行為は、基本法1条1項1文に反するため、ドイツ刑法32条の『要請された（geboten）』ものとは言えず、あるいはドイツ刑法34条の相当な手段であるとは言えない」。「基本法のこうした基本的命題は、拘禁された者に対する精神的・肉体的虐待を禁じた基本法104条1項2文[109]にも現れている。基本法1条1項1文によれば、人間の尊厳は侵すことができないものとされている。いかなる人間も、国家権力によって客体、即ち苦痛への不安に苛まされる対象とされることはあってはならない。このような法的思想は、国際条約、例えば欧州人権条約3条[110]にも見出すことができる」。

「人間の尊厳の尊重は、法治国家の基礎をなすものである。憲法制定者は、人間の尊厳の尊重を、敢えて基本法の最初に規定している。これに対して、生命・身体的完全性に対する権利は、基本法2条2項において初めて規定されている。こうした規定の仕方は、ドイツの歴史に由来するものである。（……）国家は正義の使命としてであっても、二度と人間を、知識を搾取する対象として取り扱ってはならない。それゆえ、基本法1条1項1文は改正し得ないものと解さなければならない。（……）被疑者を脅迫することの厳格な禁止は、あらゆる利益を考慮した結果として規定されたものである」。

このような拷問の厳格な禁止に対して、「一定の例外を認めるべきという見解は、人間の尊厳を憲法上絶対的に保障していることが打ち砕かれ、（人

---

109) 基本法104条1項　人身の自由は、正式の法律に基づき、かつその法律に予め規定された方式を遵守してのみ、これを制約することができる。拘禁されている者は、精神的又は肉体的に虐待されてはならない。

110) 欧州人権条約3条　何人も、拷問又は非人道的若しくは品位を傷つける刑罰若しくは取扱いがなされてはならない。

間の尊厳が：筆者注）衡量可能であることが認められることになり、タブーを犯すものとなることを意味しよう」。

「こうした例外は、テロ攻撃の事例において言及されている。犯人の人間の尊厳の保護が、何千人もの人間の生命と対置されるような極限事例（時限爆弾テロ事例[111]）がそれである。この議論においては、被害者の人間の尊厳は、危険に晒されている被害者の生命を守るためになし得る全てのこと——場合によっては精神的・身体的強制も含む——を国家が行うことを要求する、という見解が主張されている。利益衡量において、犯人の人間の尊厳は劣後するのだと論じられている」。

「（誘拐事例について：筆者注）救助のための最終手段としての狙撃事例[112]と比較して論じることは説得的ではない。狙撃事例では、確実に特定された犯人による直接的危険が、直ちに、そして最終的に除去されている。また、狙撃は、具体的危険を除去するための唯一かつ最終の手段である。更に、犯人は何らの作為も強制されておらず、ただ不作為を強制されるだけである」。

「本件は、学説が問題とするような極端な例外的事例ではなく、強制手段の適用が許されない枠内にとどまる事例にすぎない。というのは、本件では、嫌疑がなお十分に確定されたわけでもなく、また、許容される他の捜査手段が完全に尽きたわけでもないからである」。

本件においては、責任阻却事由も存在しない。「ドイツ刑法35条の免責的緊急避難は成立し得ない」。「ドイツ刑法35条が前提とする『（危難に晒された者との）密接な関係』は、本件においては存在しない。本条によれば、親族及び被害者と密接な関係に立つ者のみが、その人的関係及びコンフリクト状況ゆえに免責されるのであって、警察官はそうした関係には立たない」。

---

111) 警察官Ｘは、Ａが時限爆弾をある場所に設置した疑いでＡを逮捕し、取調べを行ったが、Ａが犯行を否認し続けたため、このままでは爆弾が爆発して多数の死傷者が出ると考えて、Ａを拷問にかける旨脅迫して（あるいは現実に拷問にかけて）、時限爆弾の所在を聞き出した。その結果、爆弾は無事に回収された（当該爆弾が爆発すれば、数千人規模の死傷者が出ることが十分に予測できた）という事例である。

112) 警察官Ｘは、ＡがＢをピストルで撃とうとしており、Ｘの説得にもおよそ耳を貸さない状態であったため、このままではＢが撃たれてしまうと考えて、やむを得ず、Ａの頭部を撃ち、Ａを即死させた。その結果、Ｂは助かったという事例である。

228　第3章　緊急避難規定のアクチュアリティ

「超法規的免責の緊急避難も成立しない。本件においては、責任を阻却するような、解消不能な義務衝突は存在しない。既に述べたように、被告人の行為は、救助のための唯一の、不可避的な手段ではなかった」。また、誘拐犯が誘拐直後に被害者を殺害し、その後被害者がなお生きていると偽って身代金を要求するという事例は、「決して特異な個別事例ではなく、むしろこうした誘拐事案の領域においては、残念ながら非典型的な事例ではない」。「更に、超法規的免責の緊急避難を国家機関の侵害権限として認めてしまうと、現行の組織法・管轄法に亀裂を生じさせることになりうる」。

(3)　補足——Gäfgen 事件に対する連邦憲法裁判所の判断[113]

　Gを被告人とした裁判において、フランクフルト地方裁判所は、Eの脅迫が基本法1条および104条1項2文、欧州人権条約3条に反するため、Gの供述を証拠として評価しなかったが、公判手続における自白などを元にして、Gに謀殺罪（ドイツ刑法211条）などが成立するとして無期自由刑を科した。これに対して、GはBGHに上告したものの棄却されたため、基本法1条1項および104条2項の侵害を理由に憲法異議を行った。連邦憲法裁判所2004年12月14日決定は、Gの訴えを退けたが、拷問の点については次のように判示した。

　「地裁は、異議申立人（被告人G：筆者注）に対して苦痛を与える旨の警察官による脅迫が、ドイツ刑事訴訟法136条a1項および欧州人権条約3条の規定する拷問禁止に反していると既に判断している。それによれば、基本法1条1項および104条1項2文の保障する被告人の基本権は、捜査手続における措置によって侵害されている。というのは、——地裁によって認定された——拷問の使用により、基本法上保障されている社会的な価値あるいは尊重要求が侵害されることで、取調べの対象者が犯罪鎮圧のための単なる客体とされ、人間という個人的・社会的存在を存立させるための基本的前提が破壊されてしまうからである」。

---

113)　BverfG NJW 2005, 656.

2　判例・裁判例の分析

紹介した判例・裁判例においては、拷問による救助事例に関して、刑法上いかなる規律がなされるのかについて、詳細に検討がなされており、問題を把握するためには極めて有益である。そこで、これらの判例・裁判例の分析を通じて、本事例を検討する際に考慮すべき点を抽出することにする。

⑴　拷問禁止の根拠としての人間の尊厳（視点①）[114]

拷問による救助が許容されない根拠として挙げられているのは、基本法1条1項に規定される人間の尊厳である。人間の尊厳が不可侵であり、かつ他の利益と衡量し得ないことの理由として、1)人間の尊厳が基本法の最初に規定され、基本法2条2項の生命法益にすら優先すること、2)関係する利益についての考量を全て行った上で人間の尊厳が保障されていることが挙げられている。

これに対しては、そもそも憲法論として、人間の尊厳に基づく拷問の禁止は、いかなる例外をも許さない絶対的なものなのかが問題となる。[115]

⑵　人間の尊厳を侵害するような「拷問」の範囲（視点②）

前述の判例・裁判例においては、拷問の範囲が明示的に論じられている訳ではない。[116] しかし、1)拘禁された者の精神的・身体的虐待を禁じた基本法104条1項2文を援用しつつ、人間を客体に貶めることの禁止が述べられ、2)狙撃事例との比較において、作為の強制か不作為の強制かが問題とされており、さらに、3)犯罪の解明のためではなく、専ら被拐取者の救出のために自白を強制した本件の場合でも、なお人間の尊厳の侵害が肯定されている。[117] これらの諸点からすれば、捜査機関の目的如何にかかわらず、一定の作為（特に自白・供述）を精神的・身体的に強制して人間を客体化することが、人

---

114)　以下、判例・裁判例の分析、学説の紹介・検討の際に、問題となっている視点を示す際には、視点①などと記すことにする。

115)　例えば、憲法論からの議論として、Brugger, Das andere Auge, FAZ vom 10.3.2003, S. 8参照。

116)　特に、Daschner事件判決においては、拷問（Folter）という単語自体が、文献の引用および量刑の局面以外では用いられていない。

117)　ただし、Gäfgen事件の連邦憲法裁2004年決定は、「犯罪鎮圧のための客体」と述べており、なお目的による区別を否定していないようにも見える。しかしこれは、脅迫によって得られた供述の証拠禁止の文脈において述べられたにすぎず、犯罪解明目的の場合にのみ客体化を肯定する趣旨とはいえないであろう。

間の尊厳を侵害するような「拷問」として把握されているように思われる。

これに対しては、いかなる観点、基準により、人間の尊厳を侵害するものとして禁止される「拷問」の範囲を決するべきかが問題となる。特に、1）捜査機関の目的如何を問わず、拷問として禁止されるのか[118]という点と、2）作為強制と不作為強制とで区別されることに合理性があるのか[119]、が問題となる。

(3) 人間の尊厳の侵害とドイツ刑法32条・34条の成否（視点③）

Daschner 事件判決は、人間の尊厳を侵害するような行為がドイツ刑法32条1項の「要請された（geboten）」あるいはドイツ刑法34条2文の手段の相当性を充たさないことを理由に、ドイツ刑法32条・34条の成立を否定している[120]。しかし、人間の尊厳を侵害するような行為については、例外なく常にドイツ刑法32条1項の「要請された（geboten）」あるいはドイツ刑法34条2文の手段の相当性が否定されるのかについては、同判決はなお判断を留保している。

視点②では、ある行為が人間の尊厳を侵害する行為として拷問にあたるか否かが問題となるのに対して、ここでは、ある行為が拷問にあたるとしても、常にドイツ刑法32条あるいは34条による正当化が否定されるのかが問題となる。

また、同判決は、行為者が公務員ではなく私人である場合についても同様にドイツ刑法32条あるいは34条の成立が否定されるのかにつき、特に判断を示していない[121]。人間の尊厳を侵害する拷問の主体が（本書で差しあたって定義したように）公務員に限られるとすれば、この問題は視点②の拷問の範囲の問題となるが、私人であってもなお拷問の主体となり得ると考えるのであ

118）　Vgl. Eser, Zwangsandrohung zur Rettung aus konkreter Lebensgefahr, in: Festschrift für Winfried Hassemer（2010）, S. 724.

119）　Vgl. Brugger, a. a. O.（Anm. 104）, S. 77.

120）　なお、ドイツ刑法34条2文の機能的意義を否定する立場からは、人間の尊厳を侵害した点はドイツ刑法34条1文の利益衡量で判断されることになる（vgl. Schönke/Schröder/Perron, a. a. O.（Anm.25）, §34 Rn. 41e）。しかし、いずれにしろ、ドイツ刑法34条の成立が否定される点では変わりないため、本書ではこの点は扱わない。

121）　私人であれば当然に刑法上の正当化事由が成立すると考えるものとして、Brugger, a. a. O.（Anm. 115）, S. 8参照。これに対して、私人の場合にも正当防衛の成立を否定するものとして、Schönke/Schröder/Perron, a. a. O.（Anm. 25）, §32 Rn. 62a参照。

れば、この問題は視点③の問題となる。このように、視点②と視点③とは、厳密に区別しきれない部分があることに注意が必要である。

(4) （超法規的）免責的緊急避難の成否（視点④）

Daschner 事件判決は、被告人と被害者との間には、ドイツ刑法35条が規定する人的関係が存在しないとして本条の成立を否定しつつ、超法規的免責的緊急避難の成立についても検討し、その成立を否定している。警察官がドイツ刑法35条の「親族又はその他の自己と密接な関係にある者」に該当しないとする判断は、学説や判例の立場からしても否定しがたいであろう[122]。そして、そうした免責の間隙を補うような解釈論として、超法規的免責的緊急避難が提示されてはいる。しかし、その具体的な成立要件や、公務員に対しても成立するか否かの議論などは、なお不十分であり、更なる検討の必要があろう。

(5) 量刑上の処理（視点⑤）

Daschner 事件判決は、被告人らには、ドイツ刑法240条4項が列挙する「特に重大な事例」（いわゆる「刑の法定加減事由（Regelbeispiel）」）にあたる事実が存在するとしつつも、本件においては、本項の規定する重い自由刑を科すのが相当ではない事由が存在するとして、ドイツ刑法240条1項の法定刑の枠内で罰金刑を選択した。そうした事由としては特に、専らかつ必死にJを救出するために被告人らが当該行為を行った点が挙げられている。また、同判決は、ドイツ刑法59条1項1文各号の要件が成立するとして、最終的には罰金刑の留保付き警告を行ったが、ドイツ刑法59条1項1文2号の「刑を科すことが不要となる特別の事由」として、被告人らが主観的には違法阻却事由および責任阻却事由に近い状況にあったことを挙げている。

このように、正当化事由や免責的緊急避難が成立しないとしても、なお量刑段階においてその趣旨を考慮した上で、極めて軽い刑が量定されたり、執行猶予が付されたりすることは、拷問禁止ルールを貫徹しつつ、当該事案の妥当な解決を図るという規範維持と具体的帰結との調和という点からして、

---

122)　第1章第2節Ⅳ3(5)〔本書59頁以下〕参照。

232　第 3 章　緊急避難規定のアクチュアリティ

重要な意義を有する。[123]とはいえ、量刑判断において、いかなる事情をどのように考慮するかは大きな問題である。また、量刑で考慮されれば結論の妥当性が担保されるとして、違法阻却事由や責任阻却事由の成立については厳格に判断されるとすれば、それ自体も問題であろう。[124]

Ⅲ　学説の検討

1　学説の概観

拷問による救助事例については、正当防衛（ドイツ刑法32条）および正当化的緊急避難（ドイツ刑法34条）[125]の成立を否定する見解（否定説）が通説的である。しかし、いかなる根拠により否定するかについては様々な見解が主張されており、その中でも特に代表的なものに限って紹介・検討する。また、両正当化事由を否定した場合であっても、何らの免責の余地をも認めないわけではなく、超法規的免責的緊急避難の成立に言及する見解が多いため、この点についても紹介・検討する。[126]

他方、両正当化事由の成立の余地を認める見解（肯定説）も有力に主張されてはいるが、いかなる根拠により、いかなる範囲でこうした成立の余地を認めるのかにつき、様々な見解が主張されているため、こうした見解のうち、代表的なものにつき、紹介・検討することにする。

2　否定説

(1)　両正当化事由の成立を否定する根拠とその検討

(a)　**根拠**　拷問による救助事例につき、両正当化事由の成立を否定す

---

123)　Roxin, Kann staatliche Folter in Ausnahmefällen zulässig oder wenigstens straflos sein? in: Festschrift für Albin Eser (2005), S. 470.

124)　とはいえ、視点⑤については、ドイツの量刑論についての検討が必要となるため、今後の検討課題としたい。

125)　以下、特に区別する必要がない場合には、両正当化事由と称する。

126)　ドイツにおいては、第 1 章第 2 節でみたように、免責的緊急避難（ドイツ刑法35条）の人的範囲が限定されているために、様々な文脈で、超法規的免責的緊急避難の成否が論じられる。第 3 章第 3 節Ⅱ 2 〔本書247頁以下〕で検討する生命法益のディレンマ状況についても参照。

る見解においては、そもそも公権力の行使の局面では、刑法上の正当化事由が成立し得ないとするものと、公権力の行使の局面についても、なお刑法上の正当化事由は成立し得るものの、拷問による救助事例については両正当化事由の成立を否定するものとに大別される。

　通説は、公権力の行使の局面においても、なお両正当化事由の成立の余地を認めているが、拷問の局面においては、両正当化事由の成立を否定する。すなわち、拷問は基本法１条１項が保障する人間の尊厳を侵害するために絶対的に禁止され（視点①）、したがって、ドイツ刑法32条の「要請された(geboten)」あるいはドイツ刑法34条２文の手段の相当性を常に例外なく充たさないとするのである（視点③）。

　ここで、なぜ拷問は人間の尊厳を侵害するのかが問題となるが、狙撃事例においては人間の尊厳が害されないこととの対比で、大要、次のように考えられている（視点②）。すなわち、狙撃事例においては、犯人の法益侵害行為からの防衛ないし危険回避が問題となるだけであるが、拷問による救助事例においては、対象者の身体・精神を、供述を得るための客体（Objekt）に貶めることで、その人格（Person）を否認することになるため、人間の尊厳を害することになる。基本法上も、狙撃事例で問題となる（犯人の）生命・身体の完全性に対する権利（基本法２条２項）については、法律による制約

---

127)　大要、次のような主張がなされている。すなわち、市民の自由領域に対する公法上の侵害の適法性は、専ら行政法、手続法あるいは憲法上の規定にのみ基づいて判断されるべきであって、こうした規定によらない公法上の侵害権を、刑法における正当化的緊急避難の規定を元に拡張することは、正当化的緊急避難の本来の趣旨にそぐわない。というのは、正当化的緊急避難は、元々、法的な禁止・命令に対する市民の自由の範囲を、一定の例外事例について拡張するものであって、かかる自由拡張的な趣旨は、公権力の担い手による侵害権を拡張することとは相反するからである。また、法律による行政の原理からすれば、公権力による市民の自由の侵害が許容されるためには、そのための特別な規定が必要であるが、正当化的緊急避難を規定するドイツ刑法34条は、公権力による侵害行為を許容するために必要である具体化を欠いている、と（vgl. Zieschang, in: Leipziger Kommentar Band 2, 12. Aufl.(2006), §34 Rn. 6 ff. ; Neumann, in: Nomos Kommentar Band 1, 5. Aufl.(2017), §34 Rn. 113 ff.）。なお、正当防衛については、Jakobs, Strafrecht AT, 2. Aufl.(1993), 12/41 ff. を参照。

128)　既に判例・裁判例の検討で示したように、基本法104条１項２文や欧州人権条約３条もこの文脈で援用されている。

129)　Roxin, a. a. O.(Anm. 25), §16 Rn. 98; Schönke/Schröder/Perron, a. a. O.(Anm. 25), §32 Rn. 62a.

130)　Roxin, a. a. O.(Anm. 25), §15 Rn. 106, §16 Rn. 98.

を認めているが、拷問による救助事例で問題となる人間の尊厳については、基本法1条1項において何らの制約も認めておらず、両者が異なる取扱いをされることを前提としている、と。

　(b)　**検討**　　視点②で問題となっている、人格の尊厳を侵害するか否かを判断する際に用いられている「人格的存在を客体に貶める（あるいは道具化する）」という基準自体は、従来の正当化的緊急避難をめぐる議論においても、特に臓器摘出事例をめぐって、通説によって用いられてきたものである。[131]人間を臓器工場のように取り扱ってはならないという命題と、人間を知識・情報の搾取対象として取り扱ってはならないという命題は、かかる客体化、道具化という文脈では等しいものである。

　そして、臓器摘出事例においては、私人であっても当然に正当化的緊急避難の成立は否定されているのであるから、拷問による救助事例においても、公務員のみならず、（被害者自身が行う場合も含めて）私人が行う場合であっても、およそ正当化事由の成立は否定されることになる。[132]しかし、基本法104条1項2文が「拘禁された者」についての精神的・肉体的虐待を禁じている趣旨などからしても、拷問禁止の名宛人は国家機関であり、私人についても常に正当化事由の成立が否定されることが、基本法上予定されているとまではいえないであろう。[133]拷問の絶対的禁止は、国家が主体となるからこそ貫徹されなければならないのであって、私人が脅迫によって情報を取得するような場合には、刑法的評価としてはせいぜい強要罪止まりであることからも察せられるように、生命保護にも優越する絶対性を有するのかは、極めて疑問である。[134][135]こうした理解からは、客体化・道具化という基準から、直ちに

---

131)　第1章第2節IV 2(2)〔本書42頁以下〕参照。

132)　この結論を承認するものとして、Schönke/Schröder/Perron, a. a. O.(Anm. 25),§32 Rn. 62a参照。これに対して、Bruggerは、両親が自分の子供を助けるために犯人を拷問することは、当然に正当化されるとの前提の下で、警察官の場合にもなお正当化の余地を認めようとしているが（Brugger, a. a. O.(Anm. 115), S. 8)、むしろその前提が、通説の論理からすれば誤っていることになる。

133)　Eser, a. a. O.(Anm. 118), S. 721, S. 723.

134)　Erb, Nothilfe durch Folter, Jura 2005, S. 26.

135)　人間の尊厳は、ドイツ刑法34条2文の手段の相当性、あるいはドイツ刑法34条1文の利益衡量で問題となることからすると、こうした要件を規定しないドイツ刑法35条においては、一定の

拷問の絶対的禁止を導けるかについても、疑問の余地があることになる。

　次に、否定説においては、視点②につき、作為強制か不作為強制かという区別と、客体化・道具化の有無とが、十分な分析が行われないままにないまぜとなって議論されているように思われる。そもそも、前述の臓器摘出事例においては、被害者は臓器の摘出を甘受させられるという不作為強制が問題となるにもかかわらず、なお客体化・道具化が肯定され、人間の尊厳が侵害されると解されている。とすれば、作為強制か不作為強制かという区別と、客体化・道具化という基準とは、必ずしも整合的ではない。また、拷問による救助について、暴行・脅迫による作為強制を広く含むものと解すると、狙撃事例のヴァリエーションとして以下のような事例を考えた場合に問題が生じる。すなわち、犯人の行為をやめさせるために、警察官ＸがＡに対して、「もしＢを解放しないのであれば、直ちにお前の頭部を撃ちぬく。拳銃を地面に置いてＢを解放しろ」と脅迫し、Ｂを解放させたとすると、この事例では、作為強制があるために、客体化・道具化が肯定され、Ａの人間の尊厳が侵害される（すなわち正当化事由が成立しない）ことになりかねない。しかし、狙撃事例においては、Ａの生命が侵害されているにもかかわらず、なお正当化事由の成立の余地があることと比べると、結論の不均衡という点で著しいものがあろう。

　以上の検討からは、①客体化・道具化という基準が、必ずしも拷問禁止の絶対性を支える根拠としての人間の尊厳侵害の有無とは一致しないこと、②作為強制・不作為強制の区別と客体化・道具化という基準との間にもずれがあること、さらに③作為強制・不作為強制と人間の尊厳侵害との関係がなお不明確であること、が明らかになったと思われる。国家が対象者に対して精

人的範囲に属する者による場合には、拷問による救助についても、免責的緊急避難が成立することになろう（Rengier, Strafrecht Allgemeiner Teil 9. Aufl.(2017),§18 Rn. 99）。それゆえ、私人に関する限りでは、結論の妥当性はなお保たれているともいえる（もちろん、誘拐犯人が正当防衛によって対抗できてしまうという問題は残るが、それは正当防衛論それ自体の問題である）。これに対して、ドイツ刑法35条においても、なお拷問禁止の趣旨が妥当し、免責は否定されるとの考え方もあり得よう（スイス刑法の文脈ではあるが、こうした主張をするものとして、Trechsel/Geth, in: Trechsel/Pieth, Schweizerisches Strafgesetzbuch Praxiskommentar, 3. Aufl.(2018), Art. 17 Rn. 4も参照）。この場合には、問題はより深刻である。

136)　この区別の恣意性を指摘するものとして、Eser, a. a. O.(Anm. 118), S. 723参照。

神的・身体的苦痛を与えて供述を強制することの絶対的禁止という、拷問禁止の核心を、いかなる根拠によって説明するかにつき、通説にはなお検討すべき課題があるように思われる。

(2) 超法規的免責的緊急避難の成否について

　拷問による救助事例に対して正当化的緊急避難の成立を認めない通説においても、およそ免責の余地が否定されるわけではなく、超法規的免責的緊急避難の成否が問題とされている。[137]そこで、いかなる要件の下に超法規的免責的緊急避難の成立が認められるかが問題となる（視点④）。

　この点、有力な見解によれば、1)当該行為が原則として法益保護的な、生命保護的な傾向を有すること、2)当該行為が唯一の、高度の成功の蓋然性を有する手段であること、および3)当該状況が極めて稀であり、行為者を免責しても、禁止の一般予防効果を弱めることにならないこと、という条件を充たさない限り、超法規的な免責を認めることはできないとして、時限爆弾テロ事例については、免責を認めることができるとされる。[138]これに対して、誘拐事例については、約束した身代金引渡しの際に犯人が身柄を拘束されるような場合は決して稀ではなく、非典型的とはいえないものであるため、かかる場合にまで免責を認めることはできないとされる。[139]

　しかし、なぜ誘拐事例が稀ではないのに対して、時限爆弾テロ事例が稀といえるのかは、実は明確ではない。時限爆弾テロが類型的にあり得る事例であるにもかかわらず、なお稀であるというのであれば、「稀」か否かの判断をより具体的かつ明確に行う必要があろう。[140]そうした具体的・明確な判断基

---

137)　人間の尊厳侵害が問題となる以上、超法規的免責的緊急避難の成立も否定すべきとする見解として、Neuhaus, Die Aussageerpressung zur Rettung des Entführten: strafbar! GA 2004, S. 536 f. この見解は、免責も否定することで、拷問禁止ルールの貫徹を図るものといえる。

138)　Roxin, a. a. O.(Anm. 25), §22 Rn. 168. なお、厳密にいえば、Roxin の見解は、超法規的な免責を認めるものではなく、超法規的な「答責性（Verantwortung）」阻却を認めるものであり、特に3)の要件は、一般予防の見地から答責性の有無を問題とするものである。

139)　Roxin, a. a. O.(Anm. 25), §22 Rn. 169. また、Daschner 事件については、拷問を行う旨の脅迫は、唯一の、高度の蓋然性を有する手段であったともいえないとする。

140)　Roxin, a. a. O.(Anm. 123), S. 469では、「（捜査機関が：筆者注）時限爆弾について知らない場合には、犯人を逮捕して拷問によって隠し場所を吐かせるといったことはおよそ困難である」から、こうした事例は純粋な講壇事例にとどまっており、現実には生じないのだと述べられている。

準を欠いたままでは、超法規的免責的緊急避難により免責がなされる事例は、実際には皆無ということにもなりかねない。

3　肯定説

これまでの検討から明らかなように、拷問による救助事例において、通説は、正当化の余地を否定し、かつ免責についても、少なくとも主体が公務員である場合には、極めて限定的にしか認めていない。これに対して、正当化の余地を認めようとする見解が、様々な形で主張されているが、本書では、それらの見解が示している多岐にわたる根拠のうち、代表的なものについて紹介しつつ、検討を加えることにしたい。

(1)　根拠

(a)　**尊厳対尊厳の衡量論**　拷問による救助事例においては、拷問対象者の人間の尊厳のみならず、被害者も、（生命法益のみならず）人間の尊厳が侵害されることになるのであって、基本法1条1項の枠内において、両者の人間の尊厳の衝突が問題となっている（視点①）。このような状況においては、国家は、拷問対象者の人間の尊厳を尊重する義務と、被害者の人間の尊厳を保護する義務のいずれかを果たさねばならない状況に陥っている。国家は、「正は不正に譲歩せず」の観点から、被害者の人間の尊厳を優位に扱わなければならず、被害者を救助するために行われる拷問も正当化される。[141]

こうした議論に対して、人間の尊厳を「侵害することの禁止」が、人間の尊厳を「守ることの命令」よりも優越する、あるいは対象者に対して拷問を行わないという不作為は、何ら被害者の人間の尊厳を侵害するものではない[142]という批判がなされることがあるが、これに対しては、以下のような反論が

しかし、誘拐事例であっても、被拐取者の居場所を突き止める方法が他におよそ存在しない中で、犯人の身柄のみが確保されているという事態は相当に稀であろう。実際に、Daschner 事件においても、拷問以外の他の手段が存在すると認定されているのである。

141)　Brugger, a. a. O.(Anm. 104), S. 80; ders, a. a. O.(Anm. 115), S. 8; Erb, a. a. O.(Anm. 134), S. 27.; ders., Zur strafrechtlichen Behandlung von „Folter" in der Notwehrlage, in: Festschrift für Manfred Seebode (2008), S. 105 f.; Mitsch, Verhinderung lebensrettender Folter, in: Festschrift für Claus Roxin zum 80. Geburtstag (2011), S. 651.

142)　Neuhaus, a. a. O.(Anm. 137), S. 533; Roxin, a. a. O.(Anm. 123), S. 466.

238 第3章 緊急避難規定のアクチュアリティ

なされている。救助者の行為について正当化を認めることそれ自体は、国家の積極的な侵害行為ではなく、私人の行為に制裁を科さずに放置することにすぎないのに対して、犯罪行為者（拷問対象者）の尊厳の名の下に、救助意思を有する者に対して救助を行わせないようにすることは、積極的な作為である。すなわち、国家は、積極的な作為によって、被害者の人間の尊厳を侵害していることになる、と。[143]

(b) **公法上の評価と刑法的評価の厳格な区分論**　この見解は、基本法1条1項1文、104条1項2文などは、国家権力による人間の尊厳の侵害を絶対的に禁じているが、これはあくまでも国家対市民の関係における絶対的禁止であり、私人の文脈における人間の尊厳の侵害についてまで、かかる絶対性を要求することはできないとする（視点③）。他人に強引に口を割らせた者に対して成立する犯罪と、他人を謀殺した者に成立する犯罪とを比較して、仮に前者が後者よりも法定刑が重いとすれば不当となることからも、この点は明らかである。[144]

そして、この観点からは、刑法的評価と公法上の評価は厳格に区別されなければならない。すなわち、たとえ公務員であったとしても、刑法上はあくまでも私人としての個人的行為が処罰されるにすぎない。したがって、国家権力それ自体が拷問について絶対的に禁止されており、その違反は公法上の不法を常に基礎づけるとしても、刑法的な評価においては、公務員による行[145]為は、純粋な私人による行為と何ら変わるところはない。[146]

(c) **犯罪捜査目的・救助目的区分論**　この見解は、いかなる種類の強制が、対象者を客体に貶めるという意味での拷問といえるのかという点こそが重要であるとして、大要次のように論じる[147]（視点②）。

もし、供述という作為を強制するか否かで拷問か否かを区別するのであれ

---

143) Erb, a. a. O. (Anm. 134), S. 27.

144) Erb, a. a. O. (Anm. 134), S. 26 f.

145) より正確には、Erb は、刑法上の違法評価を否定するのみならず、公務員懲戒法上の懲戒についても、その成立を否定する。Erb, a. a. O. (Anm. 134), S. 29.

146) Erb, a. a. O. (Anm. 134), S. 29; Frister, Strafrecht AT, 8. Aufl. (2018), 16/37.

147) Eser, a. a. O. (Anm. 118), S. 717 ff.

ば、刑事訴訟法上の血液採取や拘禁の甘受といった不作為の強制のみならず、租税法や社会法上、自己の健康状態や財産状態を申告することを強制されることがなぜ許容されるのかが問題となる。ここで、自己負罪供述か否かが決定的であるとすると、自己負罪と関係しない限り、供述強制はなお許容されるはずである。なお、仮に供述が、一方では被害者の救助のために強制されたものの、他方では自己負罪にも至る場合には、端的に訴訟法上、当該供述を証拠として評価しなければ足りる[149]。

　こうした理解と、既存の実定法上の規定（例えば、基本法104条１項２文や欧州人権条約３条）との関係が問題となるが、これらの規定においても、1)精神的・身体的に加えられるあらゆる害悪で足りるわけではなく、一定程度の重大なものが要求されていること、2)意思侵害それ自体ではなく、精神的・身体的状態に影響を及ぼすことが想定されていること、3)これらの規定の趣旨を判断する際に、いかなる目的で行っているのかを度外視するのは適切ではないこと、をみてとることができる。確かに、既存の実定法上の規定は、明示的には、目的によって区別した取扱いをしていない。しかし、伝統的に、我々にとってショッキングなものとして受け止められて拷問禁止の対象としてイメージされるものの中に、拷問による救助事例はおよそ入っていなかったため、わざわざ別に取り扱わなかったにすぎない。これらの規定においては、制裁類似の性質を有する非人格化（客体化）のみが想定されていることからすれば[150]、単なる救助目的の脅迫については含まれていないと解する[151]ことができる。

---

148)　ドイツ刑事訴訟法81条ａでは被疑者・被告人からの、81条ｃでは証人からの強制採血がそれぞれ許容されている。

149)　また、Eser は、自己負罪供述で問題となるのは、専ら純粋に個人的な自己理解あるいは自律であるのに対して、他者の生命を救うための供述で問題となるのは、人間の共同性における構成的・本質的役割であり、両者は異なるものである、とも述べている（Eser, a. a. O.(Anm. 118), S. 718）。

150)　例えば、欧州人権条約３条においては、拷問の他に、「非人道的若しくは品位を傷つける刑罰若しくは取扱い」が禁止の対象として挙げられている。また、基本法104条１項２文においても、「拘禁されている者」のみが対象として規定されている。

151)　Eser は、あらゆる脅迫が拷問に含まれるのではなく、人間を「苦痛の束（Bündel von Schmerzen）」として単なる客体に貶めるような場合のみを拷問と解している（Eser, a. a. O.(Anm. 118), S. 718）。

(2) 検討

(a) 尊厳対尊厳の衡量論について

人間の尊厳について、一旦その衡量可能性を認めてしまうと、もはや際限なく例外が認められてしまうようになるとの強い危惧が表明されている[152]。こうした危惧に応えるためには、例外を認めるべき根拠および基準を明確化しなければならないが、なおその点が十分ではないように思われる。

この観点から重要となるのは、犯行に関与していない第三者がたまたま情報を入手していたような場合である。人間の尊厳の衡量可能性を認める見解は基本的に、被害者の生命に直接的に危険を生じさせている当該犯人の人間の尊厳だからこそ、被害者の人間の尊厳との衡量が可能だと考えているものと思われる[154]。この点は、同様に衡量不能性が問題となる生命法益であっても、正当防衛の場合には、なお生命侵害が許容されることからすれば、人間の尊厳においても、正当防衛の場合でなければ、そもそも衡量し得ないとするものと理解できよう。

しかし、生命法益とは異なり、人間の尊厳は、一旦その衡量可能性を肯定すると、問題となる法益との関係で、容易に量化を認めやすくなる[155]。犯行に関与していない第三者の場合であっても、なされる脅迫や強要の度合いがさほど大きくないような場合には、その人間の尊敬についても侵害の度合いがさほど大きくないものとして、なお広範に正当化的緊急避難の成立が認められることになりかねない[156]。

また、拷問に用いることができる手段の範囲・程度についてもなお不明確である。正当防衛の場合には、攻撃者を殺害することすら許容されることか

---

152) Hassemer, Dann würde man auf eine schiefe Ebene geraten, FAZ vom 25.02.2003, S. 41.

153) もちろん、人間の尊厳の衡量可能性を肯定する論者も、この点には自覚的であり、例外の範囲を明確化しようとしている（vgl. Brugger, a. a. O.（Anm. 115), S. 8)。

154) 正当防衛の場合にのみ、被害者の人間の尊厳侵害が問題となると明言するものとして、Erb, a. a. O.（Anm. 141), S. 109 参照。また、Brugger, a. a. O.（Anm. 115), S. 8も、生命に直接的な危険を生じさせている犯人についてのみ、例外的に拷問を許容している。

155) 人間の尊厳の侵害についての量化を肯定する見解（Mitsch, a. a. O.（Anm. 141), S. 650）や具体的な法益の侵害と結びつく形でのみ、人間の尊厳の侵害をも考慮する見解（飯島・前掲注106)（香川法学掲載論文）100頁）では、この問題はより顕在化する。

156) この点につき、第1章第2節Ⅳ2(2)〔本書44頁〕参照。

らすれば、いわば「死ぬような目に合わせる」といった拷問ですら、それよりも程度の軽い手段では犯人が供述しない場合には、なお許容されかねないのである。

(b) **公法上の評価と刑法的評価の厳格な区分論について**　この見解について直ちに浮かぶ疑問は、そもそも国家権力の担い手としての公務員を、私人と同様に扱い得るかという点である。特に、法秩序の統一性を前提とするドイツにおいては、公法上は違法であるにもかかわらず、刑法上は適法と評価されることについては、なお問題が残るように思われる。

また、Daschner事件ではその成立が否定されているものの、公務員による供述強要罪（ドイツ刑法343条）が規定されていることから明らかなように、ドイツ刑法においては、刑法上、公務員による供述強要と私人による供述強要とは区別されている。この見解からすれば、ドイツ刑法343条の成立の局面でもなお、刑法上の正当化事由は成立し得ることになるが、その結論が妥当かは、なお疑問の余地がある。

(c) **犯罪捜査目的・救助目的区分論について**　この見解は、既に行われた犯罪の解明目的と、具体的な生命侵害の危険性を回避する目的とを区別し、前者についてのみ、拷問の絶対的禁止が及ぶとするものである。こうした基準は明確であり、本書の立場からも基本的に是認できる。ただし、ドイツにおいてこうした目的による区分論が貫徹できるかは、問題となる実定法の解釈としてなお疑問の余地はある。

Ⅳ　拷問による救助事例の解決の指針

これまでの検討により得られた理解に基づき、拷問による救助事例をめぐる解決の指針をまとめると、次のようになる。

1　客体化・道具化基準と人間の尊厳侵害との関係、客体化・道具化基準と作為強制・不作為強制との関係、作為強制・不作為強制と人間の尊厳侵害との関係につき、なお十分に明らかにされていない。これらの関係を明らかにしない限り、拷問の絶対的禁止がいかなる事例についてまで及ぶのかにつき、明確に判断がなし得ない。

242　第3章　緊急避難規定のアクチュアリティ

　2　正当化事由の成立をおよそ否定する見解のみならず、例外的に正当化
事由の成立を認める見解であっても、正当化事由が成立しない場合に、どの
程度まで責任阻却がなされるのかがなお不明確である。特に、公務員につい
ての超法規的免責的緊急避難については、ほとんど成立の余地がないように
も見え、妥当な事案の解決という点でなお問題が残る。結論の妥当性を図る
ためには、量刑による解決が重要となるが、それだけで充分であるのか、あ
るいは量刑の枠組みにおいて、どの程度拷問による救助という点を考慮する
かは、なお検討の余地がある。

　3　人間の尊厳の衡量可能性を一旦認めると、どこまで例外が拡張してい
くのか判然としない。問題となる法益との関係で人間の尊厳（の侵害）を量
化してよいのかが大きな問題となる。この点を考えるにあたっては、従来か
ら問題とされてきた臓器移植事例、強制採血事例なども考慮した上で、一貫
した判断枠組みを提示する必要があろう。

　4　目的区分論は明確な区別基準を提供し、かつ、我が国においても採用
可能な基準であると考えられる。我が国の緊急避難の具体的な要件解釈とし
ては、具体的な生命侵害の危険性についてはなお現在の「危難」にあたり得
るが、既に行われた犯罪の解明については、拷問の絶対的禁止（憲法36条）
が妥当するため、もはや緊急避難制度が前提とする「危難」にはあたらない、
という解釈を採ることになろう。ただし、こうした目的区分論が憲法論的に
みて正当化可能であるかについては、我が国においてもなお検討が必要であ
ろう。

第3節　自動走行車と生命法益のディレンマ事例

Ⅰ　問題の所在

1　自動走行車とは

　自動走行車あるいは自動運転車とは、運転者による操作を経ることなく、安全に一定の目的地まで移動させる（自動運転）仕組みを有する自動車のことを指す。このような自動運転は、AI ソフトによって実現されるものであり、自動走行車はこうした AI ソフトを実装した自動車である。自動走行車の導入は、交通事故（死傷事故）の 9 割以上に関連するとされる、運転者のいわゆるヒューマンエラーに基づく事故の可能性を減少させ[157]、また、最適な走行により環境への負荷を減少させるなど[158]、社会的な便益を増大させるものといえる。また、今後ますます我が国において進展していく高齢者社会の中で、青年・中年期に比して認知・判断能力が低下した高齢者にとっては、こうした自動走行車の登場は、安全かつ快適な移動の自由の享受という観点から、大きな意義を有するものと思われる[159]。

　こうした自動走行車における自動運転のレベルは、2014年に SAE（Society of Automotive Engineers）が提示し、2016年 9 月に米国運輸省道路交通安全局（NHTSA）も採用した基準によれば[160]、可能となる自動運転の度合いによって

---

157)　今井猛嘉「自動車の自動運転と刑事実体法」山口厚ほか編『西田典之先生献呈論文集』（有斐閣・2017年）519頁以下および同論稿で引用されている橋本裕樹=金子正洋=松本幸司「運転者のヒューマンエラーに着目した交通事故発生要因の分析」（2008年）（http://library.jsce.or.jp/jsce/open/00039/200806_no37/pdf/88.pdf）の分析を参照。

158)　今井・前掲注157) 519頁以下。

159)　高齢者のノーマライゼーションという点につき、AI ネットワーク化検討会議「報告書2016 AI ネットワーク化の影響とリスク」（2016年）（http://www.soumu.go.jp/main_content/000425289.pdf）21頁以下も参照。

160)　Federal Automated Vehicles Policy（2016），p.9（https://www.transportation.gov/AV/federal-

レベル０からレベル５まで６段階に分けられる。[161] 運転環境を自動でモニタリングするシステムが導入されるのがレベル３以上であるが、レベル３（条件付自動運転）では、一定の事情（例えば悪天候）によって自動運転システムのモニタリングに限界が生じると、人間である運転者の判断に委ねられ、運転者が適切に対応する必要が生じることになる（これを以下、「オーバーライド」という）。これに対して、レベル４（高度自動運転）あるいはレベル５（完全自動運転）[162] になると、こうした人間の運転者によるオーバーライドの必要性は想定されておらず、自動運転システムによる対応に委ねられている。このように、レベル３の自動走行車とレベル４以上の自動走行車とでは、いざという時に人間の運転者による適切な対応が必要となるか否かという点で大きな差異がある。

　それでは、レベル４以上の自動走行車に、以下の【事例】のような設計が施されていた場合には、どのような問題が生じるであろうか。【事例】をみながら検討していきたい。

2　問題となる事例

【事例】

　Ｘは、自動車会社Ｙが製造・販売する自動走行車（レベル４または５）を購入した。本件自動走行車は、衝突回避のシステムとして、急制動を行うことで衝突を回避するか、急制動では間に合わないと判断した場合には、衝突を回避するためにハンドルを左右に切るように設計されていた。ただし、こうした緊急動作を行ってもおよそ衝突自体は回避できない場合、例えば急制動をすれば後続の自動車と、ハンドルを左に切れば歩行者と、ハンドルを右

---

automated-vehicles-policy-september-2016).

161)　Summary of Levels of Driving Automation for On-Road Vehicles（https://cyberlaw.stanford.edu/files/blogimages/LevelsofDrivingAutomation.pdf）.

162)　レベル４と５の違いは、いわゆる「運行設計領域」の差にある。レベル4では、例えば高速道路上の走行といった一定の条件から逸脱しない限りで、あらゆる運転タスクをシステムがコントロールするのに対して、レベル5ではあらゆる条件下で自動運転がなされることになる。内閣官房IT総合戦略室「自動運転レベルの定義を巡る動きと今後の対応（案）」（2016年）（https://www.kantei.go.jp/jp/singi/it2/senmon_bunka/detakatsuyokiban/dorokotsu_dai1/siryou3.pdf）3頁以下参照。

第 3 節　自動走行車と生命法益のディレンマ事例　　*245*

に切れば後方から進行してきたバイクとの衝突が回避できないような場合には、衝突によって生じる被害者の数が最も少なくなるような回避措置を取るように設計されていた。

　X が本件自動走行車を一般道の一方通行の道で制限時速に従って走行中に、前方から対向車が突っ込んできたため、本件自動走行車は左か右にハンドルを切らざるを得なくなったが、左側の歩道には歩行者 A が、右側の歩道には立ち止まって話をしている数人のグループがいたため、本件自動走行車は左側にハンドルを切り、対向車との衝突は免れたが、A を轢過して死亡させた。

3　検討課題

【事例】においては、自動車会社 Y には、本件自動走行車の設計・製造[163]において一定の過失があったといえるか、より正確には、本件事故を生じさせた自動運転システムの判断は瑕疵に基づくものであったといえるのか、が問題となる。この点を論じるためには、そもそも、本件自動運転システムにおけるプログラミング、すなわち、一定の衝突事故の回避が不可能である場合に、被害者を最小限にするようなプログラミングをどのように評価すべきかが問題となる。

　これは、「トロッコ問題」あるいは「トロリー問題」といわれるものであり、ドイツ刑法学では「生命法益のディレンマ状況」として、かねてより緊急避難の枠組みにおいて積極的に論じられてきた問題領域である。生命法益のディレンマ状況は、典型的には以下のような事例として論じられる。[164]すなわち、線路を走っていたトロッコが制御不能となり、このままでは線路上にいる 5 人の人間が逃げる間もなく轢き殺される状況となった。これをみていた転轍手の甲は、5 人の命を救うためにトロッコの軌道を変えたが、変更後

---

163)　正確には、刑事責任を負うのは Y の中の設計部門など特定の部門の自然人であり、具体的にどのような者が過失責任を問われるのかは極めて重要な問題であるが、本書ではこの問題は扱わない。詳細は、樋口亮介「注意義務の内容確定基準」高山佳奈子＝島田聡一郎編『山口厚先生献呈論文集』（成文堂・2014年）195頁以下参照。

164)　Hans Welzel, Zum Notstandsproblem, ZStW 63 (1951), S. 51. いわゆる「転轍手事例」である。

の線路上にいた乙がトロッコに轢かれて死亡した。甲は、乙1人が死ぬのは
やむを得ないと考えていた。

この事例では、甲は自己の転轍行為によって乙を殺したとして殺人罪に問
われるようにも思われる。しかし、およそいずれかの線路にいる人間が死ぬ
のは回避できなかった状況下で、5人の生命を救うために1人の生命を犠牲
にする行為が殺人罪として当罰的なのであろうか。このような場合、果たし
て緊急避難が成立するかについて、こうした議論の蓄積があるドイツの状況
を概観した上で、そのような緊急避難に関する議論が、【事例】のような自
動走行車のプログラミングについてどこまで妥当するかにつき検討を加える。
その後、そうした検討を受けて、我が国においてどのような解決が可能かに
ついて考察を加えることにする。

Ⅱ　ドイツにおける議論状況の分析・検討

1　生命法益のディレンマ状況と正当化的緊急避難

既に検討したように、[165]ドイツ刑法は、34条で正当化的緊急避難を、35条で
免責的緊急避難を規定する。そこで、まずは生命法益のディレンマ状況につ
いて、正当化的緊急避難が成立するかが問題となる。

まず、生命法益のディレンマ状況において、1人の生命を救うために5人
の生命を犠牲にすることは、およそ正当化的緊急避難としては許容されない。
というのは、ドイツ刑法34条の正当化的緊急避難が成立するためには、侵害
利益に対して保全利益が「著しく優越」することが要求されているからであ
る。同様に、1人の生命を救うために別の1人の生命を犠牲にすることもま
た、保全利益が侵害利益に「著しく優越」するとはいえないために、本条に
よる正当化が否定されることになる。

それでは、転轍手事例のように、5人の生命を救うために1人の生命を犠
牲にする場合はどうであろうか。この場合には、保全利益である5人の生命

---

165)　第1章第2節Ⅰ〔本書9頁以下〕参照。

は、侵害利益である1人の生命よりも「著しく優越」するように見える。しかし、ドイツにおける通説的見解は、このような生命対生命の衡量を否定し、正当化の余地を認めない。また、ドイツ連邦通常裁判所（BGH）もまた、既に本章第1節で検討したように、DV反撃殺人事例において、DV被害者が自分自身および自分の娘たちの生命を救うためであったとしても、DV加害者の生命を侵害することにつき、正当化的緊急避難の成立を認めることはできないとしている。

　以上のように、ドイツの判例・通説からすれば、たとえ多数人の生命を助けるためであっても、少数人の生命を犠牲にすることは、およそ正当化的緊急避難として許容されないことになる。

2　生命法益のディレンマ状況と免責的緊急避難

　それでは、生命法益のディレンマ状況につき、ドイツ刑法35条の免責的緊急避難は成立するであろうか。本条は、侵害利益・保全利益がともに生命である場合にもなお成立する。したがって、既に第1章第2節Ⅳで検討したように、保全利益と侵害利益とが著しく不均衡であるために行為者が危険を甘受することが期待されて免責的緊急避難が成立しない場合を除けば、生命法益のディレンマ状況の場合であってもなお免責的緊急避難が成立しそうである。

　しかし、ドイツ刑法35条は、その成立範囲に関して一定の人的範囲を設けている。すなわち、行為者本人やその親族・近親者の利益を保全するために他人の利益を侵害する場合にのみ本条は成立することになる。したがって、「転轍手事例」のように、自己と無関係の第三者の生命を救うために、別の

---

166)　Schönke/Schröder/Perron, a. a. O.（Anm. 25），§34 Rn. 24.

167)　BGHSt 48, 255. また、テロ集団に奪取された航空機が住宅地を巻き込んで多数人を殺害する現在の危険があり、かつ、当該航空機を撃墜しない限りは当該危険を回避できない場合に、かかる措置を許容する航空安全法（旧）14条3項を違憲無効としたドイツ連邦憲法裁判所の判例（BVerfGE 115, 118〔Urteil vom 15.02.2006〕）も参照。

168)　例えば、1人の生命を救うために5人の生命を犠牲にする場合には、著しく不均衡な場合にあたるとして、免責が否定されることになろう。

169)　第1章第2節Ⅳ3(5)〔本書59頁以下〕参照。

第三者の生命を侵害する場合には、およそ本条の成立も否定されることになる。[170]

　そこで、このような結論の不当性を回避するために学説において主張されているのが、超法規的免責的緊急避難という考え方である。[171]超法規的免責的緊急避難とは、その名前が示す通り、実定法が規定する免責的緊急避難の要件を充足しない場合であっても、なお一定の場合には免責を認めるものである。とはいえ、いかなる場合にこうした超法規的な免責的緊急避難が成立するかは学説においても対立がある。

　一方では、第1章第2節Ⅳ2(2)（本書41頁以下）で検討した、いわゆる「生命危険共同体」の場合にのみ、超法規的免責的緊急避難の成立を肯定する見解が有力に主張されている。[172]この見解によれば、カルネアデスの板事例のように、問題となる当事者全員が共同の危険に晒されており、いずれか1人（あるいはいずれかの一方）を助けない限りは当事者全員の生命が失われる場合にのみ、超法規的免責的緊急避難が肯定されることになる。したがって、「転轍手事例」のように、問題となっている6人全員が共同の危険に晒されていない場合、すなわち、転轍してもしなくとも、少なくともいずれかの線路にいる人間は助かるような場合には、およそ超法規的免責的緊急避難の成立も否定されることになる。

　これに対して、超法規的免責的緊急避難は、多数人を救うために少数人を犠牲にする場合であっても成立するとする見解も有力に主張されている。[173]この立場によれば、「転轍手事例」のように、5人の生命を救うために1人の生命を犠牲にする場合には、なお害の最小化が充たされているとして、超法規的免責的緊急避難の成立が肯定されることになる。

---

170)　これに対して、スイス刑法やオーストリア刑法においては、こうした人的範囲を設けておらず、全く無関係の第三者のための免責的緊急避難も肯定され得る（第1章第3節Ⅳ2および第4節Ⅲ2(1)〔本書78頁以下および93頁以下〕参照）。

171)　ただし、判例は超法規的免責的緊急避難の存在を正面から肯定しているわけではない（vgl. Lenckner/Sternberg-Lieben, in: Schönke/Schröder Strafgesetzbuch Kommentar 29. Aufl. (2014), Vor §§ 32 ff. Rn. 115）。

172)　Neumann, a. a. O.（Anm. 127), § 35 Rn. 61.

173)　Frister, a. a. O.（Anm. 146), 20/28; Schönke/Schröder/Lenckner/Sternberg-Lieben, a. a. O.（Anm. 171), Vor §§ 32 ff. Rn. 117 f.

3 自動走行車のプログラミングの法的規律

以上のような理解をダイレクトに自動走行車のプログラミングに当てはめた場合には、判例・通説の立場からすれば正当化的緊急避難はおよそ成立せず、かつ、免責的緊急避難も成立しないことになり、一部の有力な見解からはせいぜい超法規的免責的緊急避難の成立が肯定されるにとどまることになる。しかし、ドイツにおいては、必ずしもそのようにダイレクトに緊急避難による解決可能性を論じるのみならず、別の法原理により解決を図る見解が有力に主張されている。そこで以下では、こうした見解について検討を加えることにする。

第1の見解は、許された危険に依拠する見解である。この見解によると、実際の生命侵害が生じた場合に事後的観点から正当化が可能か否かという問題と、事前に死亡事故を回避するための方策を講じることの可否の問題とは異なるとされる。そして、前者の問題では、生命侵害という結果を事後的に（正当化的緊急避難によって）正当化することは許容されないが、後者の問題では、事前に損害の最小化を志向する義務があり、こうした損害を最小化するための方策を採ることは「許された危険」として許容されるとする。

第2の見解は、義務衝突に依拠する見解である。この見解によると、「転轍手事例」においては、対立する法益の一方（5人の人間の生命）に既に危険が現実化しつつあるところ、それを他方の法益（1人の人間の生命）に転嫁する点で、ドイツ刑法34条の基礎にある「運命甘受原則」が妥当し、こうした危険の転嫁は許容されないことになり、したがって、正当化的緊急避難は成立しない。これに対して、プログラミングの段階では、対立する法益のうちいずれに対して危険が生じるのかがなお定まっておらず（すなわち、未

---

174) こうした議論については、Engländer, Das selbstfahrende Kraftfahrzeug und die Bewältigung dilemmatischer Situationen, ZIS 9/2016, S. 608 ff. を参照（本論文を紹介するものとして、冨川雅満「アルミン・エングレーダー『自動運転自動車とジレンマ状況の克服』」千葉大学法学論集32巻1＝2号〔2017年〕157頁以下）。

175) Hilgendorf, Recht und autonome Maschinen-ein Problemaufriß, in: Das Recht vor den Herausforderungen der modernen Technik（2015), S. 11 ff.（紹介として、冨川雅満「エリック・ヒルゲンドルフ『法と自律的機械—問題概説』」千葉大学法学論集31巻2号〔2016年〕135頁以下）; ders, Automatisiertes Fahren und Recht（2015), S. 55 ff.

176) Weigend, Notstandsrecht für selbstfahrende Autos? ZIS 10/2017, S. 599 ff.

だ「運命」は定まっておらず)、それぞれの利益状況は対等である。むしろ、
設計者は、自動車が従うべきルールを自ら設定しなければならない立場に立
っており、後の時点で関与者となる人々の「生き残りの機会」を (予め「無
知のベール」の下で) 配分しなければならない。この場合には、設計者は、
対立する法益の両方に対する義務、すなわち、5人の生命を侵害しない義務
および1人の生命を侵害しない義務という両立不能な義務が課されているも
のといえる。このような「義務衝突」の場合には、より多数の生命法益を保
全すること (同数の場合には〔くじ引きのような〕偶然に委ねること) が設計者
には義務づけられ、その義務を履行した結果として法益侵害結果が生じたと
しても、その行為は許容されることになる。

　以上の見解はいずれも、①プログラミング時と現実の事故発生時とで妥当
する規範が異なることを正面から肯定しつつ、②プログラミング時には、損
害の最小化を志向する規範が妥当することを認める点で共通する。こうした
議論枠組みに対しては、そもそも①が妥当であるのかにつき、ドイツでも強
い批判がなされている。こうした批判の要諦は、自動走行車の場合にも、プ
ログラミングが実行されるのはあくまでも現実の事故に直面した時点なので
あって、その時点でどのような規範が適用されるのかという問題は、「転轍
手事例」におけるのと全く同じであるという点にある。

4　自動走行車内部に存在する人間を有利に扱うことの可否

　「転轍手事例」とは異なり、自動走行車においては、自動走行車内部の人
間に対する危険は常に最小化されるべきかが問題となる。例えば、道路の正
面から右側にかけて10人の人間が横たわっており、急制動を行っても、また
はハンドルを右に切っても、最低でも5人を轢き殺してしまうが、ハンドル
を左に切って崖の下に転落すれば、自動走行車内の1人の人間のみが死亡す

---

177)　要するに、運命甘受原則はこの局面では妥当しないことになる。
178)　ここで Weigend は、法益侵害結果発生時とプログラミング時を区別し、後者については「無
　　　知のベール」の下でリスクの最小化を志向すべきと論じる Hevelke/Nida-Rümelin, Jahrbuch für
　　　Wissenschaft und Ethik 19 (2015), 10 ff. を援用している。
179)　Engländer, a. a. O. (Anm. 174), S. 613.

る場合に、たとえハンドルを左に切れば損害が最小化されるとしても、かかる手段を選択する必要はないと考えるべきであろうか。

　自動走行車の乗員に自己犠牲を強いることはできないとして、たとえ最も人的損害が少ない手段であったとしても、自動走行車の乗員を犠牲にする手段を選択する必要はない（すなわち、自動走行車の乗員は最大限保護されなければならない）とする見解もある。[180] しかし、こうした見解に対しては、自動走行車内部の人間を最大限に保護するような自動走行車の売れ行きは確かに伸びるであろうが、そうした経済的な理由を優先することは許容されず、むしろ、人的損害の最小化ルールを徹底しなければならないとの見解が有力に[181]主張されている。このような立場からは、ハンドルを左に切れば犠牲者が１人となり、損害が最小化される以上、こうしたプログラミングをすることが設計者には義務づけられることになる。

Ⅲ　我が国における解決

1　生命法益のディレンマ状況と緊急避難

　生命法益のディレンマ状況に関して、我が国の緊急避難規定（刑法37条１項本文）の適用可能性を検討する上で、ドイツにおける議論状況と最も異なる点は、利益衡量の枠組みである。既にみたように、ドイツにおいては、保全利益の侵害利益に対する「著しい優越」が要求されるため、１人を救うために１人を犠牲にすることは正当化されない。また、生命対生命の衡量が判例・通説においては否定されるため、５人を救うために１人を犠牲にすることも正当化されない。

　これに対して、我が国の害の均衡要件は、「生じた害が避けようとした害の程度を超えなかった場合」と規定されており、既に第２章でみたように、１人を救うために１人を犠牲にする場合であっても、なお違法阻却を認める

---

180)　Hilgendorf, Autonomes Fahren im Dilemma. Überlegungen zur moralischen und rechtlichen Behandlung von selbsttätigen Kollisionsvermeidesystemen, in: Hilgendorf (Hrsg.), Autonome Systeme und neue Mobilität (2017), S. 170.

181)　Weigend, a. a. O. (Anm. 176), S. 604.

252　第3章　緊急避難規定のアクチュアリティ

ことが可能な規定となっている。そこで問題となるのは、ドイツと同様に、生命対生命の衡量については否定すべきとの立場を採用するか否かである。

　ドイツ（あるいは広くドイツ語圏各国）において、生命対生命の衡量を否定すべきとの立場が前提としているのは、生命侵害禁止ルールの貫徹であると思われる[182]。すなわち、たとえ生命法益を救うためであるとしても、他の生命法益を犠牲にすることを許容するとすれば、それは生命侵害禁止ルールを弱化させることになる、との理解である。しかし、こうした生命侵害禁止ルールの貫徹は、あくまでも正当化の拒絶という文脈でのみなされており、免責の否定には及んでいない。すなわち、生命法益を保全するために他の生命法益を犠牲にする場合には、既にみた通り、免責的緊急避難（ドイツ刑法35条1項）が成立する余地は肯定されている。しかし、ドイツにおける免責的緊急避難の免責根拠は、いわゆる二重の責任減少説であり、①一定の利益を保全したことによる不法減少を通じた責任減少、および、②心理的圧迫などに基づく責任減少が合わさって免責が肯定される[183]。したがって、たとえ生命法益を侵害したとしても、それによって他の生命法益などが保全された場合には、免責の前提としての不法減少は肯定されているのである。

　このように考えると、ドイツにおいても、生命対生命の衡量が否定されるのは、あくまでも正当化の文脈にとどまり、不法減少といった違法の量の差引きについてはなお衡量が否定されていないといえる。したがって、生命侵害禁止ルールの貫徹についても、あくまでも正当化の文脈にとどまると評価し得る。

　これに対して、イギリスにおいては、いわゆるミニョネット号事件[184]に対して高等法院が大要以下のような判断を下している。すなわち、船が難破してボートで陸地から1000マイルも離れた海上をさまようううちに、飢餓と渇水のために被害者の少年を殺害してその血肉で生き延びた被告人らに対して、高

---

182)　以下の議論については、筆者がオーガナイザーを務めた日本刑法学会第96回（2018年）本大会第1ワークショップ「緊急避難論の現代的課題」における遠藤聡太会員（早稲田大学）の報告「自動走行車による生命侵害と緊急避難」に大きく示唆を受けた。

183)　第1章第2節Ⅳ3(1)〔本書50頁〕参照。

184)　R. v. Dudley and Stephens (1884) 14 QBD 273.

等法院は、「自分の同胞（a fellow creature）の生命を奪うのが正当化されるのは、自己防衛を理由とする場合のみである」と述べた上で、「自己の命を守ることは一般的に言えば義務である」が、「自己の命を犠牲にする義務は、最もシンプルかつ崇高な義務でありうる」とする。そして、裁判所は「しばしば自分たちですら守れないほどの高い準則を設定しなければならないことがある」と述べ、「犯罪の法的定義を犯罪者のために何らかの形で変更したり弱めたりするような同情を示すことは許されない」として、謀殺罪が成立する旨判示している。ここでは、犯罪の法的定義、すなわち生命侵害禁止ルールを変更・弱化させることを免責も含めて一切拒絶するという観点の下で、被告人らに謀殺罪の成立（および死刑宣告）が肯定されているといえる。[185]

　このように、生命侵害禁止ルールをどの範囲で尊重すべきかについては、それぞれの国において同一の判断がなされているわけではない。こうした状況に鑑みれば、我が国における生命侵害禁止ルールについては、正当防衛の場合のみならず、緊急避難の場合であっても一定程度例外が認められると理解することも十分に可能であろう。重要なのは、いかなる場合にそのような例外が肯定されるかであるが、既に第2章で論じたように、より少なくない生命（すなわち同数を含む生命）を保全するために、他の生命を犠牲にすることもまた、我が国の刑法37条1項本文は許容しているものと解するべきであろう。

　以上の理解からは、我が国においては、生命法益のディレンマ状況は既に緊急避難の次元で解決が可能といえる。しかし、こうした立場が必ずしも学説において共有されているわけではない現状においては、仮に生命法益のディレンマ状況については緊急避難として違法阻却が認められなかったとしても、プログラミング段階では別個の解決が可能とする、ドイツの有力な議論について検討する必要があろう。

185）　ただし、本件では、最終的には女王の恩赦によって、6か月の拘禁とされている点に注意が必要である。すなわち、こうした恩赦によって、生命侵害禁止ルールの貫徹による結論の不当性が回避されていると評価し得る。

254 第3章 緊急避難規定のアクチュアリティ

2 自動走行車のプログラミングの法的規律

　生命法益のディレンマ状況が現実化した場合に正当化的緊急避難の成立を否定しつつ、プログラミング段階では別の規律が可能だとする見解の最も有力な理論的根拠としては、既に検討したように、前者については運命甘受原則が妥当するが、後者については妥当しないという点が挙げられる。すなわち、プログラミングの段階では、問題となる関与者のうち、いずれの側に法益侵害の危険が生じるかがなお運命づけられていないため、危険の「転嫁」、すなわち、「危険に陥った者を助けるために、当該危険を他の者にそらす」という構造が存在せず、関与者の利益状況が対等になるという点が、前述の見解の理論的核心である。

　生命法益はおよそいかなる場合でも他の法益とは衡量されないという立場を徹底するのであれば、関与者の利益状況が対等な場合であっても、なお衡量を拒絶するという態度決定もあり得る。具体的にいえば、【事例】では、プログラミングの段階で、どのように回避措置を取ったとしても衝突自体は回避されないのであれば、「衝突によって生じる被害者の数が最も少なくなるような回避措置」を取るように設計をせず、そのまま偶然に委ねるような設計をするという態度決定である。その結果として、たとえ5人が死んだとしても、生命法益の衡量を否定したことの帰結として甘受すべきということになる。

　しかし、既に論じたように、生命法益がおよそいかなる場合であっても他の法益と衡量され得ないという立場、すなわち生命侵害禁止ルールを常に貫徹するという立場は、ドイツにおいても採用されてはおらず、少なくとも免責の文脈では「損害の差し引き」が肯定されている。そして、我が国において、関与者の利益状況が対等な場合には、生命侵害禁止ルールの後退を一定程度認めるという選択肢は十分に可能であろう。

　さらに、本書の立場からは、そもそも緊急避難の文脈であっても、危難が生じたのは誰のせいでもなく、たまたま関与者の一方に対して現実化しただけであり、そうした「運命」を甘受させるべき理由はそもそも規範的には存

---

186)　第2章第2節Ⅱ2〔本書120頁以下〕参照。

在しない。それゆえ、生命法益のディレンマ状況が現実化した場合のみならず、プログラミング段階においても、そもそも利益状況が対等であると理解することになる。

このような理解からは、プログラミング段階で従うべきルールとしても、被害の最小化を基準とすることになる。すなわち、① AI による最適化された自動走行により事故の発生可能性を最小化することを前提に、②なお生じる事故については、被害を最小化するようなプログラミングを設定することが許容され、また、そうしたルールに従ってなお生じた被害については、処罰が否定されることになる。なお、ドイツの一部で主張されるような、自動車内部の人間を「優遇」するような理解は、こうした被害の最小化という視点には馴染まず、また、別個の規範的視点に基づくものとして導入可能なほどに説得力を有するものでもない。[187]

3　具体的帰結

こうした判断枠組みを【事例】に基づいて具体化してみよう。自動車会社 Y（の設計者）がプログラミング段階において、損害を最小化するための前述の①および②のルールに従っているか否かが、Aの死に対する過失責任の有無において決定的である。こうしたルールに従っている場合には、その注意義務違反が否定されることになる。要するに、本件における Y（に属する設計者）の過失を判断するにあたって設定される注意義務は、上記のような事故発生の最小化および損害発生の最小化（生命侵害最小化）という緊急避難の視点を組み込んだものとなるのである。逆にいえば、過失犯が問題となる限り、【事例】の解決にあたっては、刑法37条の適用以前に、Y（に属する設計者）につき、過失犯（業務上過失致死罪）の構成要件該当性（注意義務違反）が否定される、という形で決着がつくことになる。

---

187)　こうした見解に対して、ドイツにおいても強い批判が存在する点は既にみた通りである。

256　第3章　緊急避難規定のアクチュアリティ

第4節　特別な立法の要否──緊急避難の制度化

Ⅰ　問題の所在

　第3節の自動走行車に関する【事例】については、本書の立場からは、自動車会社Y（の設計者）の責任は、緊急避難の視点を組み込んだ損害最小化のための注意義務設定という問題に解消されることになる。それでは、このように刑法解釈論の内部で問題に対応できるとすれば、特別な立法は必要ないということになるであろうか。すなわち、自動車会社にとって、事前に明確な行動準則が立法によって与えられる必要はないのであろうか。既に、第2章第2節で、緊急避難の規範的制約という基本的な視点を設定し、問題となる諸利益に関して考慮・調整した特別立法が存在する場合には、緊急避難規定の適用は劣後する旨を論じたが、それを一歩進めて、むしろこうした特別立法を積極的に制定すべきではないかという点が問題となる。[188]

Ⅱ　海賊版サイトのブロッキングと緊急避難

　こうした問題を考えるにあたって参考になるのが、近時我が国で大きな議論を惹き起こした、著作権侵害サイト（いわゆる「海賊版サイト」）に対するブロッキングの可否である。知的財産戦略本部会合・犯罪対策閣僚会議は、「インターネット上の海賊版サイトに対する緊急対策（案）」（2018年4月13日公表）において、「海賊版サイト」に対するISP（インターネットサービスプロバイダー）によるブロッキングを、刑法37条の緊急避難の枠組みで違法阻却

───────────────

188)　ドイツにおいて、堕胎罪に関して緊急避難の「特別規定」を明確に立法化したドイツ刑法218条a2項を想起されたい。また、我が国の母体保護法14条1項1号の「身体的理由」による人工妊娠中絶の許容についても、同様の趣旨によるものといえよう。

することが可能との指針が示された。そこでは、既に我が国では児童ポルノサイトに対するブロッキングが緊急避難の枠組みで行われていること[189]が援用され、同様のブロッキングが海賊版サイトに対しても可能であることが示唆されている。

　しかし、ブロッキングは、通信の秘密侵害罪（電気通信事業法4条・179条）の構成要件に該当するものであるが、児童ポルノに関しては、保全利益が被害児童の心身の健全な成長という重大な利益であるところ、児童ポルノが一旦ネット上に拡散された場合には、他の手段によっては実効的な保全がなされないとして、ブロッキングが手段として補充性を有することが辛うじて肯定される[190]。なお、児童ポルノに関しては、経済的理由以外から児童ポルノの拡散に関与する者も多く[191]、広告などの収入源を絶つというだけでは実効的な代替手段として不十分であるという点も併せて指摘できよう。

　これに対して、海賊版サイトについては、まさに経済的な理由からこうしたサイトの運営がなされることが多いのであって、広告などの収入源を絶つなど、様々な代替手段が存在することが指摘し得る[192]。また、児童ポルノとは異なり、あくまでも問題となるのは著作権という財産権であるため、損害賠償請求といった民事的な損害回復手段により馴染みやすく、こうした民事的な請求を可能な限り優先させるべきであるとの理解にも十分な理由がある。このように、児童ポルノサイトと海賊版サイトとでは、違法なコンテンツに関するサイトという点では共通するものの、緊急避難の成立要件との関係では様々な事情において差異が存在するといわざるを得ない[193]。

---

189)　この点の議論枠組みについては、筆者も構成員として関与した、安全ネットづくり促進協議会児童ポルノ対策作業部会「法的問題検討サブワーキング報告書」（2010年3月30日公開）参照。

190)　児童ポルノ対策作業部会・前掲注189) 15頁以下。これに対して、児童ポルノサイトのブロッキングを緊急避難構成で正当化すること自体に批判的なものとして、石井徹哉「通信の秘密侵害罪に関する管見」千葉大学法学論集27巻4号（2013年）129頁以下。

191)　例えば、児童ポルノの交換サイトなどがこれにあたる。園田寿「児童ポルノ禁止法の成立と改正」園田寿＝曽我部真裕〔編著〕『改正児童ポルノ禁止法を考える』（日本評論社・2014年）4頁。

192)　成原慧「海賊版サイトのブロッキングをめぐる法的問題」法学教室453号（2018年）50頁参照。

193)　情報法制研究所「著作権侵害サイトのブロッキング要請に関する緊急提言の発表」（2018年4月11日公開）3頁以下参照。

Ⅲ　行動準則を明確化するための特別立法

　以上のように、解釈論として緊急避難の成立が可能か否かの判断は、時として大きな不透明性を有するところであり、こうした行動準則としての不明確性が、ブロッキングであればISPに、自動走行車であれば自動車会社に対して法的判断のリスクを課していることは疑いない。こうした点に鑑みると、今後自動走行車を公道に投入するのであれば、行動準則を明確化する観点から、特別立法による解決が望ましいものといえよう。自動走行車においてこ[194]うした特別立法を行う際には、前述のような緊急避難の視点を十分に考慮した上で、その準則の明確化を図るべきである。すなわち、損害を最小化するためのルールを組み込んだ形での行動準則を制定することが必要となろう。

　このように、緊急避難以外の様々な法的制度が整備されることで、例外的事態を規律する緊急避難規定の意義が失われていくという現象は、第3章第1節で扱ったDV反撃殺人事例とも共通する。DV反撃殺人事例においては、DV防止法のような立法が整備され、警察やその他の行政当局などの保護・介入の実効性が高まれば高まるほど、DV加害者を殺害するという手段の補充性が否定されることは既に示した通りである。このように、社会における諸利益のコンフリクトの低減・解消のためには、まずもって様々な法的制度の整備こそが重要となるのであり、そうした制度があるにもかかわらず、なお生じ得る例外的な事象のためのいわば「調整弁」としての機能が、緊急避難規定には求められているといえよう。もちろん、我々の社会においては、

---

194)　前掲・「インターネット上の海賊版サイトに対する緊急対策（案）」2頁も、「法制度整備が行われるまでの間の臨時的かつ緊急的な措置」として緊急避難構成によるブロッキングの可能性を提言している。したがって、仮にブロッキングという措置がどうしても必要な実効的措置であるというのであれば、こうした特別立法こそが本筋であることは強調してもしすぎることはない。こうした特別立法においては、様々な手法が考えられるところであるが、例えば、権利者の申請に基づく裁判所によるブロッキング命令を規定するといった手法が考えられる。もちろん、海賊版サイトあるいは「リーチサイト」それ自体について、刑事的規制の対象とするといった手法もまた、ブロッキング以外の手段によって、社会のコンフリクトを減少させるものといえる（深町晋也「リーチサイトの刑法的規制について」NBL1121号〔2018年〕10頁以下参照）。

様々な例外的事象が生じるのであって、全てを予め法的制度において捕捉することは不可能である。そうした例外的事象が今後も存在する限り、緊急避難規定の意義もまた存在するのである。

終　章

緊急避難をめぐる議論のこれからのために

　本書は、ドイツ語圏各国、すなわちドイツ、スイスおよびオーストリアの緊急避難規定に関する議論を広く渉猟しつつ、我が国にとって示唆的な議論を獲得し、我が国の緊急避難規定の構造を体系化することで具体的な要件の解釈を明確化することを意図したものである。その基本的な態度としては、従来、我が国の緊急避難規定の解釈論が、主としてその法的性質をめぐるドグマ的な問題に集中していたことを批判しつつ、ドイツのみならず、ドイツ語圏各国などに広く視野を広げ、「社会においてアクチュアリティを有する緊急避難」という視点を設定することにある。

　このような視点の下、本書では、ドイツ、スイスおよびオーストリアの緊急避難規定の具体的な要件解釈について分析・検討した（第1章）。その結果、ドイツ語圏各国で共通する点もあれば、大きく異なる点もあり、そのそれぞれを、ドイツ語圏各国における法制度の中に位置づけた上で理解しなければならないことを導いた。そうした理解を元に、従来、ドイツ刑法の解釈論に大きく傾きがちであった我が国の緊急避難規定の解釈に、幾つかの新たな視点──それは我が国の緊急避難規定により整合的な視点である──を導入した（第2章）。すなわち、緊急避難と過剰避難とが緊急避難状況（利益衝突状況）を前提とする点で共通性を有し、両者が連動した制度であることを前提としつつ、前者を違法阻却事由としての緊急避難、後者を責任減少事由としての緊急避難として構成した。また、前者を規律する原理を利益衝突状況および害の最小化に求め、かつ、利益衝突状況に対する規範的制約という視点を強調しつつ、後者を規律する原理については、利益衝突状況を前提としつつも、害の最小化に失敗した場合の違法減少および規範的な責任の減少という観点から説明した。こうした基本的な視点の下、刑法37条の具体的な要件の解釈を行うことで、我が国の緊急避難規定を合理的かつ体系的に解釈する

ための道筋の１つを明確化できたものと思われる。

このような作業は、立法者意思を無批判に前提とするのでもなく、また、特定の国の解釈論を絶対視するのでもなく、今我々の目の前にある「条文」や「法制度」をどのように具体的に解釈し、今後どのように活用していくべきかという、筆者なりの問題意識によるものである。とはいえ、もちろん、現状の条文を絶対視するものではない。ドイツ語圏各国の議論をみれば分かるように、いかなる緊急避難制度を選択するかもまた、法政策的な判断に委ねられるものだからである。

さらに、本書は、緊急避難のアクチュアリティを重視する立場から、我々の社会において特に問題となっている事例群を検討した（第３章）。DV反撃殺人事例は、様々な国々で普遍的に生じる問題であり、広く諸外国の議論を参照しつつ、我が国に現実に生起する事例として、正面から取り組むべき問題であることを示した。また、拷問による救助事例は、テロや誘拐などの重大犯罪との関係で、今後ますますその重要性が増していく問題領域であり、ドイツにおける議論状況を明確化しつつ、そこから得られる示唆を元に、今後我が国の問題としてより切実に受け止め、検討する必要があることを論じた。さらに、自動走行車と生命法益のディレンマ事例は、「トロッコ問題」という古くから論じられている問題が、自動走行車という現代的な技術における行動準則を規定する上で極めて重要な意義を有していることを示し、比較法的な考察を行いつつも、我が国における今後のあり方を示したつもりである。それを受けて、第３章第４節では、緊急避難という一般原則が特別法に劣後することを超えて、行動準則の明確化という見地からは、むしろ特別法を導入すべき場合があるのではないかという観点から、多少の検討を行った。ただし、この点については、より広範に問題となる領域を研究対象として、具体的な特別法のあり方について考察を進める必要がある。本書はあくまでも基本的な視点を示したものにすぎない。

緊急避難をめぐる議論は（刑法における他の問題領域と同様に）今後も続くであろうが、本書がその礎に、あるいは乗り越えるべき壁になることを祈念して、ここで筆を擱くことにする。

参考文献一覧 *263*

参考文献一覧

1 日本語文献

浅田和茂『刑法総論［補正版］』（成文堂・2007年）

阿部純二「緊急避難」『刑法基本講座第 3 巻違法論、責任論』（法学書院・1994年）

安全ネットづくり促進協議会児童ポルノ対策作業部会「法的問題検討サブワーキング報告書」
（2010年 3 月30日）

飯島暢「救助のための拷問の刑法上の正当化について」香川法学29巻 3 = 4 号（2010年）152-173頁
「救助のための拷問、再び」『浅田和茂先生古稀祝賀論文集（上巻）』（成文堂・2016年）
161-178頁

生田勝義『行為原理と刑事違法論』（信山社・2002年）

石井徹哉「通信の秘密侵害罪に関する管見」千葉大学法学論集27巻 4 号（2013年）121-141頁

井田良『刑法総論の理論構造』（成文堂・2005年）
『講義刑法学・総論』（有斐閣・2008年）

井上宜裕『緊急行為論』（成文堂・2007年）
「判批」『刑法判例百選Ⅰ総論［第 7 版］』（有斐閣・2014年）
「判批」『平成26年度重要判例解説』（有斐閣・2015年）
「フランス緊急避難論の現状」『浅田和茂先生古稀祝賀論文集（上巻）』（成文堂・2016
年）179-194頁

今井猛嘉「自動車の自動運転と刑事実体法」山口厚ほか〔編〕『西田典之先生献呈論文集』（有斐
閣・2017年）519-536頁

上野芳久「外国判例研究 DV 被害者である妻が、加害者である夫を殺害するためにヒットマンを
雇った事案─カナダ最高裁2013年 1 月18日判決」関東学院法学23巻 1 号（2013年）129-
150頁
「カナダ刑法における『強制による行為』」関東学院法学24巻 2 号（2014年） 1 -21頁

植松正『刑法概論Ⅰ［再訂版］』（勁草書房・1974年）

AI ネットワーク化検討会議「報告書2016 AI ネットワーク化の影響とリスク」（2016年）

遠藤聡太「緊急避難論の再検討（ 4 ）（ 5 ）（ 7 ）」法学協会雑誌131巻 7 号（2014年）1255-1310頁、
131巻12号（2014年）2485-2513頁、133巻 5 号（2016年）555-622頁
「緊急避難論の再検討」刑法雑誌57巻 2 号（2018年）212-228頁

大越義久『刑法解釈の展開』（信山社・1992年）

大嶋一泰「緊急避難における危難の現在性について」『変動期の刑事法学─森下忠先生古稀祝賀
（上巻）』（成文堂・1995年）263-294頁
「判批」『平成 8 年度重要判例解説』（有斐閣・1997年）144-146頁

大塚仁『刑法概説（総論）［第 4 版］』（有斐閣・2008年）

大谷實『刑法講義総論［新版第 4 版］』（成文堂・2012年）

岡田久美子「DV 殺人と正当防衛」『比較判例ジェンダー法』（信山社・2007年）49-73頁

岡本昌子「ドメスティック・バイオレンスと刑事法」同志社法学69巻 7 号（2018年）1147-1186頁

小田直樹「緊急避難と個人の自律」刑法雑誌34巻 3 号（1995年）337-349頁

小名木明宏「緊急避難における利益衡量と相当性についての一考察」法学研究67巻 6 号（1994年）
25-43頁

川端博『刑法総論講義［第 3 版］』（成文堂・2013年）

川又伸彦「拷問禁止の絶対性について」社会科学論集（埼玉大学）133号（2011年）75-87頁

木崎峻輔「家庭内での暴力的闘争における正当防衛状況の判断基準」筑波法政71号（2017年）69-

264 参考文献一覧

100頁

木村亀二『刑法総論［増補版］』（有斐閣・1978年）

倉富勇三郎・平沼騏一郎・花井卓蔵監修『刑法沿革総覧』（清水書店・1923年）

クリスチャン・イェーガー（野澤充訳）「国家の尊厳の表れとしての拷問の禁止」法政研究81巻
（1＝2号）（2014年）108-85頁

クリスティアン・シュワルツェネッガー（小池信太郎ほか訳）「スイスの刑事制裁制度」慶應法学
36号（2016年）181-294頁

小池信太郎「オーストリア刑法における責任能力と量刑」慶應法学37号（2017年）343-367頁
「ドイツにおける殺人処罰規定の改革をめぐる議論の動向」『理論刑法学の探究4』（成
文堂・2011年）233-257頁

小林憲太郎「緊急避難論の近時の動向」立教法務研究9号（2016年）143-157頁

佐伯千仭『刑法に於ける期待可能性の思想（上）』（有斐閣・1947年）（『佐伯千仭著作選集 第3巻
責任の理論』〔信山社・2015年〕）
『刑法講義総論』（有斐閣・1968年）
『刑法講義総論［4訂版］』（有斐閣・1981年）

佐伯仁志『刑法総論の考え方・楽しみ方』（有斐閣・2013年）

齊藤金作『刑法総論［改訂版］』（有斐閣・1955年）

齋藤実「DVにおける正当防衛の成否」法執行研究会編『法はDV被害者を救えるか―法分野協働
と国際比較』（商事法務・2013年）259-269頁

佐藤結美「フランス刑法における未成年者の奪い合いを巡る議論状況」法律時報90巻10号（2018
年）105-111頁

司法研修所編『難解な法律概念と裁判員裁判』（法曹会・2009年）

島田聡一郎「適法行為を利用する違法行為」立教法学55号（2000年）21-89頁

荘子邦雄『刑法総論［第3版］』（青林書院・1996年）

情報法制研究所「著作権侵害サイトのブロッキング要請に関する緊急提言の発表」（2018年4月11
日）

鈴木優典 曽根威彦＝松原芳博編『重点課題 刑法総論』（成文堂・2008年）93-107頁

曽根威彦『刑法総論［第4版］』（弘文堂・2008年）

園田寿「児童ポルノ禁止法の成立と改正」園田寿＝曽我部真裕〔編著〕『改正児童ポルノ禁止法を
考える』（日本評論社・2014年）1-14頁

高橋敏雄『違法性の研究』（有斐閣・1963年）

高橋則夫『刑法総論［第3版］』（成文堂・2016年）

髙山佳奈子「『不正』対『不正』状況の解決」研修740号（2010年）3-12頁

瀧川幸辰『犯罪論序説［改訂］』（有斐閣・1947年）

玉蟲由樹「人間の尊厳と拷問の禁止」上智法学論集52巻1＝2号（2008年）225-253頁

団藤重光『刑法綱要総論［第3版］』（創文社・1990年）

知的財産戦略本部会合・犯罪対策閣僚会議「インターネット上の海賊版サイトに対する緊急対策
（案）」（2018年4月13日）

張光雲「中国におけるDV法的規制とDV反撃殺傷行為の刑事法上の課題」日本法学82巻2号
（2016年）493-533頁

坪井祐子「被害者・関係者・第三者の落ち度と量刑」大阪刑事実務研究会（編著）『量刑実務大系
第2巻 犯情等に関する諸問題』（判例タイムズ社・2011年）297-347頁

德永元「責任主義における期待可能性の意義について（1）」九大法学107号（2013年）1-54頁

冨川雅満「エリック・ヒルゲンドルフ『法と自律的機械―問題概説』」千葉大学法学論集31巻2号
（2016年）135-112頁

「アルミン・エングレーダー『自動運転自動車とジレンマ状況の克服』」千葉大学法学論集32巻1＝2号（2017年）157-185頁

友田博之「DV被害者による『眠っている』加害者に対する反撃について」立正法学論集46巻1＝2号（2013年）59-85頁

内閣官房IT総合戦略室「自動運転レベルの定義を巡る動きと今後の対応（案）」（2016年）（http://www.kantei.go.jp/jp/singi/it2/senmon_bunka/detakatsuyokiban/dorokotsu_dai1/siryou3.pdf）

内藤謙『刑法改正と犯罪論（上）』（有斐閣・1974年）

　　　『刑法講義総論（中）』（有斐閣・1986年）

永井紹裕「過剰避難の減免根拠と要件について（1）（2・完）」早稲田大学大学院法研論集153号（2015年）241-266頁、154号（2015年）205-228頁

中村勉「付添人レポート　控訴審で55条移送を獲得―DV被害構造や心理学的手法を用いた弁護活動 [札幌高等裁判所平成19.11.13判決]」季刊刑事弁護58号（2009年）124-128頁

中山研一「判批」判評438号（判時1531号）（1995年）12-19頁

成原慧「海賊版サイトのブロッキングをめぐる法的問題」法学教室453号（2018年）45-52頁

西田典之『刑法総論［第2版］』（弘文堂・2010年）

橋田久「強制による行為の法的性質（1）」論叢131巻1号（1992年）90-110頁

　　　「生命危険共同体について」産大法学30巻3=4号（1997年）82-113頁

　　　「避難行為の補充性の不存在と過剰避難」産大法学34巻3号（2000年）197-207頁

　　　「避難行為の相当性」産大法学37巻4号（2004年）28-78頁

　　　「判批」刑事法ジャーナル38号（2013年）79-86頁

橋爪隆「判批」判例セレクト99（有斐閣・2000年）28頁

　　　『正当防衛論の基礎』（有斐閣・2007年）

　　　「正当防衛論」川端博ほか編『理論刑法学の探究1』（成文堂・2008年）93-136頁

　　　西田典之ほか編『注釈刑法　第1巻』（有斐閣・2010年）

橋本裕樹＝金子正洋＝松本幸司「運転者のヒューマンエラーに着目した交通事故発生要因の分析」（2008年）（http://library.jsce.or.jp/jsce/open/00039/200806_no37/pdf/88.pdf）

林幹人『刑法総論［第2版］』（東京大学出版会・2008年）

樋口亮介「注意義務の内容確定基準」髙山佳奈子＝島田聡一郎編『山口厚先生献呈論文集』（成文堂・2014年）195-261頁

　　　「注意義務の内容確定プロセスを基礎に置く過失犯の判断枠組み（1）」法曹時報69巻12号（2017年）1-74頁

平野龍一『刑法総論Ⅱ』（有斐閣・1975年）

深町晋也「主観的正当化要素について―同意の認識・避難意思を中心に」刑法雑誌44巻3号（2005年）317-334頁

　　　西田典之ほか編『注釈刑法第1巻』（有斐閣・2010年）

　　　「家族と刑法―家庭は犯罪の温床か？　第1回DVの被害者が加害者に反撃するとき（その1）」書斎の窓651号（2017年）22-27頁

　　　「家族と刑法―家庭は犯罪の温床か？　第9回両親が子どもを巡って互いに争うとき（その2）」書斎の窓659号（2018年）33-43頁

　　　「リーチサイトの刑法的規制について」NBL1121号（2018年）4-11頁

福田平『全訂刑法総論［第5版］』（有斐閣・2011年）

法務省大臣官房司法法制部編『ドイツ刑法典』法務資料第461号（2007年）

前田雅英『刑法総論講義［第6版］』（東京大学出版会・2015年）

町野朔=辰井聡子「不法入国と緊急避難」現代刑事法 7 号（1999年）76-86頁
松原芳博『刑法総論［第 2 版］』（日本評論社・2017年）
松宮孝明「日本刑法37条の緊急避難規定について」立命館法学262号（1999年）40-70頁
　　　　　『刑法総論講義［第 5 版］』（成文堂・2017年）
虫明満＝篠田公穂　大塚仁ほか編『大コンメンタール刑法（2）［第 2 版］』（青林書院・1999年）
村井敏邦「緊急避難の歴史と課題」現代刑事法69号（2005年）29-34頁
森川恭剛「DV 被害者の反撃と正当防衛」琉大法学80号（2008年） 1 -30頁
森下忠『緊急避難の研究』（有斐閣・1960年）
　　　　　「判批」判時226号附録（判評29号）（1960年） 4 - 7 頁
森永真綱「テロ目的でハイジャックされた航空機を撃墜することの刑法上の正当化（1）（2）
　　　　　（ 3 ・完）」姫路法学41=42合併号（2004年）195-215頁、43号（2005年）149-167頁、45号
　　　　　（2006年）157-177頁
森本陽美「正当防衛の制限と被虐待女性」法学研究論集（明治大学）第 4 号（1996年）299-313頁
安田拓人　大塚仁ほか編『大コンメンタール刑法［第 3 版］第 2 巻』（青林書院・2016年）
安平政吉　安平政吉＝藤木英雄『総合判例研究叢書　刑法（8）』（有斐閣・1957年）
安廣文夫「解説」『最高裁判所判例解説　昭和60年度』（法曹会・1989年）132-164頁
矢野恵美「正当防衛成立要件の再考—継続するドメスティック・バイオレンスと急迫不正の侵害」
　　　　　法学（東北大学）77巻 6 号（2014年）215-235頁
山口厚『問題探究刑法総論』（有斐閣・1998年）
　　　　　『刑法総論［第 2 版］』（有斐閣・2007年）
　　　　　『刑法総論［第 3 版］』（有斐閣・2016年）
山中敬一『刑法総論［第 3 版］』（成文堂・2015年）
山本輝之「判批」『刑法判例百選 I ［第 6 版］』（有斐閣・2008年）
山本光英『ドイツ謀殺罪研究』（尚学社・1998年）
吉田敏雄「正当化緊急避難（2）」北海学園大学法学研究48巻 3 号（2012年）459-479頁
吉田宣之『違法性の本質と行為無価値』（成文堂・1992年）
ヨシュア・ドレスラー（星周一郎訳）『アメリカ刑法』（レクシスネクシスジャパン・2008年）
米田泰邦『緊急避難における相当性の研究』（司法研修所・1967年）

2　外国語文献

Bernsmann, Klaus: »Entschuldigung« durch Notstand (1989)

Brägger, Ernst: Der Notstand im schweizerischen Strafrecht (1937)

Brugger, Winfried: Darf der Staat ausnahmsweise foltern? Der Staat 1996, S. 67-97.

――　Das andere Auge, FAZ vom 10.3.2003, S. 8.

Coninx, Anna: Der entschuldigende Notstand zwischen Unrecht und Schuld, ZStrR 131 (2013), S. 113-140.

Delonge, Franz-Benno: Die Interessenabwägung nach § 34 StGB und ihr Verhältnis zu den übligen strafrechtlichen Rechtfertigungsgründen (1988)

Donatsch, Andreas/Tag, Brigitte: Strafrecht I 9. Aufl. (2013)

Dupuis, Michel/Moreillon, Laurent/Piguet, Christophe/Berger, Séverine/Mazou, Miriam /Rodigari, Virginie: Petit commentaire Code pénal 2e édition (2017)

Eisele, Jörg: in: Schönke/Schröder Strafgesetzbuch Kommentar 29. Aufl. (2014), Vor §§ 13 ff.

Engländer, Armin: in: Matt/Renzikowski (Hrsg.), Strafgesetzbuch, Kommentar (2013)

――　Das selbstfahrende Kraftfahrzeug und die Bewältigung dilemmatischer Situationen, ZIS 9/2016, S. 608-618.

参考文献一覧   267

Erb, Volker: Nothilfe durch Folter, Jura 2005, S. 24-30.

—— Zur strafrechtlichen Behandlung von „Folter" in der Notwehrlage, in: Festschrift für Manfred Seebode (2008), S. 99-124.

—— Münchener Kommentar zum Strafgesetzbuch Band 1, 3. Aufl. (2017), § 34

Eser, Albin: Zwangsandrohung zur Rettung aus konkreter Lebensgefahr, in: Festschrift für Winfried Hassemer (2010), S. 713-728.

—— Schönke/Schröder, Strafgesetzbuch Kommentar 29. Aufl. (2014), § 213

Eser, Albin/Perron, Walter: Strukturvergleich strafrechtlicher Verantwortlichkeit und Sanktionierung in Europa (2015)

Frisch, Wolfgang: Notstandsregelungen als Ausdruck von Rechtsprinzipien, in: Festschrift für Ingeborg Puppe (2011), S. 425-450.

Frischknecht, Tom: Zumutbarkeit, Näheverhältnis und der Wille des Gesetzgebers-zur Auslegung des Art. 18 StGB, entschuldbarer Notstand, recht 26 (2008), S. 186-191.

Frister, Helmut: Strafrecht AT, 8. Aufl. (2018)

Frister, Helmut/Korte, Marcus/Kreß, Claus: Die strafrechtliche Rechtfertigung militärischer Gewalt in Auslandseinsätzen auf der Grundlage eines Mandats der Vereinten Nationen, JZ 2010, S. 10-18.

Fuchs, Helmut: Strafrecht Allgemeiner Teil Ⅰ 9. Aufl. (2016)

Gallas, Wilhelm: Pflichtenkollision als Schuldausschließungsgrund, in: Festschrift für Edmund Mezger (1954), S. 311-334.

Günther, Klaus: Strafwidrigkeit und Strafunrechtausschluß (1983)

Gysin, Arnold: Die Theorie des Notstands und dessen Behandlung im Entwurf eines schweizer. Strafgesetzbuches (1918), ZSR N.F. 45 (1926), S. 44-103.

Haefliger, Arthur: Der Notstand im schweizerischen Strafrecht, in: Recueil de travaux suisses presentes au VIII Congrès international de droit comparé (1970), S. 379-389.

Hassemer, Winfried: Dann würde man auf eine schiefe Ebene geraten, FAZ vom 25.02.2003, S. 41.

Hevelke, Alexander/Nida-Rümelin, Julian: Selbstfahrende Autos und Trolley-Probleme: Zum Aufrechnen von Menschenleben im Falle unausweichlicher Unfälle, in: Jahrbuch für Wissenschaft und Ethik 19 (2015), S. 5-23.

Hilgendorf, Eric: Recht und autonome Maschinen - ein Problemaufriß, in: Das Recht vor den Herausforderungen der modernen Technik (2015), S. 11-40.

—— Automatisiertes Fahren und Recht, ZVR 2015, S. 469-474.

—— Autonomes Fahren im Dilemma. Überlegungen zur moralischen und rechtlichen Behandlung von selbsttätigen Kollisionsvermeidesystemen, in: Hilgendorf (Hrsg.), Autonome Systeme und neue Mobilität (2017), S. 143-175.

Hirsch, Hans Joachim: Leipziger Kommentar 10. Aufl. (1993), § 34

Höpfel, Frank: in: Wiener Kommentar 2. Aufl. (2014), § 10

Jakobs, Günther: Strafrecht AT, 2. Aufl. (1993)

Jescheck, Hans-Heinrich/Weigend, Thomas: Lehrbuch des Strafrechts Allgemeiner Teil 5.Aufl (1996)

Joerden, Jan C.: § 34 Satz2 StGB und das Prinzip der Verallgemeinerung, GA 1991, S. 411-427.

Joerden, Jan C.: Interessenabwägung im rechtfertigenden Notstand bei mehr als einem Eingriffsopfer, GA 1993, S. 245-261.

Keller, Rudolf Ottmar: Der Dauernotstand im Strafrecht (1934)

Kienapfel, Diethelm: Der rechtfertigende Notstand, ÖJZ 1975, S. 421-431.

Kienapfel, Diethelm/Höpfel, Frank/Kert, Robert: Strafrecht Allgemeiner Teil 15. Aufl. (2016)

268　参考文献一覧

Kindhäuser, Urs: Nomos Kommentar Band 1, 4. Aufl. (2013), §§ 32

Kubiciel, Michael: Rechtsextremistische Musik von und mit V-Leuten—Sozialadäquanz und Rechtfertigung im Normbereich der § § STGB § 86, STGB § 86a, STGB § 130 StGB, NStZ 2003, S. 57-61.

Küper, Wilfried: Notstand und Zeit—Die »Dauergefahr« beim rechtfertigenden und entschuldigenden Notstand, in: Festschrift für Hans-Joachim Rudolphi (2004), S. 151-164.

Lampe, Ortrun: Defensiver und aggresiver übergesetzlicher Notstand, NJW 1968, S. 88-93.

Lenckner, Theodor: Der rechtfertigende Notstand (1965)

—— Der Grundsatz der Güterabwägung als Grundlage der Rechtfertigung, GA 1985, S. 295-313.

—— Das Merkmal der „Nicht-anders Abwendbarkeit" der Gefahr in den §§ 34, 35 StGB, in: Festschrift für Karl Lackner (1987), S. 95-112.

Lenckner, Theodor/Sternberg-Lieben, Detlev: in: Schönke/Schröder, StGB Kommentar 29. Aufl. (2014), Vor §§ 32 ff.

Martin, Gian: Defensivnotstand unter besonderer Berücksichitigung der «Haustyrannentötung» (2010)

Maurach, Reinhart/Zipf, Heinz: Strafrecht Allgemeiner Teil Teilbd1, 8. Aufl. (1992)

Meißner, Andreas: Die Interessenabwägungsformel in der Vorschrift über den rechtfertigenden Notstand (§ 34StGB) (1990)

Merkel, Reinhard: Zaungäste? Über die Vernachlässigung philosophischer Argumente in der Strafrechtswissenschaft (und einige verbreitete Mißverständnisse zu § 34 S. 1 StGB), in: Vom unmöglichen Zustand des Strafrechts (1995), S. 171-196.

Mitsch, Wolfgang: Verhinderung lebensrettender Folter, in: Festschrift für Claus Roxin zum 80. Geburtstag (2011), S. 639-656.

Moos, Reinhard: Der Schuldbegriff im österreichischen StGB, in: Festschrift für Otto Triffterer (1996), S. 169-202.

—— Triffterer/Rosbaud/Hinterhofer, Salzburger Kommentar, 10. Lfg. (2004), § 4

—— Triffterer/Rosbaud/Hinterhofer, Salzburger Kommentar, 12. Lfg. (2005), § 10

Müssig, Bernd: Münchener Kommentar zum Strafgesetzbuch Band 1, 3. Aufl. (2017), § 35

Neuhaus, Ralf: Die Aussageerpressung zur Rettung des Entführten: strafbar! GA 2004, S. 521-539.

Neumann, Ulfrid: Nomos Kommentar Band 1, 5. Aufl. (2017), §§ 34, 35

Nowakowski, Friedrich: Das österreichische Strafrecht in seinen Grundzügen (1955)

—— Das Ausmaß der Schuld, in: Perspektiven zur Strafrechtsdogmatik (1981), S. 135-159.

Oehmichen, Anna: FD-StrafR 2013, 352023

Pawlik, Michael: Der rechtfertigende Notstand (2002)

—— Der rechtfertigende Defensivnotstand im System der Notrechte (2003), GA 2003, S. 12-24.

Perron, Walter: Schönke/Schröder, Strafgesetzbuch Kommentar, 29. Aufl. (2014), §§ 32-35

Pfeiffenberger, Otto: JW 1930, S. 2958-2959.

Pozo, José Hurtado: Droit pénal Partie générale II (2002)

—— Droit pénal Partie spécial (2009)

Rengier, Rudolf: Totschlag oder Mord und Freispruch aussichtslos? -Zur Tötung von (schlafenden) Familientyrannen, NStZ 2004, S. 233-240.

—— Strafrecht Allgemeiner Teil, 9. Aufl. (2017)

Riklin, Franz: Schweizerisches Strafrecht Allgemeiner Teil I (1997)

Ringelmann, Christoph: Der Mord an der Grenze von Unrecht und Schuld, in: Grenzen des rechtfertigenden Notstands (2006), S. 203-216.

Rittler, Theodor: Lehrbuch des österreichischen Strafrechts AT 2. Aufl. (1954)

Rosen, Jo Cathryn: The Excuse of Self-Defense, 36 Am. U. L. Rev.(1986), pp.11-56.

Roxin, Claus: Der durch Menschen ausgelöste Defensivnotstand, in: Festschrift für Hans-Heinrich Jescheck (1985), S. 457-484.

―― Kann staatliche Folter in Ausnahmefällen zulässig oder wenigstens straflos sein? in: Menschengerechtes Strafrecht: Festschrift für Albin Eser (2005), S. 461-472.

―― Strafrecht AT Band1, 4. Aufl. (2006)

Schmidhäuser, Eberhard: Strafrecht Allgemeiner Teil, Lehrbuch 2. Aufl. (1975)

Schramm, Edward: Ehe und Familie im Strafrecht (2012)

Schwarzenegger, Christian: Basler Kommentar zum Strafgesetzbuch II, Art.111-392 StGB, 3. Aufl. (2013), Art 112, 113

Seelmann, Kurt: Basler Kommentar Strafrecht I, Art.1-110 StGB, 3. Aufl. (2013), Art 15-18

Seiler, Stefan: Strafrecht Allgmeiner Teil I 3. Aufl. (2016)

Soinè, Michael: Verdeckte Ermittler als Instrument zur Bekämpfung von Kinderpornographie im Internet, NStZ 2003, S. 225-230.

Steininger, Einhard: Strafrecht Allegemeiner Teil Band I 2. Aufl. (2013)

Stratenwerth, Günter: Schweizerisches Strafrecht Allgemeiner Teil I (2011)

Stratenwerth, Günter/Jenny, Guido/Bommer, Felix: Schweizerisches Strafrecht BT I (2010)

Stratenwerth, Günter/Wohlers, Wolfgang: Schweizerisches Strafgesetzbuch Handkommentar, 3.Aufl. (2013)

Trechsel, Stefan: Haustyrannen»mord« -ein Akt der Notwehr? in: Winfried Hassemer zum sechzigsten Geburtstag (2000), S. 183-191.

Trechsel Stefan/Geth, Christopher: in: Trechsel/Pieth, Schweizerisches Strafgesetzbuch Praxiskommentar, 3. Aufl. (2018), Art 17, 18

Walder, Hans: Vorsätzliche Tötung, Mord und Totschlag, StrGB Art. 111-113, ZStrR 96 (1979), S. 117-166.

Walker, E. A. Lenore: Battered Women Syndrome and Self-Defense, 6 Notre Dame J.L. Ethics & Public Policy (1992), pp. 321-334.

Weigend, Thomas: Notstandsrecht für selbstfahrende Autos? ZIS 10/2017, S. 599-605.

Welzel, Hans: Zum Notstandsproblem, ZStW 63 (1951), S. 47-56.

Zieschang, Frank: in: Leipziger Kommentar Band 2, 12. Aufl. (2006), §§ 34, 35

高鳳仙編著『家庭暴力防治法規專論　增訂第三版』（五南圖書・2015年）

張麗卿『刑法總則理論與運用［6版］』（五南圖書・2016年）

林山田『刑法通論（上冊）［增訂十版］』（元照出版・2008年）

判例一覧

1 日本判例
（1）大審院
大判大正 3 ・10・ 2 刑録20輯1764頁　　*4, 124*
大判昭和 3 ・ 2 ・ 4 刑集 7 巻47頁　　*132*
大判昭和 4 ・ 3 ・ 7 新聞3020号 9 頁　　*132*
大判昭和 7 ・11・15刑集11巻1625号　　*132*
大判昭和 8 ・ 9 ・27刑集12巻1654頁　　*149*
大判昭和 8 ・11・30刑集12巻2160頁　　*137, 149, 154, 159*
大判昭和11・ 2 ・10刑集15巻96頁　　*136*
大判昭和12・11・ 6 裁判例11巻刑87頁　　*4, 131, 159, 162*
大判昭和16・ 3 ・15刑集20巻263頁　　*4*

（2）最高裁
最判昭和23・ 6 ・12裁判集刑 2 号437頁　　*136*
最大判昭和24・ 5 ・18刑集 3 巻 6 号772頁　　*137, 149*
最判昭和24・ 8 ・18刑集 3 巻 9 号1465頁　　*130, 138*
最判昭和24・10・13刑集 3 巻10号1655頁　　*147*
最大判昭和25・ 9 ・27刑集 4 巻 9 号1783頁　　*136*
最判昭和28・12・25刑集 7 巻13号2671頁　　*171*
最判昭和35・ 2 ・ 4 刑集14巻 1 号61頁　　*146, 150, 151, 172*
最大判昭和48・ 4 ・ 4 刑集27巻 3 号265頁　　*184, 208*
最判平成 9 ・ 6 ・16刑集51巻 5 号435頁　　*139*
最決平成15・ 3 ・18刑集57巻 3 号371頁　　*132*
最決平成17・12・ 6 刑集59巻10号1901頁　　*132*
最決平成23・12・12判時2144号153頁　　*215*

（3）下級審
高松高判昭和24・10・ 4 特報 1 号350頁　　*136*
大阪高判昭和25・ 3 ・23特報 8 号88頁　　*138*
札幌高函館支判昭和25・ 7 ・28特報12号183頁　　*131*
仙台高判昭和26・ 6 ・20特報22号61頁　　*136, 172*
福岡高判昭和26・11・28判特19巻43頁　　*172*
東京高判昭和29・ 1 ・13東時 5 巻 1 号 1 頁　　*172*
京都地判昭和31・ 7 ・19資料123号1184頁　　*4*
帯広簡判昭和33・ 1 ・31一審刑集 1 巻 1 号155頁　　*145*
仙台高秋田支判昭和34・ 4 ・ 1 刑集14巻 1 号77頁　　*146*
福岡地判昭和37・ 1 ・31下刑集 4 巻 1 = 2 号104頁　　*138*
福岡高判昭和38・ 7 ・ 5 下刑集 5 巻 7 = 8 号647頁　　*133*
福岡高判昭和40・ 9 ・17下刑集 7 巻 9 号1778頁　　*133*
宇都宮地判昭和44・ 5 ・29刑集27巻 3 号318頁　　*184*
大阪高判昭和45・ 5 ・ 1 高刑集23巻 2 号367頁　　*145, 155, 157, 158, 160*
東京高判昭和45・ 5 ・12刑集27巻 3 号327頁　　*183*
東京高判昭和46・ 5 ・24東時22巻 5 号182頁　　*173*
長崎家佐世保支決昭和49・ 4 ・11家月27巻 1 号165頁　　*4, 145*

判例一覧　*271*

東京地判昭和51・3・26判タ341号310頁　*169*
京都地判昭和53・12・21判タ402号153頁　*183*
大阪高判昭和54・9・20判タ402号155頁　*183*
東京高判昭和57・11・29刑月14巻11=12号804頁　*145,160,171*
大阪簡判昭和60・12・11判時1204号161頁　*175*
堺簡判昭和61・8・27判タ618号181頁　*145,160,167,171*
東京地判平成5・1・11判時1462号159頁　*169*
名古屋地判平成7・7・11判時1539号143頁　*140,183,209,218*
大阪高判平成7・12・22判タ926号256頁　*145,158,159*
東京地判平成8・1・17判時1563号152頁　*175*
東京地判平成8・6・26判時1578号39頁　*138,140,147,149,150,160*
大阪高判平成10・6・24高刑集51巻2号116頁　*150,151,156,173*
松江地判平成10・7・22判時1653号156頁　*134,136*
広島高松江支判平成13・10・17判時1766号152頁　*134,157*
神戸地判平成15・4・24公刊物未登載（LEX/DB 28085640）　*183*
函館地判平成19・5・15公刊物未登載（LEX/DB 28135289）　*183,217*
札幌高判平成19・11・13季刊刑事弁護58号198頁　*183,216*
東京地判平成20・10・27判タ1299号313頁　*184*
東京地判平成21・1・13判タ1307号309頁　*158,159,167,171*
東京高判平成24・12・18判時2212号123頁　*147,148,151,160*
東京高判平成27・7・15判時2301号137頁　*209*

2　外国判例
（1）ドイツ
【最上級審】

RGSt 55, 82 (Urteil vom 20.09.1920).　*189*
RGSt 59, 69 (Urteil vom 23.01.1925).　*19*
RGSt 60, 88 (Urteil vom 12.02.1926).　*11*
RGSt 60, 318 (Urteil vom 12.07.1926).　*19,186,190*
RGSt 61, 242 (Urteil vom 11.03.1927).　*11*
RGSt 66, 98 (Urteil vom 11.01.1932).　*19*
RGSt 66, 222 (Urteil vom 26.04.1932).　*49,62,144*
RGSt 66, 397 (Urteil vom 11.11.1932).　*49,52*
RGSt 67, 337 (Urteil vom 10.10.1933).　*188*
RGSt 77, 41 (Urteil vom 07.05.1943).　*187*
OGHSt 1, 310 (Urteil vom 22.02.1949).　*61*
BGHSt 2, 251 (Urteil vom 22.01.1952).　*187*
BGHSt 3, 271 (Urteil vom 14.10.1952).　*61*
BGHSt 5, 371 (Urteil vom 05.03.1954).　*19,20,144*
BGHSt 7, 218 (Urteil vom 24.02.1955).　*187*
BGHSt 11,139 (Beschluss vom 02.12.1957).　*187*
BGHSt 18, 311 (Urteil vom 29.03.1963).　*54,62*
BGH NJW 1964, 730 (Urteil vom 14.01.1964).　*52*
BGH GA 1967, 113 (Urteil vom 01.06.1965).　*52,54*
BGH NJW 1966, 1823 (Urteil vom 12.07.1966).　*69,190*

272 判例一覧

BGHSt 20, 301 (Urteil vom 06.12.1965). *187*
BGHSt 23, 119 (Urteil vom 08.10.1969). *187*
BGH NJW 1972, 832 (Urteil vom 12.10.1971). *54*
BGH NJW 1973, 255 (Urteil vom 07.11.1972). *188*
BGH NJW 1979, 2053 (Urteil vom 15.05.1979). *20, 57, 189*
BGHSt 30, 105 (Beschluss vom 19.05.1981). *188*
BGH NStZ 1984, 20 (Beschluss vom 02.08.1983). *69, 187, 190*
BGHSt 39,133 (Urteil vom 03.02.1993). *20*
BGH NJW 2000, 3079= BGH JR 2001, 467 (Urteil vom 05.07.2000). *52, 54*
BGHSt 48, 207 (Urteil vom 12.02.2003). *189*
BGHSt 48, 255= BGH NJW 2003, 2464 (Urteil vom 25.03.2003). *13, 20, 24, 28, 29, 52, 53, 54, 55, 71,*
81, 151, 186, 187, 191, 193, 247

BverfG NJW 2005, 656 (Beschluss vom 14.12.2004). *228*
BVerwGE 123, 352 (Urteil vom 19.05.2005). *31*
BGH NStZ-RR 2006, 200 (Urteil vom 01.12.2005). *20, 54, 55*
BVerfGE 115, 118 (Urteil vom 15.02.2006). *247*
BGHSt 61, 202 (Beschluss vom 28.06.2016). *17, 30*
【下級審】
OLG Koblenz NJW 1988, 2316 (Urteil vom 16.04.1987). *60*
OLG Karlsruhe NJW 2004, 3645 (Urteil vom 24.06.2004). *29*
LG Frankfurt NJW 2005, 692 (Beschluss vom 20.12.2004). *224*
OLG Düsseldorf NJW 2006, 630 (Urteil vom 25.10.2005). *57*
KG Berlin NJW 2007, 2425 (Urteil vom 25.05.2007). *30*
AG Nienburg 4 Cs 519 Js 24060/12 (319/12) (Urteil vom 16.05.2013). *45, 135*
（2）スイス
BGE 81 IV 150 (vom 06.05.1955). *194*
BGE 82 IV 86 (vom 20.03.1956). *195*
BGE 100 IV 150 (vom 09.07.1974). *195, 196*
BGE 102 IV 1 (vom 30.01.1976). *202*
BGE 116 IV 364 (vom 19.12.1990). *73, 74*
BGE 122 IV 1 (du 08.12.1995). *66, 185*
BGE 125 IV 49 (du 19.03.1999). *151, 185*
BGE 129 IV 6 (vom 25.09.2002). *73*
BGer 6B_7/2010 (vom 16.03.2010). *74*
BGer 6B_500/2013 (vom 09.09.2013). *81*
BGer 6B_495/2016 (vom 16.02.2017). *74*
（3）オーストリア
1 Os 14/49 (vom 17.06.1949). *88*
SSt 29/83=8 Os 273/58 (vom 01.12.1958). *90*
9 Os 157/70 (vom 28.01.1971). *88*
SSt 47/75=Evbl 1976/186 (vom 09.12.1975). *92, 97*
9 Os 136/78 (vom 14.11.1978). *96*
9 Os 86/79 (vom 18.09.1979). *100*
13 Os 135/79=SSt 50/69 (vom 15.11.1979). *103*
12 Os 121/82 (vom 17.05.1983). *94, 96*

判例一覧 *273*

15 Os 41/89 (vom 20.03.1990).　*97*

14 Os 31/90 (vom 03.07.1990).　*99*

15 Os 50/92=SSt 61/99 (vom 14.05.1992).　*93, 94*

15 Os 27/96=OGH EvBl 1996/114 (vom 28.03.1996).　*105*

12 Os 144(145)/96 (vom 12.12.1996).　*102*

14 Os 166/98 (vom 09.12.1998).　*105*

14 Os 171/98 (vom 15.12.1998).　*105*

14 Os 79/00 (vom 07.11.2000).　*94*

12 Os 107/01 (vom 05.12.2002).　*93, 97, 98, 102*

7 Bs 185/13z (vom 04.10.2013).　*98, 135*

（4）英米圏

【アメリカ】

State v. Wanrow, 559 P.2d 548 (1977).　*205*

State v. Leidholm, 334 N. W. 2d 811 (1983).　*205*

State v. Gallegos, 719 P.2d 1268 (1986).　*206*

State v. Norman, 378 S. E.2d 8 (1989).　*204*

State v. Peterson, 857 A. 2d 1132 (2004).　*205*

【イギリス】

R. v. Dudley and Stephens (1884) 14 QBD 273.　*252*

【カナダ】

R. v. Ryan, 2013 SCC 3.　*183*

著者紹介

深町晋也（ふかまち しんや）

1974年生
1998年　東京大学法学部第1類卒業
2001年　東京大学大学院法学政治学研究科博士課程退学
　　　　岡山大学助手・助教授、北海道大学助教授・准教授を経て、
現　在　立教大学教授
著　書　山口厚編著『ケース&プロブレム刑法各論』（共著、弘文堂・2006年）、
　　　　西田典之ほか編『注釈刑法　第1巻』（共著、有斐閣・2010年）、弥永真
　　　　生・宍戸常寿編著『ロボット・AIと法』（共著、有斐閣・2018年）
主要論文　「『一連の行為』論について―全体的考察の意義と限界」立教法務研究
　　　　3号（2010年）
　　　　「ドイツにおける『拷問による救助』を巡る諸問題」『理論刑法学の探
　　　　究⑥』（成文堂・2013年）
　　　　「家庭内暴力に対する反撃としての殺人を巡る刑法上の諸問題―緊急
　　　　避難論を中心として」髙山佳奈子・島田聡一郎編『山口厚先生献呈論
　　　　文集』（成文堂・2014年）
　　　　「児童ポルノの単純所持規制について―刑事立法学による点検・整
　　　　備」岩瀬徹ほか編『医事法・刑事法の新たな展開（上）町野朔先生古
　　　　稀記念』（信山社・2014年）
　　　　「インターネットにおける違法情報の拡散と可罰性―違法情報拡散の
　　　　関与者に対する刑事責任の限界」京藤哲久・神田安積編『変動する社
　　　　会と格闘する判例・法の動き　渡辺咲子先生古稀記念』（信山社・2017
　　　　年）
　　　　「児童に対する性犯罪について」山口厚ほか編『西田典之先生献呈論
　　　　文集』（有斐閣・2017年）
　　　　「オーストリア刑法における免責的緊急避難―免責の本質とその具体
　　　　化」髙橋則夫ほか編『刑事法学の未来　長井圓先生古稀記念』（信山
　　　　社・2017年）

緊急避難の理論とアクチュアリティ

2018（平成30）年10月30日　初版1刷発行

著　者　深町　晋也

発行者　鯉渕　友南

発行所　株式会社　弘文堂　　101-0062　東京都千代田区神田駿河台1の7
　　　　　　　　　　　　　　TEL 03(3294)4801　　振替 00120-6-53909
　　　　　　　　　　　　　　http://www.koubundou.co.jp

装　丁　後藤トシノブ

印　刷　港北出版印刷

製　本　牧製本印刷

© 2018 Shinya Fukamachi. Printed in Japan

|JCOPY| 〈(社)出版者著作権管理機構 委託出版物〉
本書の無断複写は著作権法上での例外を除き禁じられています。複写される場合は、そ
のつど事前に、(社)出版者著作権管理機構（電話 03-5244-5088、FAX 03-5244-5089、
e-mail:info@jcopy.or.jp）の許諾を得てください。
また本書を代行業者等の第三者に依頼してスキャンやデジタル化することは、たとえ個
人や家庭内での利用であっても一切認められておりません。

ISBN978-4-335-35737-4

■■■ 好評の関連書 ■■■

体系的共犯論と刑事不法論
照沼亮介＝著

個々の議論が場当たり的に展開されている正犯・共犯論の諸問題につき、初めて体系的な位置づけを与える。不法行為論との関連性を示し、共犯論の体系化をめざす試み。4200円

正犯と共犯を区別するということ
亀井源太郎＝著

わが国の共犯現象の実態を、司法統計を用いて明らかにし、正犯と共犯を区別することの意味と視座をこれまでにない手法で提示。理論と実務を架橋する共犯論の試み。4000円

刑事立法と刑事法学
亀井源太郎＝著

立法の活性化が刑事司法にもたらすものを、精密司法から核心司法への移行といった視点で俯瞰し、交通犯罪、共謀罪、公訴時効制度をめぐる個別立法の動きを跡づける。4000円

因果関係と客観的帰属
小林憲太郎＝著

「行為と結果との間には因果関係が必要である。」この命題が成立する根拠を明らかにし、そこから「行為」や「結果」、「因果関係」の具体的な内容を導き出した第一論集。5800円

刑法的帰責
小林憲太郎＝著

従来の故意不法中心のフィナリスムスや過失不法中心の客観的帰属論でもなく、また故意責任中心の結果無価値論でもない、全く新しい過失責任中心の犯罪理論を提示。5800円

刑事責任能力の本質とその判断
安田拓人＝著

精神の障害概念の再構成を図り、認識・制御能力を主体論と可能性論に分かつ構造・本質論を提示し、そこから刑法39条の解釈論としての責任能力の判断基準を解明する。5800円

抽象的危険犯論の新展開
謝煜偉＝著

伝統的な抽象的危険犯の理論構造を解明・検討したうえで、現代型の抽象的危険犯のあるべき限定解釈論を「謙抑主義」をキーワードに提示。寛容な刑事制度の構築をめざす。3000円

その行為、本当に処罰しますか
憲法的刑事立法論序説　上田正基＝著

憲法学と刑法学と立法学が交錯する領域に初めて踏み込み、刑法学からの立法批判のあり方を提示した果敢な試み。児童ポルノ所持を素材にその具体的機能性を実証する。4300円

詐欺罪の保護法益論
足立友子＝著

従来の議論で注目されてきた「財産的損害」は、詐欺罪成立の決定的メルクマールなのか。理論の再構築と具体的な事案へのあてはめを通して、詐欺罪の保護法益とは何かに迫る。3500円

防犯カメラと刑事手続
星周一郎＝著

防犯カメラの利用はどこまで許されるのか。刑事手続の視点から防犯カメラをめぐる法的問題にアプローチ。その法的性質・根拠を明示し、許容基準の明確化を目指す。4800円

刑事手続におけるプライバシー保護
稲谷龍彦＝著

熟議による適正手続の実現を目指して　現在の刑事訴訟法解釈論の基礎をなす憲法論・刑事政策論を再考し、GPS最高裁大法廷判決に影響を及ぼしたとされる挑戦的論攷。5400円

公判前整理手続の実務
山崎　学＝著

刑事裁判を劇的に変えた公判前整理手続の全体像を、刑事裁判官として、その運用に深く関わった著者が詳説。運用上の問題点も示し、より良き裁判の実現をめざす指南書。4700円

弘文堂

＊定価（税別）は、2018年10月現在